国家社会科学基金教育学一般课题"面向农村的职业教育定位与功能定向
——基于陕西县域农村职业教育发展模式的反思"（BJA 120083）

我国当代农村职业教育研究

李延平　陈　鹏　祁占勇　著

陕西师范大学出版总社

图书代号　ZZ18N0430

图书在版编目(CIP)数据

我国当代农村职业教育研究/李延平,陈鹏,祁占勇著.—西安:陕西师范大学出版总社有限公司,2018.4
ISBN 978-7-5613-9950-7

Ⅰ.①我… Ⅱ.①李…②陈…③祁… Ⅲ.①乡村教育—职业教育—研究—中国 Ⅳ.①G725

中国版本图书馆 CIP 数据核字(2018)第 079537 号

我国当代农村职业教育研究

WOGUO DANGDAI NONGCUN ZHIYE JIAOYU YANJIU

李延平　陈　鹏　祁占勇　著

责任编辑 /	史　伟　钱　栩
责任校对 /	曹克瑜　钱　栩
封面设计 /	道思设计　金定华
出版发行 /	陕西师范大学出版总社
	(西安市长安南路199号　邮编 710062)
网　　址 /	http://www.snupg.com
经　　销 /	新华书店
印　　刷 /	北京京华虎彩印刷有限公司
开　　本 /	787mm×1092mm　1/16
印　　张 /	16.125
字　　数 /	280 千
版　　次 /	2018 年 4 月第 1 版
印　　次 /	2018 年 4 月第 1 次印刷
书　　号 /	ISBN 978-7-5613-9950-7
定　　价 /	58.00 元

读者购书、书店添货或发现印装质量问题,请与本社高等教育出版中心联系。
电　话:(029)85303622(传真)　85307826

前　　言

　　农民是农村职业教育的主体。农村职业教育从本质上来说是有关农民和为了农民的教育。那些生活在农村地区，以农民身份彰显自己存在的我国社会大多数，他们的教育和劳动及生活状态是中华人民共和国成立以来最受党和政府关注的方面。出生在农村并在农村成长的人们，在不同的时代，父辈们和他们的下一代在谋生和生活方式上有着很大的不同，他们受教育的方式和内容以及教育对他们而言所具有的意义和功能，都因时代背景的不同而彰显出不同的特点。作为父母辈的农民，他们的受教育和培训状况对他们的后代有着重要的影响，在某种程度上，决定着下一代的生活状况。在我们的研究中，农民教育是一个具有历史延续感的概念，而农村职业教育则是一种为那些生活在农村地区的人过上更美好的生活而提供的教育和培训服务。在我国经济和社会发展转型的大背景下，为了那些已经成年和正在成长的农村人，更好地适应社会的变化，担当起建设自己家乡、促进城镇化建设的重任，党和政府通过职业教育的方式使他们具有承担重任的本领，成为具有时代特色的新型职业农民或城市化农民（不再简单地重复传统的农业生产的农民）。他们既是我国实现城市化的主要对象，同时，也是主要力量。他们的生产和建设创造能力以及享有生活的质量是我国社会文明进步和发展的标志。所以，农民教育或者说为了农民的职业教育，是新时期最具影响力和值得研究的议题。

中华人民共和国成立以来,在我国社会主义建设的不同时期,由于农民教育的价值取向不同,农民教育在形式上、内容上和功能上呈现出不同的状况。农民教育不仅是我国教育体系的重要组成部分,也是促进我国政治建设、经济建设和社会文明建设的重要内容和方式。进入新世纪,我国社会和经济发展进入重大转型时期,2003年12月,中共中央、国务院通过《中共中央国务院关于促进农民增加收入若干政策的意见》,文件中第一次正式使用"三农"的概念。从2004年至今,中共中央连续十五年发布中央一号文件,对"三农"问题(农村、农业、农民)做出具体部署,强调"三农"问题在我国社会主义现代化建设进程中的关键地位,它是关系着党和人民事业发展的全局性和根本性问题。2018年2月,中共中央、国务院颁布了第15个指导"三农"工作的政策文件——《关于实施乡村振兴战略的意见》,该文件以十九大首次提出的乡村振兴战略为核心,对如何实现乡村振兴做出了重大全面的决策部署。农业丰则基础强,农民富则国家盛,农村稳则社会安。全面建成小康社会,最艰巨、最繁重的任务在农村;加快推进现代化,必须妥善处理工农城乡关系。众所周知,"三农"问题的核心是农民问题,没有现代化的农民就没法实现农业的现代化,也难以实现农村社会经济的发展和进步。改革开放四十年来,我国社会经济发展已经进入产业结构转型升级和城镇化深入发展的关键时期,新型城镇化进程不断加快,大量农村剩余劳动力逐步转移到城市,一方面,这为发展现代农业生产规模化经营腾出了宝贵的空间,另一方面,城市生活性服务需求的扩大为农村人口的转移带来更多的就业岗位,这都对农民的综合素质和职业技能提出了全新的要求和挑战。在实施乡村振兴战略的新时代,对农民进行教育和培养,最适合和有效的途径首推农村职业教育,这不仅是农村职业教育的应然选择,也是历史赋予的新使命。正如2017年9月,在中共中央、国务院印发的《关于深化教育体制机制改革的意见》中所指出的,要"大力增强职业教育服务现代农业、新农村建设、新型职业农民培育和农民工职业技能提升的能力"。

在当下,农村职业教育议题因其所承担的重要时代责任,受到学者的关注。作为持续关注我国职业教育研究的一员,在2012年,有幸申请到了国家社会科学基金教育学一般课题"面向农村的职业教育定位与功能定向——基于陕西县域农村职业教育发展模式的反思"(项目编号:BJA120083)。课题主持人李延平,与课题组主要成员陈鹏、祁占勇等,以及陕西师范大学职业技术教育专业的几届研究生,共同开展课题的调查和研究工作,并把与课题研究相关的内容凝练成不同的研究选题,最初以硕士论文的方式呈现研究结果。在对硕士论文进行进一步修改、重新架构和完善的基础上,最终完成了《我国当代农村职业教育研究》,它是该课题的重要研究成果,也是李延平、陈鹏、祁占勇等老师和其硕士研究生共同努力的结晶。

《我国当代农村职业教育研究》主要通过文献分析法、调查法和个案研究的方法,基于我国新型城镇化和新农村建设的背景,以陕西省县域为个案,对农村职业教育进行研究和探讨。本书阐述了中华人民共和国成立以来农民教育价值取向嬗变,分析了改革开放以来农村职业教育的政策变迁,探讨了城镇化背景下农村职业教育的发展和新成长劳动力的培训,研究了我国农村职业教育的城市化倾向问题和农村职业学校的目标定位与功能定向。本书各章节的最初执笔人分别是:第一章赵红丽、第二章许文静、第三章吕然、第四章李晓丽、第五章张珂、第六章关晓会,最后由李延平教授进行统稿。在书稿修改完善和校对过程中,陕西师范大学教育学院职业技术教育专业的陈琪、刘二平、任雪园、王晓雪、王雷、虎文华、薛寒等同学做了大量的工作,感谢他们的认真努力和辛勤付出。本书是一个与课题研究有关的活动和成果,更是一群志同道合的人共同关心我国农村职业教育的见证。希望我国农村职业教育的发展在国家政策的大力支持下,真正地承担起时代赋予的责任,真正能为我们的农民、农村和农业贡献自己的力量。

  《我国当代农村职业教育研究》,是为了更好地实现农村职业教育为"三农"服务的本体目标。解决好农村职业教育问题是每一位关心"三农"问题和职业教育问题的人的共同愿望和心声。本书从不同的角度对此议题进行的探讨是一种新的努力和尝试。尽管我们力求做到更好,但由于水平所限,难免有很多的不足,真诚地希望同仁和各位读者批评指正,也希望我们的这些探讨能激发更多的人继续这项工作。

李延平   陈   鹏   祁占勇

2018 年 03 月

目　录

第一章　中华人民共和国成立以来我国农民教育价值取向嬗变
　一、我国农民教育的意义及成就 …………………………………（ 3 ）
　　（一）农民教育的意义 …………………………………………（ 3 ）
　　（二）农民教育的成就 …………………………………………（ 10 ）
　二、农民教育价值取向的理论探讨 ………………………………（ 16 ）
　　（一）农民教育价值取向 ………………………………………（ 16 ）
　　（二）农民教育价值取向的理论视角 …………………………（ 19 ）
　三、中华人民共和国成立以来我国农民教育价值取向的嬗变 …（ 22 ）
　　（一）凸显政治取向的农民教育(1949—1976) ………………（ 22 ）
　　（二）彰显经济价值的农民教育(1978—2000) ………………（ 29 ）
　　（三）强调多元价值共存的农民教育(21世纪以来) …………（ 34 ）
　四、促进我国新时期农民教育的发展 ……………………………（ 39 ）
　　（一）明确政府的责任 …………………………………………（ 39 ）
　　（二）注重农民自我教育 ………………………………………（ 40 ）
　　（三）建立以职业教育为核心的农民教育体系 ………………（ 41 ）

第二章　改革开放以来我国农村职业教育政策分析
　一、改革开放以来我国农村职业教育政策的文本"编码" ………（ 43 ）
　　（一）1978—1990年农村职业教育政策文本的"编码" ………（ 46 ）
　　（二）1991—2001年农村职业教育政策文本的"编码" ………（ 52 ）
　　（三）2002—2014年农村职业教育政策文本的"编码" ………（ 63 ）
　二、改革开放以来我国农村职业教育政策的变迁 ………………（ 78 ）
　　（一）农村职业教育政策主体的变迁 …………………………（ 79 ）

（二）农村职业教育政策内容的变迁 ……………………（80）
三、改革开放以来我国农村职业教育政策变迁的原因 ………（85）
　　（一）经济发展对农村职业教育政策的影响 ………………（85）
　　（二）社会发展对农村职业教育政策的影响 ………………（90）
　　（三）教育发展对农村职业教育政策的影响 ………………（92）
　　（四）教育政策价值取向的变化对农村职业教育政策的影响 …（96）
四、我国农村职业教育政策未来走向分析 ……………………（98）
　　（一）加大对农村职业教育资源的投入 ……………………（98）
　　（二）优化农村职业教育权力 ………………………………（99）
　　（三）扩大农村职业教育的权利和机会 ……………………（101）
　　（四）完善农村职业教育制度 ………………………………（102）
　　（五）开展有效的农村职业教育活动 ………………………（103）
　　（六）加强政策文本的适用性 ………………………………（104）

第三章　城镇化背景下的农村职业教育发展探讨

一、城镇化背景及其农村职业教育的发展 ……………………（106）
　　（一）我国城镇化发展的背景及现状 ………………………（107）
　　（二）城镇化背景下农村职业教育发展的新要求 …………（110）
　　（三）城镇化背景下农村职业教育发展的新使命 …………（113）
二、当前我国农村职业教育发展的问题 ………………………（121）
　　（一）农村职业教育功能定位不清晰 ………………………（121）
　　（二）农村职业教育结构布局不合理 ………………………（123）
　　（三）农村职业教育外部支持不够 …………………………（125）
三、发达国家城镇化过程中职业教育发展的特点 ……………（128）
　　（一）以经济发展助推职业教育的发展 ……………………（128）
　　（二）以法律法规提升职业教育的保障力 …………………（129）
　　（三）以改革管理统筹职业教育资源 ………………………（130）
　　（四）以完善的资格证书制度平衡供需市场 ………………（130）
　　（五）以形式多样的教育和培训保障职业教育大众化 ……（131）
四、我国城镇化背景下农村职业教育发展对策 ………………（131）
　　（一）以人本驱动促进农村职业教育的功能定位 …………（132）

（二）以产业驱动推动农村职业教育的结构布局…………（135）
　　（三）以制度驱动保障农村职业教育发展的规范化………（141）

第四章　我国农村新成长劳动力职业培训研究
　一、农村新成长劳动力职业培训的意义……………………（147）
　　（一）本体性意义……………………………………………（147）
　　（二）工具性意义……………………………………………（150）
　二、农村新成长劳动力培训的概况分析……………………（153）
　　（一）农村新成长劳动力劳动预备制培训…………………（153）
　　（二）农村新成长劳动力劳动预备制培训存在的问题……（156）
　三、促进农村新成长劳动力培训的制度建设………………（161）
　　（一）加强"新型职业农民"身份认定………………………（162）
　　（二）完善相关的政策与法规………………………………（163）
　　（三）完善资金投入保障制度………………………………（164）
　　（四）加强"双师型"教师队伍建设…………………………（166）
　　（五）构建一体化的培训体系………………………………（167）
　　（六）拓展职业培训发展路径………………………………（168）
　　（七）提高新成长劳动力的创业能力………………………（170）

第五章　我国农村职业教育的发展及城市化倾向
　一、我国农村职业教育的发展历程…………………………（173）
　　（一）萌芽和发展时期(1949年以前)………………………（173）
　　（二）重建和徘徊时期(1949—1978)………………………（174）
　　（三）恢复和探索时期(1978—1999)………………………（175）
　　（四）改革和发展时期(1999—)……………………………（178）
　二、我国农村职业教育城市化倾向的发展…………………（181）
　　（一）我国县域农村职业教育城市化倾向的现状…………（182）
　　（二）我国农村职业教育城市化倾向的特点………………（187）
　三、我国农村职业教育城市化倾向分析……………………（191）
　　（一）农村职业教育的传统惯性……………………………（191）
　　（二）城市化建设的必然要求………………………………（193）
　　（三）新时期农村职业教育的"离农"转型…………………（195）

四、农村职业教育的本质回归 …………………………………… (197)
  (一)高度重视农村职业教育发展 ……………………………… (198)
  (二)坚持为农村服务的宗旨 …………………………………… (200)
  (三)建立现代农村职业教育课程体系 ………………………… (201)
  (四)建立农民技能免费培训制度 ……………………………… (203)
  (五)突出农村职业教育师资队伍建设 ………………………… (205)

第六章 我国农村职业学校的发展及其定位与功能定向
一、农村职业学校的重要性及功能 ……………………………… (209)
  (一)农村职业学校 ……………………………………………… (210)
  (二)农村职业学校的地位 ……………………………………… (211)
  (三)农村职业学校的功能 ……………………………………… (212)
二、我国农村职业学校的发展历程 ……………………………… (215)
  (一)初始发展阶段(1956—1978) …………………………… (216)
  (二)缓慢恢复阶段(1978—1984) …………………………… (217)
  (三)持续发展阶段(1985—1996) …………………………… (218)
  (四)全面改革阶段(1997—　　) …………………………… (220)
三、现阶段我国农村职业学校的现状及方向定位 ……………… (222)
  (一)我国农村职业学校发展的现状 …………………………… (222)
  (二)新时期我国农村职业学校的方向和定位问题 …………… (225)
  (三)农村职业学校定位与功能定向的调查研究 ……………… (227)
四、农村职业学校定位与功能定向的构建 ……………………… (235)
  (一)探讨农村职业学校定位和功能定向的应然性 …………… (235)
  (二)认识当前办学定位与功能定向的实然存在 ……………… (237)
  (三)实现农村职业学校定位与功能定向的合理构建 ………… (238)
  (四)农村职业学校的合理定位与功能定向坚持的原则 ……… (240)

后记 …………………………………………………………………… (247)

第一章　中华人民共和国成立以来我国农民教育价值取向嬗变

我国作为一个农业大国,农民是我国人口的主体,农民素质的高低不仅是我国社会发展水平的重要标志,同时也是决定我国社会发展方式和速度的重要力量。农民教育作为我国教育系统中不可缺少的组成部分,是提高农民受教育水平和促进农民素质提高的最重要途径和方式。中华人民共和国成立以来,在我国建设的各个时期,党和政府都高度重视农民教育问题,经过六十多年的发展,我国农民教育取得了举世瞩目的成就。农民教育不仅促进了我国的扫盲,而且帮助他们掌握了生产生活所需的知识和技能,具备了良好的适应社会生活的能力,并为他们追求和拥有文明幸福的生活奠定了坚实的基础。在新的历史发展时期,农民教育具有更加重要的意义和使命。

进入新世纪以来,"三农"问题日益成为全社会最为关注的议题。从2004年至2016年,中共中央连续13年发布以"三农"为主题的中央一号文件,强调"三农"问题是我国社会主义现代化进程中的重中之重,认为只有农业基础稳固,农村和谐稳定,农民安居乐业,整个大局就有保障,各项工作都会比较顺利地开展。[①] 同时,党和国家出台的一系列强农惠农政策和措施已经构成了一个完整的"三农"政策体系。2005年10月党的十六届五中全会提出建设社会主义新农村的宏伟目标,要求按照"生产发展、生活宽裕、乡风文明、村容整洁、管理民主"来推进新农村建设。[②] 新农村建设的主体是农民,而这一宏伟目标的实现程度主要取决于农民素质和农民教育水平的高

---

① 2016年中央一号文件发布 连续13年聚焦"三农"[EB/OL]. (2016-1-28)[2016-5-14]. http://news.ifeng.com/a/20160128/47267083_0.shtml.

② 十六届五中全会[EB/OL]. (2005-10-13)[2016-5-14]. http://cpc.people.com.cn/GB/64162/134580/141447/.

低。"国家兴旺,贵在得人",要促进新农村建设和发展现代化农业,更好地解决"三农"问题,农村人才的培育工作就显得尤为重要。农民教育是培养农村人才、提高农民素质的重要途径,它是我国实现农业现代化、农村城镇化和农民市民化的关键,从根本上有助于促进社会和谐与公平,国家安定和富裕,人民幸福和安康,关系着我国的政治进步、经济发展、社会文明的各方面。当今时代,农村职业教育是实施农民教育的主要载体,它不仅关注农村的年轻一代,同时也为那些成年农民提供就业和谋生以及过上美好幸福生活所必需的教育和培训,充分实现农民教育的价值和功能。

中华人民共和国成立至今,历经六十多年的发展,在不同历史时期,由于社会政治和经济发展状况的不同,农民教育的目标定位、内容选择和发展方式都呈现出很强的时代特色。与此相关,我国农民教育的价值取向也在发生着变化。在不同的价值选择下,农民教育被赋予了不同的时代使命,实现着不同的功能。农民教育的价值取向,与我国社会发展的不同时期以及党在不同时期工作重点的转变有着密切关系。在六十多年里,我国社会的发展大致可以分为三个时期,第一个时期是中华人民共和国成立到改革开放前,国家为了巩固新生的人民民主政权,农民教育凸显出政治取向的特点;第二个时期是1978年实施改革开放政策至20世纪末,国家把发展重点从政治建设转移到经济建设上来,农民教育的经济价值凸显,为农民增产增收、发展经济服务;第三个时期是进入21世纪,随着我国经济的不断增长,在建设社会主义新农村和促进和谐社会建设的背景下,农民教育在继续彰显其经济价值的同时,它的人本价值和社会意义也得到重视,坚持多种价值共存是新时期农民教育价值取向的特点。农民教育价值取向从单一走向综合,也应和了我国社会从强调某一方面走向追求全面进步发展的历史时期。与农民教育密切相关的政府,在不同时期的角色定位也具有鲜明的时代特色。在建国初期政治取向下的农民教育中,政府主导着农民教育的实施,在以扫除文盲为主要目标的教育中,凸显着政治的内容;在改革开放时期凸显经济价值的农民教育中,政府从先前的主导变为指导农民教育的开展,农民教育的内容也多与科学种田和增产增收以及提高家庭经济收入有关;进入21世纪,政府在农民教育中凸显服务功能,农民教育的经济功能、社会功能和政治功能在政府的政策支持和经费保障下得以充分实现。

在经济全球化和我国正面临经济结构转型升级的今天,农民教育有着更加重要的意义,而农民教育的价值取向则决定着农民教育的实施和功能的实现。通过文献研究法,以时间为线索,梳理和总结中华人民共和国成立六十多年来,我国农民教育所取得的成就,分析建国以来我国农民教育价值取向的变化,理性进行当前农民教育价值选择,科学定位以为农民服务为追求的农村职业学校的目标和功能,使农民教育更好地为有中国特色社会主义现代化建设服务,在新型城镇化建设中发挥应有的作用。

一、我国农民教育的意义及成就

农民是我国社会组成和发展的主要力量。农民教育的发展,一方面代表着我国社会的发展状况,另一方面,也决定了我国未来发展的潜力、方式以及发展水平。我国的农民教育,在不同的时期都得到了党和国家的高度重视。中华人民共和国成立以来,在我国社会发展的不同历史时期,农民教育都以自己的方式实现和正在实现时代所赋予它的各种功能,体现着它特有的意义和价值。探讨农民教育的意义,回顾在六十多年里农民教育取得的重大成就,有助于我们更好地认识农民教育的价值和功能,以便于我们在新的历史时期更好地实施农民教育。通过提高农民科学文化素养,培养农民适应社会变化和参与社会的能力,以建设和创造美好的社会,实现让每一位农民过上幸福美好生活的目标。

(一)农民教育的意义

在不同的历史时期,农民教育的意义有着强烈的时代性特点。中华人民共和国成立初期到"文化大革命"时期,我国轰轰烈烈的农民教育运动,在巩固中华人民共和国的民主政权,建立新的社会制度中起了重要的作用,农民教育的政治意义得到彰显。随着改革开放和国家发展重点转向经济建设,农民教育具有了更多的经济上的意义,从教育内容到形式都体现出追求经济发展的特点。1984年中央一号文件明确提出"各省、各自治区、直辖市可选若干集镇进行试点,允许务工、经商、办服务业的农民自理口粮到集镇落户"①,1985年中央一号文件进一步指出"在各级政府统一管理下,允许农民进城开店设坊,兴办服务业,提供各种劳动"。② 中央政策文件的颁布标志着农民不再被严格限制在农村和土地上,开始了我国农民可以自由流动的历史。20世纪80年代以后,农民贡献社会、推动历史进步的方式除传统的与自己出生地密切相关的农业生产和经济外,他们也进入到我国社会其他产业和行业的发展中,是我国20世纪八九十年代社会的快速发展和经济的持续增长的主要促进者和贡献者。进入21世纪,农民教育的意义从关注它的外部价值回归和转向到对农民自身,追求农民教育更多的是为了农民自身权利的实现。农民是社会公平的主体,通过教育,尤其是职业教育提升农民的全面素质和能力,使其承担起实现城镇化建设的重任。他们既是国家实现让农民过上公平、和谐、富裕、有尊严的生活的主要力量,同时也是国家目标的对象群体。通过教育使农民的民主意识随着教育程度的提高得到了提升,农村地区的社会风尚得到改善,农民开始追求科学健康的生活方式。新时期的农民教育彰显出政治意义、经济意义、社会文化意义融为一体的特点。

1. 政治意义

农民作为国家政治生活的主体,他们的政治意识、政治觉悟、政治方向决定着他们参政议政的能力、积极性程度和结果。在我国建设的各个时期,加强党的政治工作始终是党的工作的重心。对农民进行思想政治教育,是我党建设的经验和优良传统,也是农民教育的重要内容。农民的思想政治教育对提高农民参与国家政治生活的能力、培养民主意识以确保他们拥护我国的政治制度和提高对党的政策的执行力具有重要的意义。

第一,农民教育有利于巩固国家政权和社会制度。政治教育是实现教育的政治意义的最直接方式。一个新建立的国家,首先要解决的问题就是维护国家政权和社会制度的长久发展,对全体国民进行政治教育是最有效的方式。通过这种方式,不仅能让民众了解和认可制度的优越性,而且有助

---

① 1984年中央一号文件.[EB/OL].(2012-1-20)[2016-5-15]. http://money.163.com/10/0126/18/5TVO4HML002544P9.html.
② 1985年中央一号文件.[EB/OL].(2010-1-26)[2016-5-15]. http://money.163.com/10/0126/18/5TVO22IO002544P9.html.

于他们积极地参与到这种制度的建设和完善中来,以实现国家的健康发展。农民教育的政治意义在中华人民共和国刚刚成立及其以后的二十多年里最具代表性。建国初期,巩固和发展新生的人民政权是党和全国人民的头等大事。党在通过武装斗争夺取政权后,在政治上加强了人民民主专政,在经济上努力促进生产、改善人民生活、加快经济发展,同时,也非常重视对劳动人民的文化和政治教育,通过提高广大人民群众的文化水平和政治觉悟,以更好地维护政权和社会制度。中华人民共和国成立初期,我国农民人口占全国人口总数的百分之九十以上,而且基本上都是文盲,党的思想政治教育的对象基本上就是农民。通过政治动员的方式,提高农民的政治认同。农民的政治教育,让他们了解新的社会制度和党的执政纲领,明确他们的权利、责任和使命,帮助他们树立主人翁责任感,提高他们参政、议政的意识和水平。1949 年,北京郊区农会筹备会主任柴泽民说:"农民参加政权是自古以来从没有过的事情。在过去的时候,农民连自己说话的地方都没有,更别说是参政议政。旧的社会制度是统治和剥削广大人民群众的,人民的政府才是真正为人民群众着想的。"[1]农民能否很好地实现新的政府赋予他们的权利,即参政议政,取决于农民是否具备这种能力,而农民教育是提高这种能力最有效的方式和途径。中华人民共和国建立后,我国农民教育完成了扫除文盲和政治教育的艰巨任务,提高了农民的社会主义觉悟和文化水平,有力地推动了农村经济和政治的发展,捍卫和巩固了人民民主政权。随着社会的进步和经济的发展,农民教育的政治意义呈现出新的状态:一是农民教育的内容又包含了爱国主义、集体主义、社会主义以及理想道德、纪律、法律和民族团结等。通过这些教育内容使农民群众了解党的基本路线,拥护和支持党的领导,坚持走有中国特色的社会主义道路;二是一系列的农民教育政策和农民技能培训工程,其本身就是对农民权利的一种保证,也是社会制度优越性的证明。通过教育和培训,提高了农民建设国家的能力,激发了他们的主动性和积极性,促进了国家和社会的良好发展,继而稳固了党的政权和社会制度。

第二,促进国家经济发展,维护社会的稳定。国家的经济发展水平决定着人民群众的生活状况,它是社会稳定的基础,也是人民拥护党和国家的根

---

[1] 李水山,黄长春.当代中国农民教育史[M].北京:中国农业科学技术出版社,2010:36.

本保证。在我国社会发展的不同时期,经济建设与政治建设始终是党和国家工作的重点,只是二者在某一特定时期会有地位上的区分。在农民教育中,党和政府通过对农民进行有关国家经济发展政策的大力宣传,以确保农民积极参与到经济建设中来,实现经济发展的目标。20 世纪 50 年代,在"人定胜天"的口号宣传下进行的全民大炼钢铁、大修铁路、大办万头猪场等运动,农民以极大的热情投入到其中,使我国社会主义经济建设得到了快速的发展(虽然今天人们对这种做法有争议,但农民教育的作用是不能被否定的)。20 世纪六七十年代,农民教育中与提高农业生产力有关的内容,促进了农民科学种田、加强水利建设和农业基础设施的改进,提高了农业机械化水平。通过以农业生产为核心的农民教育,确保农业的增产增收,以解决人民的温饱问题,同时也为国家的各项建设提供原材料。1978 年,国家推行改革开放政策后,农民教育中体现联产承包责任制和分田到户的内容,帮助农民了解国家的土地政策和顺利实现新的土地改革,极大地激发了农民生产的热情,在有限的土地资源上,农民生产出更多的粮食,逐渐解决了温饱问题。农民从过去主要从事农业生产,也开始了农业经济。20 世纪 80 年代以来,农民适应我国经济发展和改革的大潮,离开土地,进城务工,开始了第二和第三产业的工作。新时期的农民教育,不仅帮助农民认识国家经济政策变化给他们带来的机遇和挑战,同时,帮助他们掌握适应变化的本领,农民在观念上不再把生产粮食作为自己的主要生活来源,而是更多地走向城市,接受货币报酬形式的劳动成果。农民进城后为社会创造的价值远远大于在农村时,农民收入的大幅度提高,大大改善了他们的生活条件。经济发展所带来的农民生活改善是实现农民对国家和社会进行政治认同和心理认同的坚强基础,也进一步激发了他们贡献国家和社会的热情与力量。上世纪末和 21 世纪初,在国家各种针对农民及其子女的教育政策下,农民教育凸显了职业教育和培训的特点,帮助农村剩余劳动力的有效转移,促进了当地经济的发展,提高了农民收入,改善了农民的生活水平。通过促进经济发展的方式,实现缓解城乡收入差距过大、城乡发展不均衡等问题的社会和政治目的。通过农民教育,使农村社会的发展与整个国家的发展与时俱进,维护了整个社会的稳定。

第三,促进农民民主意识的觉醒。我国有着广大的农村地区,农民是农村的真正主人,是农村建设发展的主要力量。我国传统农村受乡土文化的影响较深,农民的民主意识、权利意识较为淡薄,而农民作为主人,必须具备良好的民主意识和法律意识,这是建设文明进步的新农村的前提。而农民教育是提高农民素质唯一有效的方式和途径。随着我国普法教育工作的不断深入,越来越多的农民开始掌握法律文化知识,同时也逐渐受到民主文化的熏陶,对自身的权利和义务有了更深的理解,在村民选举活动中更加积极主动。农民普及教育程度越高,知识越丰富,越能增强他们的权利意识,参与到国家的民主政治生活当中,推动国家政治的改革与进步。特别是在新农村与和谐社会的建设过程中,农民教育有助于农民的民主思想、权利意识和尊严得到保障,促使其积极参与到社会主义现代化的建设中去,这对国家的发展和社会主义制度的巩固具有重要意义。

2. 经济意义

农民不仅是国家政治生活的主体,更是农村建设和农业发展的主要参与者,农民的教育和培训状况对农民自身和社会经济发展起着重要的作用。农民通过接受适当的教育和培训,一方面,可以提高他们的文化知识水平,培养他们的文明素养;另一方面,能直接有效地帮助他们掌握谋生的技能,提高他们的就业能力和适应经济社会变化的能力,形成他们的人力资本,以扩展农民增加收入的渠道,确保他们更好地投身于社会主义新农村、新农业和社会经济的建设。农民运用这些资本创造社会经济财富,繁荣了我国的经济生活,从根本上实现了农民收入的增长。农民是我国改革开放以来经济增长的主要贡献者。农民教育的经济意义得到了充分体现。

首先,农民教育有力地促进了农村生产力的发展,确保了农民收入的增加。中华人民共和国成立后,党和政府创立了农业科技推广进行体系,通过举办农业技术、畜牧兽医、会计、机械等培训班对农民进行教育,提高了农民的文化知识,帮助他们掌握先进的生产知识和技术。特别是农业合作化运动的开展,极大地刺激了农民对农业科学技术的需求,他们纷纷参加各种技术小组和农业技术班等,进行农具和农业技术革新。农民不再沿袭父辈们传统耕作方式进行生产,逐渐成为能够运用科学技术进行生产和劳动的新一代。改革开放以来,随着我国科技的不断进步,科技领域的发明创造为农业机械化和现代化的发展奠定了坚实的技术基础,通过农民教育和培训的方式,提高了他们对新技术和新知识的掌握,促进了农业科技成果的现实转化。提高农业科技贡献率是农村经济得以发展和农民收入提高的核心动力,它依赖于农业生产机械的进步和农业生产技术的研发,以及农业生产方式的推广。在农村地区进行的科学种田,提高了农产品的产量;农民运用农业技术延长了农业产业链条,发展了农产品加工和其他服务,创造了更多的经济价值,提高生产力水平,促进了当地经济的发展。农民是提高农村生产力水平的关键要素,农民教育则是提高农民素质的重要保证。

其次,农民教育有助于农村剩余劳动力转移,促进城乡统筹发展。随着城镇化进程的不断加快,城市产业结构不断转型升级,尤其是第三产业快速发展,急需大量的服务人员参与到城市建设中来。由于农村现代化生产和规模化经营方式的到来,农产品生产效率不断提高,大量的农村劳动力变成了失地农民,为了解决生计问题,他们远离家乡来到城市尝试新的工作和生活。为了使大量的农村剩余劳动力顺利转移到城市,参与到城市的各项建设中,国家和政府通过开发各种农民职业教育和培训项目,帮助农民掌握适合自己的职业技能。农村剩余劳动力转移到城市,极大地推动了城市经济的发展,促进了城市繁荣,农民为城市经济发展做出了积极贡献;同时,也展示了农民很强的就业能力和适应变化的能力,确保了他们收入的不断增加和生活的保障,农民的生活变得越来越富裕和美好。农村剩余劳动力的转移有利于集约利用土地,为发展现代农业腾出空间,可以促进农业生产规模化和机械化,提高农业现代化水平和农民生活水平。农民教育使剩余劳动力获得了谋生的机会和能力,为农村和城市的发展培养了人才,通过城镇经济实力的提升,进一步增强了以工促农、以城带乡的发展,加快了城乡一体化。

3. 社会文化意义

农民教育,对农村生活方式和农民观念的改变具有重要的意义。中华人民共和国刚成立时,农民教育的一个重要目的就是要农民树立新的生活观念,彻底摒弃传统封建的生活方式,追求健康、文明和科学的生活方式。农民的生活态度和拥有的生活方式,是我国社会文明程度的主要衡量指标。新农村的建设和现代化农业的发展,给新型农民带来了挑战和机遇,需要广大农民具备基础的文化知识和扎实的职业技术技能,而农民教育则是帮助他们掌握科学文化知识、获得职业技能和形成正确人生态度的最主要形式,对于农村社会风尚的改善和文明乡风的建设具有重要的意义。

农民教育有利于农村社会风尚的改善。在中国农村地区,一些旧的封建迷信思想,像重男轻女思想、传统的殡葬观念等依然根深蒂固。农民通过教育会自觉地同封建迷信思想做斗争,采取措施摒弃与社会发展不协调的封建迷信思想,提倡新时期的民俗民风,如上世纪五六十年代打倒"牛鬼蛇神",80年代以来提倡优生优育以及殡葬改革制度等。当前我国农村地区的发展与城市相比还存在很大的差距,除了农村的基础设施还不是很完善外,农民的生活观念和态度以及生活方式和旧的习俗等,也是造成这种差距的主要原因。农民教育的缺乏很大程度上影响了农民追求健康方式的意识和能力。在农村,大部分文化水平较低的农民在日常劳作结束后,他们很少看书学习,以提高自己文化素养,开拓自己的眼界,追求有品质的生活,而是会选择比较消极的消遣和娱乐方式,如打牌甚至聚众赌博等,这些活动往往会给当地社会治安、家庭和睦带来极大的负面影响。为了改善农村落后的精神面貌和农民的生活状态,通过对农民进行教育,使其掌握较为先进的文化知识,既可以使农民在农业生产中利用科学文化知识提高经济效益,同时也可以在劳作之余选择继续学习,从而促进社会风气的好转。通过加强教育,有效地改变了农民旧的思想意识和生活习惯,逐步消除过时的社会习气和风俗,摒弃封建迷信思想,逐渐根除遗留在农村地区的封建思想残余,促使农民享受越来越丰富、健康的文化娱乐活动,从而使其获得更高的精神享受。

农民教育有利于农民树立科学的生活态度和观念。通过加强对农民的科学文化教育,可以使农民掌握更多的科学文化知识,了解和增加日常生活中的基本知识。农民作为理性的经济人,其在日常的生产生活行为中,往往会选择那些对自己有利的方式。加强农民教育,可以促使农民在日常生产过程中对生产活动进行有力地调整和安排,用最小的投入获得最大的产出。当农民手中有一定的积蓄时,他们可以进行合理规划,选择恰当的投资,增加收入以便于提高生活水平和积累家庭财富。通过教育提高农民的理性行为,使他们可以选择那些对自己的生产生活有利的行为以提高生活质量。在对农民进行教育的过程中,将传统文化中合理的部分进行强化,有助于我国传统文化的传承和发扬光大。借助先进的文化宣传教育手段,为农民树立文明生活和遵纪守法的榜样,提高农民的法律知识和加强他们的法律意识,提高他们应对生活困难和解决生活问题的能力。近30年来,农民的生活随着社会经济的发展也发生了重大变化,农民的生活方式,如饮食、着装风格和生活电器化水平与城市的差距越来越小。这一状况的出现,就是农民思想观念变化的最好证明。当前我国农民的价值观念在向多元化和多样化的方向转变,民主、科学、公平和正义等观念已成为农民的新追求。保障民主权利、实行民主监督和主张民主诉求的意识在村民自治工作中得到了加强。农民积极争取对村民事务的知情权、表达权、参与权和监督权,民主方式渗透到农民生活的各个方面。农民对公平和正义的追求成为了新时期的鲜明的主题。

(二)农民教育的成就

中国共产党领导下的人民民主专政政府,始终把农民放在国家的重要位置,尤其重视农民的教育。在农民教育的发展历程中,紧密结合农民的生产生活实际,坚持以农民的需要为教育工作的出发点,以帮助解决农民群众的困难为根本,激发农民积极参与到革命和社会建设中来,发挥他们的聪明才智和主动性、创造性。从中华人民共和国成立至21世纪,农民教育在社会发展的不同阶段取得了巨大的成就。

1. 中华人民共和国成立初期农民教育取得的成就(1949—1956)

中华人民共和国成立初期,主要是确立我国的社会主义制度时期,即社会主义革命时期,时间跨度1949—1956年。这一时期农民教育的主要任务是扫除文盲。1949年全国农村青壮年中文盲人数约有16500万,占农村青壮年人数的五分之四左右。[①] 同年12月,全国教育工作会议在北京召开,从1950年起,一场自上而下、有组织、有领导、有政策、有措施、有指导的识字扫盲运动在全国范围内轰轰烈烈地展开。政治上已经获得解放的广大农民,迫切渴望在文化上的进步,能认识一定数量的文字和进行简单的计算,以方便他们了解党和国家的政策法令和适应新的生活。农民有着高涨的学习热情,当年全国参加冬学的农民就达到了1000余万人。[②] 仅辽宁、河北、山西、浙江、陕西、湖北六省参加冬学和农民业余学校学习的农民就有813万余人;仅在中华人民共和国成立之初的三年时间里,全国就已扫除文盲406万

---

① 马云.共和国农村扫盲教育研究[D].上海:华东师范大学,2006:21.
② 李水山,黄长春.当代中国农民教育史[M].北京:中国农业科学技术出版,2010:48.

余人;至1956年,共扫除文盲2200多万人。① 通过扫盲教育,提高了中华人民共和国农民的政治和文化素质,发展了社会生产力,并为中华人民共和国成人教育制度的建立和成人教育事业由新民主主义向社会主义的历史过渡奠定了基础。

2. 社会主义建设时期农民教育取得的成就(1956—1966)

1956—1966年,是我国全面建设社会主义时期,这一时期,我国广大农民对文化知识和技能的学习有着强烈的需求。但依据当时的国情和历史发展的情况,只能采取简单易行的教育形式,尽量满足他们的需求。在这个时期,扫盲教育依然是农民教育的重要内容。1956年3月,中共中央和国务院发布《扫除文盲的决定》,将扫盲教育提高到了空前的高度,第一次把扫盲教育作为国家发展大计。② 1957年到1960年是农民教育的大发展、"大跃进"阶段,各级各类的农民学校和红专学校均有很大的发展,农民教育在不断努力的基础上又扫除了一批文盲。1957年3月,教育部颁布《关于扫除文盲教育的通知》,在这个文件的影响和指导下,在当年参加扫盲教育的人数达到了5235.2万,扫除文盲720万,这其中扫除农村地区文盲600多万,扫盲教育取得了显著的成绩。③ 1958年5月,中共八大二次会议后,全国陆续掀起了"大跃进"运动,农民文化教育也加入了"大跃进"的行列,各地纷纷提出扫盲"大跃进"的计划。据统计,1958年全国农民参加扫盲和业余学习的人数达到一亿人以上,扫除文盲400.04万人;1959年参加农民教育的人数为5000多万,扫除文盲2600多万;1960年上半年参加扫盲教育的人有6050万,当年扫除文盲573.3万。④ "大跃进"急于求成地蛮干直接导致我国农村经济在1959—1961年经历了三年严重的困难时期,多数农村扫盲教育运动基本停止,1961年至1963年仅扫除文盲85万人。⑤ 然而,随着1962年教育部《关于农村业余教育工作的通知》等文件的颁布和1963年国家经济的好转,农村扫盲教育又焕发了生机。据统计,1964年和1965年分别扫除文盲

---

① 农牧渔业部教育司.中国农村统计年鉴[M].北京:中国统计出版社,1985:319.
② 中共中央、国务院关于扫除文盲的决定[N].江西政报,1956-4-15(28-32).
③ 教育部关于扫除文盲工作的通知[N].中华人民共和国国务院公报,1957-3-8(208-210).
④ 刘英杰.中国教育大事记(下)[M].杭州:浙江教育出版社,1993:1831.
⑤ 马云.共和国农村扫盲教育研究[D].上海:华东师范大学,2006:34.

人数为74.7万和142.2万。① 经过三年经济困难期后,农业教育也开始恢复并有所好转,到1965年,全国范围内农业中学、职业中学的数量达到61626所,在校生总人数为316.69万,远远超过了之前的发展高峰。②

1955年至1966年上半年,我国扫盲教育运动迎来了一次次扫盲高峰,逐步建立了扫盲、初等、中等到大专的工农教育体系。同时,"大跃进"运动导致扫盲也出现了"跃进""文化速成"的现象,忽视了学习的实用性与长期性。然而,从整体趋势上看,此阶段农民教育仍然在曲折中蓬勃发展。

3. "文化大革命"时期农民教育取得的成就(1966—1976)

1966年下半年到1976年,我国进入"文化大革命"时期,由于社会陷入混乱,农村扫盲教育运动也遭受到严重挫败。然而,此时期在国家政策的号召下,城市一大批知识青年深入农村接受再教育。据统计,到1970年下乡总人数已将近373.78万人。③ 这些知识青年在上山下乡运动中,既当学生又做老师,为农民教育和社会主义农村的建设做出了巨大的贡献。一是农民文化、卫生教育得到改进。在非农岗位上,知识青年利用自身的一技之长,如担任民办教员、夜校教师开展扫盲教育运动。在"文化大革命"期间,农业中学被认为是"不正规"的学校,而普通中学则因具有"公办的"性质,更加具有吸引力而深受农民的欢迎,因此农业中学和半工半读的技术学校改为普通中学。1971年,全国农村初中学校数量由1965年的10906所猛增到75720所,学生比例增加到81%,到1975年,初中数量是1965年11.9倍,在校生人数占到全国初中生总人数的84.4%。④ 除此之外,以"赤脚医生"为主的农民健康教育也是此阶段农民教育的另一大形式和内容,这在很大程度上解决了农民看病难的问题。同时,知识青年还为当地农民开展娱乐活动的教育,积极宣传文明的生活方式和习惯,破除封建迷信,移风易俗。二是农民科学技术教育不断发展。一部分知识青年经过艰苦的摸索和实验,迅速成长为农业专业技术人员。当时,广大农村纷纷成立了科研小组,

---

① 《中国教育年鉴》编辑部.中国教育年鉴(1949-1981)[M].北京:中国大百科全书出版社,1984:1037.
② 景琴玲.我国农业职业教育发展模式研究[D].西安:西北农林科技大学,2012:45.
③ 刘晓萌.中国知青史·大潮[M].北京:中国社会科学出版社,1998:863.
④ 王慧,梁娟."文革"时期农村普及教育的发展及其历史认识[J].内蒙古师范大学学报(教育科学版),2014(12):1-4.

由干部、农民和知识青年三部分人员构成,科研小组主要进行改革耕作方法、培养良种、防治病虫害、开发高产作物、推广新技术、改良农具等实验工作。比如,科研小组成功研制出"5046"菌肥、"920"植物激素、"4115 农药",①这些革新增加了粮食、棉花等农作物的产量。知识青年作为农村文教卫生的服务者和科技革新者,承担农村文化、技术工作,不仅传播文化和进行生产技术革新,提高了广大农民的受教育水平,推动了当地农村教育的发展,而且促进了医疗卫生条件的改善,把城市先进的文明带进了广大农村,促进了农村现代化的发展。

4. 改革与发展新时期农民教育取得的成就(1978—2000)

1978 年中国共产党召开了十一届三中全会,结束了"以阶级斗争为纲"的理论和实践,迎来了我国社会发展的历史拐点,标志着我国进入了改革开放与发展的新时期,时间跨度是 1978—2000 年。经济建设成为新时期党和国家发展的重点,伴随着农村改革进程的加快,农业生产呈现出蓬勃发展的新局面,农民教育也日益提上了日程和步入轨道。1978 年 11 月,国务院颁布《关于扫除文盲的指示》,要求各地采取措施,基本扫除少年、青年和壮年文盲;②1980 年 10 月,全国农民教育座谈会召开,强调继续搞好扫盲工作,广泛开展农业技术教育;1982 年 12 月,扫盲教育被列为《中华人民共和国宪法》的一项重要决策,规定采取各种教育措施,扫除文盲。③ 1990 年 4 月,农业部印发了《关于开展农民技术资格证书制度试点工作的意见》,提出实施农民技术资格证书制度是实现科教兴农的一项战略措施;④1994 年 3 月,国务院印发了《国务院办公厅转发农业部〈关于实施"绿色证书工程"的意见〉的通知》,指出"逐步建立和完善符合中国国情的'绿色证书'制度"。⑤ 在上述会议、政策的影响下,全国扫盲教育运动大力发展,扫盲工作持续迎来高潮,

---

① 托马斯·伯恩斯坦.上山下乡—美国人眼中的上山下乡运动[M].李树,等,译.北京:警官教育出版社,1993:270.

② 国务院关于扫除文盲的决定.[EB/OL].(1978-11-18)[2016-3-20]. http://www.chinalawedu.com/news/1200/22598/22615/22820/2006/3/he38451542118360025805-0.htm.

③ 刘佩云.1949-1989 我国扫盲教育内容历史发展的研究[D].重庆:西南大学,2012:36.

④ 洪缓曾.积极稳妥地开展农民技术资格证书制度试点工作[J].教育与职业,1991(7):18-20.

⑤ 关于实施"绿色证书工程"的意见[N].河南政报,1994-3-15(14-17).

其中 1979 年全国扫盲班在校人数为 1636.3 万人,脱盲人数达 567.6 万人,1980 年全国扫盲班在校人数为 1220.93 万人,脱盲人数达 538.81 万人。在 1981—1985"六五"期间,全国共计扫除文盲 1500 万人。[①] 到 1992 年,全国扫除文盲数达 552 万人,脱盲人数为 523 万人。[②] 1993—1998 年分别扫除青壮年文盲 548 万、486.18 万、479 万、406.8 万、403.5 万、320.8 万。[③] 1999 年我国农村扫盲进入边疆和少数民族聚集区,经过共同努力,全国扫除文盲 299 万人,非文盲率提高到 94.5%,到 2000 年底,全国青壮年文盲率下降到 5% 以下,实现了 2000 年全国基本扫除青壮年文盲的目标。[④]

由于各项相关政策文件的出台,我国农业职业教育迎来了全面发展的时期,农民教育机构相继成立,成为农民教育的成就之一。到 1990 年,全国共有农业中专与林业中专 427 所、农民中专学校 340 所、农村职业学校 6651 所、农民文化技术学校 126604 所、农民技术培训中心 1265 所,基本上建立了县乡村三级文化技术教育网络。[⑤] 1993 年,中央农业广播电视学校的省级学校共 36 所,地级学校 351 所,县级分校 2298 所;到 1995 年末,全国已有普通高等农业院校 64 所,农业中专 365 所,农业职业中专和农民中专 3000 多所,县级以上农业广播电视学校 3000 多所,各类农民技术培训学校 44.1 万所。[⑥] 到 20 世纪末,我国农业教育初步形成了以高等农业职业教育为龙头,以中等农民职业学校教育为骨干,以乡村两级农民文化技术学校为基础的农民教育体系和制度,对促进我国农业和农村经济的发展发挥了重要作用。

总体而言,1978 年改革开放至 20 世纪末,全国已有 65% 以上的人口普及了九年义务教育,青壮年文盲率由 1978 年 18.5% 下降到 6% 以下,农村中等职业教育已为经济建设培养了 2770.22 万名中等实用型技术人才。[⑦] 20 世纪 90 年代中后期,通过实施村村通广播电视和村村通电话工程,农村地

---

① 中国教育年鉴编辑部.中国教育年鉴(1949-1981)[M].北京:中国大百科全书出版社,1984:1037.
② 中国教育年鉴编辑部.中国教育年鉴(1993)[M].北京:人民教育出版社,1994:193.
③ 中国教育年鉴编辑部.中国教育年鉴(1999)[M].北京:人民教育出版社,1999:1135.
④ 中国教育年鉴编辑部.中国教育年鉴(2000)[M].北京:人民教育出版社,2001:110.
⑤ 中国教育年鉴编辑部.中国教育年鉴(1991)[M].北京:人民教育出版社,1991:343.
⑥ 景琴玲.我国农业职业教育发展模式研究[D].西安:西北农林科技大学,2012:47.
⑦ 改革开放 20 年中国教育事业的巨大成就和 21 世纪中国教育的光辉前景[EB/OL].(2008-3-15)[2013-11-8].http:///blog.sina.com.cn/s/blog_4c951eb801008t8p.html.

区信息化基础设施建设得到改善,基本解决了农民获取信息难的问题。农民教育的发展,使农业生产呈现出欣欣向荣的态势,家庭联产承包责任制的实施,提高了劳动生产效率。

4.21 世纪初农民教育取得的成就

进入 21 世纪,随着社会主义新农村的建设和城镇化的推进,我国农民教育迎来了新的机遇和挑战,在此背景下,农民教育工作进入了一个新的历史发展阶段。截至 2013 年,全国共有农村成人文化技术培训学校 89014 所,形成了县、乡、村一体的三级农民文化技术培训网络体系,其中县办、乡办、村办成人学校的数量分别为 665 所、14306 所、68590 所,接受职业教育培训的学生总人数分别为 300.62 万、1411.92 万、1156.76 万。① 由于农民职业教育培训需求的迅速增长,一些民办职业教育培训机构也获得发展,到 2013 年民办农村文化技术培训学校共 1048 所,在校生人数为 28.41 万。② 除此之外,农业广播电视学校也成为农民职业教育培训的重要方式,累计开展技术培训 2.4 亿人次,进行专业农民培训 2335 万人、农村劳动力转移引导性培训 2154 万人、职业技能培训 1186 万人。③ 经过不断努力,到 2014 年,中国农村就业人员达到 37943 万人,占到总就业人员的 49.12%,15 岁及以上文盲人口总数由 2005 年的 150.87 万人下降到 2014 年的 4.62 万人。④ 通过上述数据分析可以看出,由于城镇化步伐不断加快,农村剩余劳动力转移成为不可阻挡的趋势,基于此,农村职业教育成为培养新生代技能型劳动者、农村实用技术人才的重要基地,其办学规模不断扩大,形成了多元主体参与、不同类型的农民教育培训体系。

---

① 国家数据. [EB/OL]. (2012-3-10)[2016-7-20]. http://data.stats.gov.cn/easyquery.htm? cn=C01.

② 国家数据. [EB/OL]. (2012-3-10)[2016-7-20]. http://data.stats.gov.cn/easyquery.htm? cn=C01.

③ 农业广播电视学校网站. [EB/OL]. (2013-4-15)[2013-7-20]. http://www.ngx.net.cn/.

④ 国家数据. [EB/OL]. (2012-3-10)[2016-7-20]. http://data.stats.gov.cn/easyquery.htm? cn=C01.

二、农民教育价值取向的理论探讨

教育价值取向是教育价值观与教育实践活动结合的产物,是主观和客观的统一,可以说它是教育价值观念在教育实践中产生影响的过程。教育价值取向在教育的发展中起着主导性的作用,它是教育改革中最为核心的部分。对农民教育价值取向嬗变的研究必然要对农民教育价值取向的内涵进行分析,在对其进行分析的过程中找到研究我国农民教育价值取向的研究视角,即政治视角、经济视角和社会文化视角。

(一)农民教育价值取向

农民教育价值取向是对农民主体所实施教育进行的一种价值自觉选择,决定着农民教育的目的、内容和结果。本研究在探讨相关教育价值观和教育价值取向等核心概念内涵的基础之上,从而确立我国农民教育价值取向嬗变的应有之义。

1. 教育价值观

教育价值的实现与主体的价值意识和能力有关。马克思认为,人的行为结果往往在行为之前已经主观地存在于人的大脑中。所以说,人的实践活动都是有目的的,存在一定的价值选择。因此,教育价值的实现,必然是行为活动之前就已经主观地存在于人的大脑中。主体从事教育活动时,先有对教育价值的某种认识,才可能有意识、有目的地去参加这种活动,在参与的过程中其教育价值观随着主体对实践活动的认识而不断明确,并会影响主体参与教育活动的积极性和主动性,从而对教育价值的实现产生影响。价值意识作为观念形态,在教育价值活动中,主要通过主体的意识来影响教育价值活动地开展、价值生成和实现。

学者陈理宣认为"教育价值观是教育价值意识的理性水平状态,是比较自觉的、稳定的、系统的、可交流的思想形式。"[1]教育价值观念,从不同主体看,可分为:以群体为主体的教育价值观念、以个体为主体的教育价值观念。以社会群体为主体的教育价值观念,是指社会群体或集团对教育在社会发

---

[1] 陈理宣.教育价值论[M].成都:四川大学出版,2003:66.

展和集团利益实现中的作用和地位的认识、评价,它是社会或社会集团对教育活动的基本认识和评价。在教育价值取向上,它对国家的教育基本决策和教育行为有着直接的影响。相反,以个体为主体的教育价值观念受到一定社会或一定阶级、集团教育价值观念的影响,从而会影响个体是否参与教育教学活动及其参与的积极性。

教育价值取向受到教育价值观的影响,主体对于教育价值的创造,根本在于主体的选择行为。因为在教育的过程中,创造出的教育价值种类多样,所以,教育主体可以根据自己的需要进行选择。同时,主体也可以通过方法和途径上的选择,实现同样的教育价值。在教育价值选择过程中,由于教育活动客观条件的复杂性、教育价值可能的多样性,教育价值观念就会在其中起到一个指导性的作用。在过去相当一段时间,我国教育价值取向是偏向教育活动中的政治价值,忽视经济价值等其他价值。

2. 教育价值取向

教育观念是静态的,然而教育价值取向是对教育价值的判断和选择,是动态的。教育价值观的具体表现形式是教育价值取向的选择,但二者不能完全等同。教育价值取向指教育主体在进行教育活动时,根据自身发展的需求及教育现状,对教育价值的选择所呈现出的一种倾向性。根据学者王卫东的定义来看"教育价值取向是教育价值的主体根据自身生存和发展的需要,将教育视为一种社会客体,并对其进行价值内容的预期和评估时表现出的意向。"[①]事实上,这是一种价值选择,即教育价值主体为满足自身的教育需要,对主客体间存在的不同方式的价值关系做出选择。

由以上定义可以看出,教育价值取向表现在两个方面。一是对教育价值主体的选择,即确定谁是教育活动的价值主体。国家、集体、个人是教育活动过程中存在的三个不同层次的价值主体,在进行教育选择时,根据其所处的价值地位,或主体或客体,选择不同的教育价值倾向。在教育过程中,当个人和集体认为自己处在价值客体的位置时,就会遵循价值主体——国家价值主体所选择的教育价值,在实施教育过程中满足了国家政治经济文化方面的发展需求,这个教育价值取向的实现是靠三个主体共同来完成的。同样的道理,当国家和集体对个人这个教育价值主体的位置给予肯定时,它

---

① 王卫东. 现代化进程中的教育价值[M]. 北京:中国社会科学出版社,2002:33.

们对于个人教育价值主体做出的教育价值选择给予维护和支持。此时的教育价值取向是以个人的价值选择为基础的,在教育活动中会使个人的价值需求得到满足。然而,在教育价值的实践活动中,教育价值主体的选择并不是完全单一的选择,在某种程度上,是国家、集体和个人三者的统一。这种统一或者是以国家为主,或者以集体为主,或者以个人为主,或者国家的成分更多,或者集体的成分更多,或者个人的成分更多。其二是关于教育价值内容的选择,也就是在教育过程中,什么样的教育内容才有教育价值,这也是教育价值主体在选择教育内容时对教育价值的认识和选择的过程。一般来说,教育内容的价值选择包括物质层面的价值、制度层面的价值、心理层面的价值。物质层面的价值是指教育内容重视具体的物质的因素;制度层面的价值是指教育内容对社会制度的因素的选择;心理层面的价值因素是指教育内容对于影响人的心理结构的因素的选择。

由以上论述可以将教育价值取向简单概括为:教育价值取向是教育价值主体依据某种价值观念,以自身发展的需要为出发点,对将要进行的教育活动所做出的选取或选择,追求或向往,是指向未来的一种倾向性。

3. 农民教育价值取向

农民教育价值取向是指国家作为农民教育的主体,在农民教育实施中对社会中的各种矛盾、冲突和关系所持有的一种价值观点,同时,国家作为教育活动的客体,为了满足农民自身的发展需求,对农民进行教育时所做出的价值选择和价值态度。因此,国家既是农民教育的主体,同时,也是教育的客体。国家作为主体是指国家根据自身需求实施的教育,而不是任意对农民进行教育。农民教育是国家基于社会的发展,满足国家政治生活的需要,也就是国家主体占据统治地位时,它就作为了价值的主体,在面对和处理农民教育过程中的矛盾冲突与利益关系时所持有的一种价值立场或是价值选择。当农民作为教育中的主体时,国家举行的教育是为了满足广大的农民群众发展的需求,是国家主导形式下农民自身积极主动参与的教育活动。人作为价值主体由于受社会地位、政治观念、受教育水平和自身发展需求等因素的制约,会对国家实施的教育形成自己的价值及价值追求,同时,作为客体的国家,根据社会发展状况、各个地域、不同民族等现实条件对农民教育进行指引和调节。

农民教育作为我国教育系统的一部分,其价值选择必然会受到社会政治经济的影响,不同时期社会发展背景的差异对农民教育活动的内容的影响也有所不同。中华人民共和国成立初期,经过土地改革,农民群众虽然在经济、政治上获得了权力,但是由于长时间受三座大山的压迫,他们的阶级意识、文化水平仍然处在一种文盲半文盲的状态,如果不使他们在文化上获得发展,那么难以巩固农民在经济和政治上的身份和地位。基于此,必须重视农民教育工作,把它看成农民解放运动中的一个政治任务。这个时期农民教育价值取向是国家价值主体的生动体现,即教育的政治取向。改革开放后,国家发展的重点转移到经济建设上来,此阶段农民教育还是国家主体价值的体现,不同的是,农民教育价值内容主要是物质层面的价值,当然,农民教育制度层面的价值还是会掺杂其中的,无论什么时期,国家制度方面的教育都是不容忽视的。进入21世纪以来,党和国家提出了建设社会主义新农村和社会主义和谐社会的伟大构想,充分考虑农民的不同需求,在对农民教育的价值选择上不再单纯以国家主体的价值为主,而是兼顾农民集体或农民个人的价值,三者是共存的多元价值。因此这个阶段的农民教育价值是物质层面的价值、制度层面的价值、心理层面的价值统一的教育,即政治、经济、社会文化等多元价值共存的农民教育。

(二)农民教育价值取向的理论视角

农民教育作为我国教育系统不可或缺的一部分,与我国政治、经济和文化等具有密切的联系,对社会经济的现代化发展起着重要的推动作用。农民教育的目标定位、内容设置和发展方向都凸显出社会功能和经济文化功能,形成了不同的农民教育价值取向,主要包括政治视角、经济视角和文化视角三个方面的农民教育价值取向。

1. 政治视角

从政治的角度研究农民教育是中华人民共和国成立以来我国学者非常重视的一个方面。毛泽东关于农民教育问题曾指出,农民是中国革命的主力军,是无产阶级最可靠的同盟军,他们深受"三座大山"的压迫,有最强烈的革命要求。但由于小生产者的局限性,看问题较为狭隘片面和保守散漫。因此,要用无产阶级的思想去教育他们。对农民进行思想教育,重点在于将农民培养成有政治觉悟并具有远大政治追求的人。农民思想教育的主要内容是增强农民的政治觉悟性,提高农民对于政治参与的主动性和积极性。

所以,在社会主义革命和建设时期中,毛泽东仍不断强调对农民进行思想政治教育的重要性,其中社会主义信念和政治觉悟的教育处于核心地位。在中华人民共和国成立初期,农民思想政治教育对于新民主主义革命胜利成果的维护奠定了坚实的政治基础。

20世纪50年代,党和国家政治斗争的主要任务是抗美援朝、保家卫国,农民教育工作也密切结合该运动,以提高农民群众的爱国主义精神。"大跃进"时期,为了满足国家政治经济发展的需求,全国农村动员将近六七千万人开展了以兴修水利、养猪积肥和改良土壤为中心的农业生产运动,这些都是国家对农民进行教育所产生的成果。

改革开放以来,党和国家认识到民族的兴旺发达、人民的幸福和国家的未来与教育有直接的关系。为使农民的发展与社会经济的发展状况相适应,对他们进行了一系列相关的时事政策和党情国情的教育,逐渐增强了农民的主体意识,在享受权利时也自觉履行对国家和集体的义务。根据农村地区的实际情况,以不同的教育形式向农民进行爱国主义和集体主义的教育,充分调动农民群众建设祖国和家乡的热情。发扬农民的互帮互助、扶贫济困精神,让先富裕的农民帮助落后的农民,最终使他们一起走上共同富裕的道路。

2. 经济视角

在我国不同发展时期,经济视角是研究农民教育一个不能忽视的因素。本研究中关于农民教育的经济视角的探讨主要包括两个方面,分别是西奥多·舒尔茨的人力资本理论和舒马赫的新经济增长理论。

一是人力资本理论为中国农村人力资源的开发提供了理论基础。西奥多·舒尔茨以该理论驳斥了其他理论中对于传统农业和传统农民的偏见,提出对农业科技和农民教育投资的缺乏才是传统农业停滞落后的原因。人力资本理论表明,在农村发展过程中,农业科技和农民教育作为人力资本投资的两大重心,是改造传统农业、实现农业现代化发展的关键。在论述人力资本理论的基础上,西奥多·舒尔茨提出生产要素概念,认为生产要素不仅包括土地、一切可再生产的生产资料等物质形式的资本及这些资本中所包含的有用知识,还包括所有与农业生产相关的人力及他们所积累的关于农业生产的经验与教训,即作为劳动能力的一部分技能与相关的有用知识。他指出,教育可以产生"知识效应"和"非知识效应",这两种效应能够直接或间接地促进经济增长,特别是对于农业经济增长。教育作为一种长远性人力资本投资,农民教育是促进农村经济增长的动力和源泉。舒尔茨关于农村人力资本的理论,对发展中国家农业经济的增长、农民教育水平以及文化水平的提高,具有十分现实的指导意义。在我国当前农业现代化发展过程中,该理论也为新农村建设中农民人力资本的培育提供了充分的理论依据。舒尔茨认为,教育是一种巨大受益性投资行为,而不是消费行为。在社会主义现代化建设的新时期,培育新型农民,使其掌握现代农业生产科学知识和技术,提高创业增收的技能,这是对农村人力资本的一种长远性投资行为,随着农民受教育水平的提高必然会带来巨大的社会回报。

二是新经济增长理论为中国农村人力资源的发展提供了前进动力。作为新经济增长理论代表性人物的英国经济学家舒马赫,对发展中国家的农民教育问题从理论上进行深入的研究。他认为,农村和农民问题是限制发展中国家经济发展的不利因素,主要是因为农民受教育水平低下,而解决该问题的关键在于加强对农民的文化教育与农业科学技能的训练,只有这样,才能从根本上解决农业、农村与农民的现代化发展问题。这一理论对我国发展农民教育有很大的启示。通过教育和培训,帮助农民掌握谋生的技能,使其获得长远的良性发展,并最终促进当地经济的发展。

3. 社会文化视角

社会文化与人民群众的实际生产生活密切相关,它由不同地区、不同民族、不同群体的人民创造,是社会生活中各种文化现象和文化活动的总称。广义的文化是人类在实践活动中所创造出来的物质和精神统合的社会意识形态。而狭义的文化是受社会意识形态影响而产生的精神财富,如文化艺术、宗教信仰等。狭义的文化可以充实人民群众的精神生活,提升生活品质。社会在历史的发展过程中都会创造出与之相适应的社会文化,而且会随着社会物质生产水平的发展而不断演变。它是社会存在的反映,且对社会存在具有反作用。在人的发展方面,社会文化可以满足人的全面发展需求,对人民群众基本的文化权益给予可靠保障。在社会方面,社会文化可以促进政治、经济、文化之间的和谐发展,建立文化繁荣发展的社会基础和群众基础。

社会文化视角下的农民教育是指以人为本的教育价值取向,促进人的全面发展。以人为本的价值取向,在文化建设上的体现是满足人们精神生活的追求,与物质生活水平的发展相适应。国家进行文化建设的目的是为了人们在精神生活方面的需求得到满足,最主要是为了实现个人的自我完善。随着人类文明不断向前发展,人们对精神文化方面的需求越来越高,社会也朝着现代化方向发展。由此来看,以人为本的文化建设的最终价值追求是服务于人全面发展的需要。21世纪以来,我国农民教育更加朝着社会文化取向的价值选择迈进,教育的内容也体现出社会公平公正的关怀,使广大的农民群众有尊严地生活。

三、中华人民共和国成立以来我国农民教育价值取向的嬗变

从中华人民共和国成立至今,历经半个多世纪的发展,我国农民教育在不同历史时期被赋予不尽相同的使命和重任,根据各个时期社会经济发展的需要,农民教育的目标定位、内容设置和发展方向均做出相应地调整。基于此,我国农民教育价值取向经历了逐渐演变的三个过程:中华人民共和国成立到改革开放前,国家为了巩固新生的人民民主政权,农民教育凸显出政治取向的特点;改革开放至20世纪末,国家发展转移到经济建设上来,农民教育以经济价值为中心;进入21世纪,随着国家对民生问题的关注,在建设社会主义新农村和和谐社会的背景下,我国农民教育更加凸显人的价值和意义,主张多种教育价值共存的农民教育。

(一)凸显政治取向的农民教育(1949—1976)

我国是以工农联盟为基础的人民民主专政的社会主义国家,在政治上和经济上加强工农联盟是巩固人民民主政权的基础和条件,而对广大人民开展教育是提高其政治觉悟和文化水平的最佳方式。1949年中华人民共和国成立到"文化大革命"结束,为了巩固新生国家的政权,稳定社会发展的基础,改变农村长期以来存在的封建迷信等落后的思想,增强农民的政治意识和观念,中国共产党将开展农民教育看作是农民解放运动的一个政治任务,是关系国家命运的工作。正如毛泽东所言:"从80%的人口中扫除文盲,是

中华人民共和国的一项重要工作"。①

1. 中华人民共和国成立初期的农民教育（1949—1956）

中华人民共和国成立之后，人民政府的工作重点逐步由对敌斗争转向经济建设，我国社会各项事业亟待发展，党中央和国家政府为了使经济尽快得到恢复和发展，大力发展生产力，但是，占全国人口80%以上的文盲队伍是难以胜任这一艰巨的建设任务的。在我国，由于长期受到压迫，农民的封建迷信思想浓厚、文化知识落后、政治观念淡薄，已经成为亟待解决的主要问题之一。建国初期，毛泽东多次强调对农民进行教育的重要性，认为在新的历史时期，进行社会主义建设，离不开广大农民的理解和支持，不能忽视农民在社会主义建设中的重要性。因此，扫盲成为中国共产党始终坚持的一项方针，并多次对扫盲教育做出重大决策，不断推动扫盲教育运动的发展。中华人民共和国成立初期的农民教育可以分为两个阶段，一是1949—1952年恢复时期的农民教育；二是1953—1956年社会主义改造时期的农民教育。

（1）恢复时期的农民教育（1949—1952）

1945年，毛泽东提出，建立新的国家的首要任务是将占中国人口五分之四的文盲脱盲。1949年12月，第一次全国教育工作会议在北京召开，这次会议的重点是使中华人民共和国成立初期教育事业步入正轨，解决教育的发展问题，因此，工农教育、扫盲教育受到高度关注。在第一次全国教育工作会议精神的指引下，全民性的扫盲运动在全国范围内蓬勃开展起来，农村中的扫盲运动主要是以冬学教育的形式展开。

1949年12月，国家教育部做出《关于开展1949年冬学工作的指示》，明确提出农村冬学教育要以解放区的成功形式为榜样，对农民开展冬学教育。并指出"为扩大冬学教育的效果，应当在冬学中有计划地建立识字组、读报组等经常性的组织，在教学结束以后选择有条件的冬学有准备地转为平常的农民半日学校、农民夜校或小学。"②1950年9月，全国第一次工农教育会议在北京召开，会议明确指出："推行识字教育，逐步减少文盲。"③同年12

---

① 毛泽东.毛泽东选集6：第三卷[M].北京：人民出版社，1967：984.
② 马叙伦.关于开展1949年冬学教育工作的指示[N].山东政报，1949-5-31(18-19).
③ 马叙伦.关于第一次全国工农教育会议的报告[J].人民教育，1951(1)：12-13.

月,教育部颁布《关于开展农民业余教育的指示》,指出:"有计划有步骤地开展农民业余教育,提高农民的文化水平,是当前我国文化建设的重大任务之一",要求将季节性的业余学习(冬学)转变为常年业余学习。① 1951年,根据教育部的批示,各地陆续将冬学形式转为常年农民业余学校,对农民进行抗美援朝教育、土地改革、民主改革、生产互助以及《婚姻法》等政策教育。

1952年,全国各地广泛推行"速成识字法",这种方法旨在通过汉语拼音的学习和课文读写会话的练习,提高农民识字能力,以提升农民学习文化知识的速度,使全国广大农民的社会文化面貌得到了很大的改变,其政治素养和文化知识的提高,促进了当时农村地区社会生产力的发展。

(2)社会主义改造时期的农民教育(1953—1956)

经过三年艰苦奋斗,国民经济已基本恢复,中国共产党在全国范围内开展对农业、手工业和资本主义工商业的社会主义改造,其中,农业是三大改造中的重要领域之一,在农业社会主义改造背景下的农民思想政治教育成为该时期农民教育最主要的内容和显著的特点。

我国落后的封建土地制度严重阻碍了农村经济和社会的发展,而中国共产党巩固政权和发展经济更需要农民的支持,因此,社会主义改造时期的农民思想教育有着深刻的现实因素,在进行农业社会主义改造的过程中,中国共产党将扫盲教育工作与农业合作化的运动紧密结合。1954年1月,教育部召开全国第一次农民业余文化教育会议,强调农民业余教育必须与农村互助运动和农业生产相一致。② 同年10月,教育部、扫除文盲工作委员会发布《关于1954年冬学工作的指示》中提出,为了适应农业互助合作运动的需要,应当积极组织农民提高文化水平。③ 1955年6月,国务院发布《关于加强农民业余文化教育的指示》的重要文件,对农民业余文化教育事业的发展方向做出了规定,指出"为适应当前农村新情况和新任务的需要,由合作社和互助组统一管理农民的生产和学习,把学习和生产紧密结合起来,作为今后发展农民业余文化教育事业的基本方向。"④1956年3月,国务院颁布

---

① 中央人民政府教育部关于开展农民业余教育的指示[N]. 山东政报,1950 - 12 - 27(115 - 116).

② 教育部关于第一次全国农民业余文化教育会议的报告[N]. 江西政报,1955 - 6 - 7(15).

③ 关于一九五四年冬学工作的指示[N]. 山西政报,1954 - 10 - 17(21).

④ 国务院关于加强农民业余文化教育的指示[N]. 湖南政报,1955 - 5 - 16(14 - 16).

《中国共产党中央委员会、中华人民共和国关于扫除文盲的决定》,文件中强调在五至七年内基本扫除文盲,并要求各地教育部门、共青团、工会、农业合作社等必须制定计划,进行推广。① 上述一系列政策显示了中国共产党扫除文盲的决心,在其指导下,农村扫盲工作依托农业合作社的发展,扫盲教育得到全面发展,越来越多的农民脱盲,提高了政治觉悟和文化水平。

社会主义改造时期,爱国主义思想教育是农民教育的主要内容。从1950年到1953年,《人民日报》成为抗美援朝运动和爱国主义思想的核心宣传窗口,登载的文章主要结合抗美援朝运动,号召组织农民来控诉美蒋罪行、组织一切可能动员的劳动力参加生产、加强对爱国主义生产运动的领导和检查等②。此后两年,农民思想教育主要围绕宣传中华人民共和国建立的意义、解释《共同纲领》、恢复和发展生产、土地改革、镇压反革命、宣传《婚姻法》等社会改造和土地改革内容进行。

为了丰富农民的文化生活和提高农民的思想政治觉悟,在广大农村地区创办了许多农民俱乐部。同时,电影事业也蓬勃发展,拍摄了许多农村题材的电影,如《组织起来》《改造懒汉》等。此外,剧团和报纸的发展也成为进行农民思想教育的重要途径和方式。这些对于宣传党和政府的政策都起到了重要的作用,使党和政府的政策能够快速深入到群众的心中。

中华人民共和国成立到社会主义改造完成,压在农民身上的三座大山被推翻,农民拥有了自己的土地,成为土地的主人,农民的阶级意识觉醒,政治觉悟和素质提高,在政治上得到了翻身。通过农业社会主义改造运动,促进了农民生产的积极性,提高了农业生产的效率和经济收入。而且,在农业社会化改造背景下对农民进行的思想教育为社会的发展提供了前提条件,使农民教育与社会改造紧密地联系在一起,相互影响,形成了我国社会改造时期农民教育的特点。

2. 社会主义建设时期的农民教育(1956—1966)

1956年社会改造完成后,我国确立了社会主义基本制度,进入了社会主义十年建设时期。我国正处于社会主义的初级阶段,根本问题和矛盾在于

---

① 中国共产党中央委员会、中华人民共和国关于扫除文盲的决定[N].人民教育,1956-4-30(4-6).

② 候松涛.抗美援朝运动中的社会动员[D].北京:中共中央党校,2006:43.

人民日益增长的物质文化需求与当时的经济文化发展不相匹配。因此,党的工作重心就是解放生产力和发展生产力,使经济社会文化的发展能够满足人民的需求,对于农民的思想政治教育也要以此为工作的重心。社会主义建设时期农民的思想政治教育主要包括党的方针政策教育和社会主义精神教育。

在社会主义建设时期,学习共产党的方针政策路线是农民教育的内容之一。同时,中央还对各个地方贯彻落实方针政策的方式做出考评,对做出创新和探索的先进工作方法进行学习交流和大力推广。党的方针政策教育的内容主要包括以下几个方面:(1)社会主义总路线和"大跃进"运动的学习。社会主义制度确立后,我国开始以苏联为榜样,进行社会主义道路建设的探索。1958年9月,中国共产党第八次全国代表大会第二次会议提出"鼓足干劲,力争上游,多快好省地建设社会主义"的社会主义建设总路线。[①] 这条路线是我国进行社会主义建设的指导路线,其核心思想是把我国建成一个具有现代化工业、农业和科学技术文化的社会主义国家。总路线提出以后,中国共产党发动了"大跃进"运动,以促进社会生产的快速发展。1958年5月,《人民日报》发表《用革命精神扫除文盲》一文,提出在未来五到十年,或者更短的时间内扫除青壮年文盲,如果只依照以前的做法,难以完成这个任务。[②] 广大农民作为我国社会主义建设的重要群体,有必要学习中国共产党的方针、政策和路线,了解国家经济社会发展的动态和精神,积极投入到社会主义建设中。(2)人民公社化运动的广泛参与和学习。在20世纪50年代后期,我国社会主义建设全面展开,"大跃进"运动在全国掀起,农村人民公社化运动成为探索中国社会主义建设道路的一项重大决策。一方面,人民公社注重对农民基础文化与科技知识的教育和传授,每个公社和大队在城市农业科研机构的扶持下举办文化、科技培训班,组织农民学习文化知识,而且特别注重向农民传授科学种植、生产的知识和技能。[③] 另一方面,人民公社强调农民的思想政治教育。1962年起草的《农村人民公社工作条例修正草案》规定,"通过各种方式,向全国人民宣传马列主义、毛泽东思想

---

① "鼓足干劲,力争上游,多快好省地建设社会主义". [EB / OL]. (1958 - 5 - 23) [2013 - 3 - 20]. http://cpc.people.com.cn/GB/64162/64170/4467346.html.
② 用革命精神扫除文盲[N]. 人民日报,1958 - 5 - 20(11).
③ 储成炜. 中华人民共和国农民教育发展研究[D]. 西安:西北农林科技大学,2010:81.

及社会主义建设的总路线、总方针和人民公社化运动,对于人民公社的巩固得益于对人民进行的社会主义、爱国主义、集体主义和时事政策等方面的教育。"[1]尽管此时期农民思想政治教育呈现出内容多样、形式多样的特点,但是,农民教育是一种强制状态下的政治管制和思想束缚,这对于农民的思想意识和创造性产生了一定的负面影响。

这一时期,中国共产党还对农民进行了社会主义精神的教育。一是学习张思德为人民服务的精神。教育广大农民为国家人民利益而辛勤工作,甚至为了捍卫国家人民的利益而不惜牺牲自己;二是学习白求恩的奉献精神,教育广大农民在个人能力的范围内,为国家的事业做出个人应有的贡献;三是学习雷锋无私奉献、服务群众、勤劳朴素、艰苦奋斗、乐于助人的精神。1963年3月,在党中央和毛泽东的号召下,全国掀起了开展学习雷锋精神活动的热潮,这对提高广大农民的思想觉悟和道德素质具有重大的榜样作用,同时对我国社会主义建设事业的发展起到了无可估量的作用,使中华人民共和国成立后形成的良好社会风气,在克服困难和挫折的过程中,得到了继续发扬。总之,这个时期开展的社会主义精神的教育,树立了为人民服务的思想,帮助广大农民干好自己本职工作,坚定共产主义信念。

3."文化大革命"时期的农民教育(1966—1976)

"文化大革命"时期,知识青年上山下乡的社会改造运动使我国中华人民共和国成立后的农民扫盲教育运动进一步发展。此外,此时期农民教育最显著的是"农业学大寨"运动和以阶级斗争为纲的农民思想政治教育。

一是"农业学大寨"运动。在20世纪六七十年代,全国上下开展了农业学大寨运动。在20世纪50年代至60年代初,山西省昔阳县大寨公社,在农业合作化运动后,陈永贵、郭凤莲等带领大寨社员进行开凿山坡、修整土地、建造梯田,大大改善了粮食种植的土地环境,粮食的亩产量高速增长,使当地农村的落后面貌得到很大的改变,成为当时全国农业发展的一面旗帜。1964年,毛泽东发出了"农业学大寨"的号召,在全国范围内掀起了一股"农业学大寨"的高潮,使大寨经验得到推广,开展填沟造田、开垦荒地、兴修水利等建设活动。在这场运动中,农民通过克服种种困难,顽强地同大自然做斗争,不仅改变了生产条件,发展了农业生产,而且改善了人们的生活条件,

---

[1] 李水山.农村教育史[M].南宁:广西教育出版社,2007:84.

对国家经济社会的发展做出了较大的贡献。

中华人民共和国成立以来,农村运动一直连续不断,但没有任何一次运动像"农业学大寨"在全国农村地区普遍持久地展开,它对我国农业、农村、农民的发展产生了深远的影响。相比之前的农民教育,农业科技教育是本次活动中农民教育最显著的特点和成就,"大寨经验"也成为我国农业生产和农民教育历史上不可忽视的一次影响深远的改革。

二是以阶级斗争为纲的农民思想政治教育。此阶段思想政治教育工作影响范围最大的是学习毛泽东著作,其中,农民群众学习毛泽东著作开始于20世纪50年代末期。1966年《人民日报》发表社论,指出"按照毛泽东同志所说的去做,就可以大大提高我国人民的无产阶级意识,促进人们的思想革命化,促进人们同旧社会遗留下来的一切旧思想、旧文化、旧风俗、旧习惯决裂。"[①]这篇文章的发表,把我国农村地区学习毛泽东著作的热情推向了高潮,引发了一场"活学活用"毛泽东思想的群众运动。

"文化大革命"时期毛泽东思想宣传和学习的方式主要有:毛泽东思想宣传队、毛泽东思想学习班、《毛泽东语录》刊物发行等形式。其中,最主要的宣传和学习形式是举办毛泽东思想学习班。学习班的课程时间安排与农民自身的生活相适应,农民可以做到晚上学习和白天生产两不误。而且在农忙时节,农民除了可以选择在夜校接受学习,还可以在田间地头进行学习,同时,把批判会开在田间地头,以时刻警醒大家忆旧社会的苦,思新社会的甜,不断增强广大贫下中农和农村干部对毛主席的热爱和忠诚。通过多种形式的宣传和学习,毛泽东思想获得了极大地普及。但是,由于林彪、江青反革命集团别有用心地大肆鼓吹,使学习毛泽东著作和毛泽东思想的活动被引向成为"个人崇拜"的歧途,出现了形式化、简单化、庸俗化,甚至显示出了宗教风气。

在批修整风及后来的批林批孔运动中,广大农村通过举办政治夜校、工农干部学习班、建立贫下中农理论队伍等方式进行无产阶级专政理论和哲学通识教育,大大提高了农民批修整风、批林批孔的自觉性和积极性。其中,根据毛泽东《五七指示》开办的政治夜校发挥了重要的作用,成为农民学习政治理论的主要阵地。通过学习使农民认识到掌握革命理论的重要性,

---

① 李水山,黄长春.当代中国农民教育史[M].北京:中国农业科学技术出版社,2010:117.

提高了他们刻苦学习革命理论的自觉性。

"文化大革命"时期的农民教育一方面通过知识青年上山下乡运动,为农民进行科学技术教育、文化教育、卫生教育,将城市文明带到农村,改善了农村的生产和生活条件。另一方面,在"以阶级斗争为纲"思想的指引下,也产生了深刻的负面影响。在当时,我国社会存在着非常严重的阶级斗争问题,除了对所谓"地、富、反、坏、右"的批判和改造外,几乎把所有损害集体利益的行为,如偷窃树木、粮食等都划上"阶级斗争"的符号,违反者被游街示众,以儆效尤。从表面上看,这有利于集体意识的强化和构建良好的村风民风,然而,在某种程度上,却扼制了农民自我教育和自我发展的积极性,禁锢了农民思想,如农民在农村集体经济的发展探索时期不敢越雷池半步。这是改革开放后在农村地区快速进行社会变革的根源所在。[①] 广大农民迫切需要改变自身被束缚的种种政治观念,获得自由发展的机会。

(二)彰显经济价值的农民教育(1978—2000)

1978年改革开放到20世纪末,我国开始了建设社会主义事业的新局面,在经济建设全面展开的过程中,农村经济也进入恢复和发展期,农村产业结构的调整使得农民教育也势如破竹,迎来了蓬勃发展的新高潮。因此,这一时期的农民教育主要是通过职业教育培训和农业技术推广活动提高农民职业技能,为农村社会经济的发展提供智力支持。

1. 历史转折时期的农民教育(1978—1981)

党的十一届三中全会以后,在党中央的大力支持和倡导下,家庭联产承包责任制在我国农村广泛推广开来,揭开了我国农村改革的序幕。新的生产方式不仅调动了农民生产的积极性,而且大大提高了农村经济的发展。在此之后,国家陆续出台政策和文件,提出多项提高农民教育、农村发展和农业现代化的措施。历史转折时期的农民教育主要包括以下内容:

一方面,农村青年争当新长征突击手,学四化、干四化,踊跃投身农业生产和农村建设中。党的十一届三中全会给农村指明了发展方向,各级政府坚持从农村的实际情况出发,以经济建设为中心,动员广大农村青年积极争当新长征突击手,广泛开展科学实验、植树造林、业余教育等与农村青年教

---

① 储成炜.中华人民共和国农民教育发展研究[D].西安:西北农林科技大学,2010:35.

育有关的活动。这些活动不仅调动农村青年生产工作的积极性,引导农村青年努力掌握现代化科学技术和文化知识,刻苦钻研本职业务,深入开展技术革新和发明创造活动,全面提高工农业、商业和服务业的青年劳动生产效率。

另一方面,广泛开展学科学、用科学,促进农民科学技术教育的发展。农业作为国民经济的基础,只有农业生产得到恢复和发展,才能逐渐实现农业现代化。1978年后,农村出现了学科学、用科学的热潮。然而,要实现农业现代化、彻底改变农村落后的面貌,不仅迫切需要依靠农业专家等专门的技术人员为农村农业科学的发展建言献策,也需要掌握科技文化知识和技术技能的广大农民,立志务农,通过自己勤劳的双手发家致富,建设美好的农村。1979年,教育部副部长臧伯平在全国农民教育工作会议的报告中指出:"要尽快发展农业生产必须是一靠政策,二靠科学。在生产责任制问题已经基本解决的情况下,就要把依靠科学技术搞好农业这件事情摆到重要的议事日常上来。"[1]可以看出,农民教育的重点在从文化知识的学习转移到科学技术的学习,而且要实现二者的结合。同年9月,中共中央发布了《关于加快农业发展若干问题的决议》,指出发展农业,关键在于提高青年农民的科学水平。[2]

为了鼓励广大农民学习科学技术,各级政府积极举办培训班和农业学校,向农民传授技术技能。随着农村经济的发展,基础知识课程成为培训的主要内容,目的一是提高文化基础知识的普及率和农民的受教育率;二是在此基础上提高农民掌握更高水平科学技术的能力。培训的方法和内容,根据每个地区的实际情况做出调整,因地制宜,灵活多样。

2. 中国特色社会主义时期的农民教育(1982—1990)

1982年9月,邓小平在中国共产党第十二次全国代表大会上提出"走自己的道路,建设有中国特色的社会主义"的历史性命题,标志着我国进入中国特色社会主义的建设时期。随着改革开放政策的继续推行,注重经济发展的目标趋向使我国农民教育注重经济因素,更加强调为区域经济发展

---

[1] 李水山,黄长春. 当代中国农民教育史[M]. 北京:中国农业科学技术出版社,2010:219.
[2] 关于加快农业发展若干问题的决议[EB/OL]. (2000-3-15)[2016-8-13]. http://baike.so.com/doc/7084174-7307086.html.

服务。

一是"燎原计划"与农民培训。1988年8月,国家教委在河北南宫召开教育会议,部署在全国实施"燎原计划",目的是提高农民的文化和技能素质,为我国农业发展培养专业的农技人才,真正给农业植入自身"造血"的功能,促进农民收入的提高和社会的进步。"燎原计划"的主要任务是积极开展扫盲工作,通过多种形式的职业教育和成人教育,充分发挥农村各级各类学校的智力、技术支持,依据当地经济发展的优势,开展与地方建设结合的实用技术知识、管理知识教育和培训,培养农村建设者,提高劳动者的文化技术水平,提高运用科学技术的能力,并积极配合农业与科技等部门,开展示范区、技术培训、信息服务等多种形式的活动,以促进农业和农村建设的发展。[1] 在农业部和科技部等部门的共同努力下,到1990年,国家教委在全国建立了116个农村教育综合改革实验县,30个地市级农村教育综合改革实验点,其中,示范乡镇则发展到将近上万个,分布在全国3/4的县或市内。[2]

二是中等农业教育与时俱进,积极为当地农村经济服务。改革开放后,农业中等学校不断开拓创新,总结和推广教育改革的经验。国家先后举行了多次教育改革发展会议,每次会议的主题都表现出为当地农村经济服务的旨意,提出农业中专改革的目标和任务。如1983年5月,中共中央、国务院发布《关于加强和改革农村学校教育若干问题的通知》,提出"改革农村中等教育结构,发展职业技术教育,是振兴农村经济,加强农业现代化建设的一项战略措施。"[3]这些政策文件为我国中等农业职业教育的发展提供了难得的发展机遇,许多农业中专成立了"教学、试验示范、技术推广"三结合的校外基地。[4] 这种校外基地主要是为当地的经济发展提供技术咨询、技术培训等,直接参与到农村的经济建设中,服务于农村、农业、农民的发展,努力走出一条优先发挥技术优势、以科学技术促进农村经济发展的新型发展路径,在科教兴农中发挥重要的作用。

---

[1] 燎原计划[EB / OL].(2000 - 3 - 15)[2013 - 10 - 8].http://baike.so.com/doc/721198 - 763536.html.

[2] 李水山.农村教育史[M].南宁:广西教育出版社,2007:90.

[3] 关于加强和改革农村学校教育若干问题的通知[N].人民教育,1983 - 6 - 30(3 - 5).

[4] 李水山,黄长春.当代中国农民教育史[M].北京:中国农业科学技术出版社,2010:239.

三是农科教结合为农村经济发展和科技进步做出贡献。从改革开放至今,党中央、国务院提出了"科教兴农"等一系列利农惠农政策,各级党政机关也都将农业和农村作为工作重心。但是作为"三农"问题核心的农民,只有提高他们的素质和知识水平,才能够以现代农业科技发展农业,实现增产增收,而教育是提高农民素质最直接和最有效的方式,通过教育使之拥有技术特长。1989年由农业部、林业部和国家科学技术委员会等成立的农科教统筹与协调领导小组,联合印发了《关于农科教结合共同促进农村、林区人才开发与技术进步的意见》,指出"广大农民劳动者的思想道德和文化素质如何,直接影响农村经济和社会的发展,决定着我国社会主义现代化的进程。实行农教科结合,要以发展农村、林区生产和精神文明建设为中心,坚持科技、教育必须为农村、林区社会主义建设服务,农村、林区社会主义建设必须依靠科技、教育的原则。"①农科教结合的农民教育模式,就是把农村、科技和教育三者相结合,协调发展,通过开展教育培训向农民传授相关的农业科技知识,提高农民生产技能和文化技术素质,促进农村发展和农民致富,推动农村的经济建设。

农科教示范区就是在"科教兴农"政策实施下发展起来的具体进行农民教育的基地。农科教示范区的建立,为青年农民学技术、办产业提供了机会和帮助,多数农民通过科技致富,成为当地调整产业结构、运用新技术的先行者和带头人。而且,在科技示范户的带领下,广大农民对科学技能的求知欲望显著增长,随着对新科技的学习运用,科学技术的转化能力不断得到提升。农科教结合的模式培养出了千千万万的农民骨干,使他们懂得了如何科学地运用农业技术技能,学会了农业的经营与管理,从整体上提高了广大农民的科学文化素质。

3. 快速发展时期的农民教育(1990—2000)

1990年,邓小平根据我国国情和农村的实际情况,提出中国社会主义农业改革和发展的"两个飞跃"思想,第一个飞跃是仍然坚持家庭联产承包责任制,第二个飞跃是适应科学种田和生产社会化的需要,发展适度规模经

---

① 关于农科教结合,共同促进农村、林区人才开发与技术进步的意见(试行)[EB/OL].(1989-8-20)[2013-11-20]. http://www.com/fagui/law_112139.html.

营,发展集体经济。① 规模化的农村生产经营是我国农村经济发展的根本保障,也是我国农业发展的方向,是实现农业现代化的必由之路。因此,在邓小平的"两个飞跃"思想指导下,尤其是第二个飞跃提出的科学种田,规模经营的思想,促使我国农民教育发生转变。此阶段农民教育主要包括以下两个方面。

一是"绿色证书"工程。"绿色证书"是由当地政府认可的从业资格证书,农民从事某项农业技术必须具备的知识和技能。1990年4月,农业部印发了《关于开展农民技术资格证书制度试点工作的意见》,开始在全国推行农民技术证书制度,即"绿色证书"试点进入实施阶段;1994年3月,国务院印发了《国务院办公厅转发农业部〈关于实施"绿色证书工程"的意见〉的通知》,标志着"绿色证书"制度已进入实施阶段;1997年4月,农业部在总结"绿色证书"工程实施经验的基础上,印发了《"绿色证书"制度管理办法》,标志着"绿色证书"制度在我国已经初步走向成熟。"绿色证书"培训的主要目的是提高农业生产者的科技文化素质,培养一大批觉悟高、懂科技、敢创新、会致富、能起示范作用的农业生产经营者队伍。"绿色证书"的培训对象主要针对具有初中及以上文化程度,愿意从事农业生产、经营、服务活动的劳动者,以及农村中学毕业未继续升学的初中学生,重点是加强对农村基层干部、党团员、复员转业军人、农民骨干、专业户和农村妇女的培训。农业部后来实施的青年农民教育、创业教育,以及农村劳动力转移就业培训等一系列农民教育培训,实际上都是在农民"绿色证书"教育政策理论指导下的具体实践、探索和延伸。

"绿色证书"培训是一个动态的发展过程,随着时代的变化,培训实施的范围和对象也发生了变化。一方面,是培养对象的改变,由过去培训农村干部、种养殖大户、农村社会化服务体系人员向农村初高中毕业生、复转军人、在役的士官、农村妇女转变以及向广大农民骨干扩大,重点是培养骨干农民,培植主力农户;另一方面,是实施范围的变化,从传统的种养业向特色种养殖、农产品深加工和市场营销以及流通行业扩展②。

---

① 中共中央文献研究室.邓小平年谱(上)[M].北京:中央文献出版社,2004:641-642.
② 李水山.我国农民绿色证书教育的现状、问题和对策[J].中国农村教育,2005(Z2):24-29.

"绿色证书"培训涉及种养殖业等各个行业的100多个岗位,已累计培训骨干农民700多万,其中350万农民取得了"绿色证书",89万"绿证"学员已被乡政府或农业社会化服务组织聘用,为农业科学技术的推广做出了积极的贡献。[①]"绿色证书"工程的实施,以科技进步和劳动者素质的提高为基点,将农业和农村经济的发展转移到现代化发展的轨道上来。它是一项提高劳动者综合素质,农村经济振兴发展的基础工程。毫无疑问,"绿色证书"教育是适合我国现阶段基本国情和农情的,是比较系统、科学、有效的农民职业技术教育的途径和方法。

二是青年农民科技培训。20世纪末,农业部、财政部等联合发文,对青年农民技术培训工作做出了明确指示,农民教育培训进入了以政府主导、项目带动的实施阶段。青年农民培训工程的主要对象是农村16—35岁的初、高中毕业生,目标是提高青年农民科技文化素质,以科技推广项目为依托,"实际、实用、实效"为原则,培养一批科技兴农青年带头人,增强农业发展的后劲力量。青年农民培训工程的培训内容有:党和国家有关农业生产和农村经济发展的方针政策、农田生产技术、园艺栽培技术、畜禽养殖技术、海淡水养殖技术、经营管理知识、市场营销知识及现代科技知识等。青年农民培训工程作为世纪之交针对青年农民的培训项目,立足于培养一大批适应新世纪需要、能带领广大农民脱贫致富的中坚农户。

改革开放以来的二十多年时间,中央和地方各级政府都将农民科技培训工作放在首位,确立面向"三农"的培训方针,坚持科教研三位一体,以各种渠道和方式推广农业新技术、新产品和新经营,培育了一大批地方新型农民骨干,建设了覆盖范围广、信息更新快、内容含量大和课程质量高的农民职业教育技术培训网络。我国农民科技培训工作逐步走上正轨,极大地推动了农业和农村经济的发展,使农民的科技素质有了质的飞跃。

(三)强调多元价值共存的农民教育(21世纪以来)

进入21世纪,"三农"问题依然是我国社会发展的重中之重,新农村建设成为农村发展的新战略目标,也是和谐社会构建的重要环节。终身学习的思想理念已得到国际上的普遍认可,我国也开始大力推进建设学习型社

---

① 李水山,黄长春.当代中国农民教育史[M].北京:中国农业科学技术出版社,2010:264.

会的工程。因此,在新的时代背景下,农民教育工作又面临新的挑战和发展机遇。农民教育不仅仅是针对农民进行的关于技术技能的教育,也涉及到文化思想、职业道德、价值观念和民主思想等内容。[①]

1. 新时期农民教育的转型

随着新农村建设和新型城镇化进程的不断推进,基于社会转型和产业结构升级的背景,我国农民教育进入一个新的发展阶段。2005年10月,党的十六届五中全会做出加快社会主义新农村建设的决定,提出实施以"生产发展、生活宽裕、乡风文明、村容整洁、管理民主"为内容的新农村建设战略。[②] 2006年中央一号文件明确提出,"加快发展农村社会事业,培养推进社会主义新农村建设的新型农民",强调通过加快发展农村文化教育和技能培训,培养造就有文化、懂技术、会经营的新型农民。[③] 这就需要针对不同类型农民的发展需求,培养不同的新型农民,其中一部分选择继续留在农村的农民,迫切需要掌握新的农业科技以提高原有土地的生产量,确保增产增收,另一部分是在城镇化进程中的失地人员,需要进行必要的职业培训以进入城市谋生。所以,农民教育和过去相比,不仅要提供给农民相应的与种植业、养殖业有关的知识和技术,同时,还要提供给他们参加城市建设、工业生产以及服务有关的知识和技能。

由于我国城镇化发展进程的加快,农民教育的经济价值、社会价值、政治价值、文化价值受到不同程度地重视,农民教育不仅要提高他们的谋生能力,增长农民的经济收入,还要提高农民参与社会政治生活的意识,使他们融入主流社会,过上文明健康的生活。新时期农民教育在价值取向上若只是依照过去单一的价值追求,已经不能适应新时期社会发展的特点,因此在进行农民教育时应该强调多元的价值追求。

2. 新时期农民教育价值的多元性追求

近年来,新型城镇化建设与和谐社会建设成为社会关注的焦点,在新的

---

① 郑卫东. 农民教育:建设社会主义新农村的助推器[EB/OL]. (2006-2-27)[2016-8-10]. http://theory.people.com.cn.2007-10-26.

② 十六届五中全会[EB/OL]. (2005-10-13)[2016-8-4]. http://cpc.people.com.cn/GB/64162/134580/141447/.

③ 中共中央国务院关于推进社会主义新农村建设的若干意见[EB/OL]. (2006-2-20)[2016-8-9]. http://www.aohan.gov.cn/Article/Detail/20242.

社会发展背景下,新时期农民教育的价值得到了重新审视,相对以往的农民教育呈现出不同的时代特点,农民教育由工具价值取向转变为更加关注农民的发展的本体价值。

一是坚持多元价值共存的教育观。在社会经济转型和建设社会主义新农村的今天,农民教育的价值取向也随着时代的进步与发展,凸显出多元化的特点,即多元价值共存的教育观。所谓多种教育价值共存的农民教育,是指在教育过程中,既要注重农民教育的政治价值,也要重视农民教育的经济价值,还要强调农民教育的社会文化价值,同时,关注农民自身价值,使农民自身得到发展,自我价值得到实现。2010年颁布的《国家中长期教育改革和发展规划纲要》指出,"支持各级各类学校积极参与培养有文化、懂技术、会经营的新型农民,开展进城务工人员、农村劳动力转移培训"。[1] 因此,从国民经济发展全局出发,着眼于农村和农业发展,提供全方位教育,使他们获得全面发展,在城镇化建设进程中实现各自的社会价值,发挥其创业和参与城市发展的主动性。

二是强调农民本位的教育。在教育实施的过程中,各教育主体不应把对教育资源的掌握和对农民教育的主导权作为展示优越感的平台,以一种居高临下的态度对农民进行教育和培训,忽视农民的主体地位和教育对他们自身的意义。在新时期对农民进行的教育要更加关注农民的教育需求,采取适应农民生产生活的教育方式,尊重其学习特点,使农民的教育"主体"地位得到充分体现,这应该成为我国在进行农民教育时必须遵守的原则。随着社会快速发展,传统的农村正在迈向现代化社会,农民追求美好生活的愿望更加强烈。正是在这样的背景下,让"农民"成为体面的职业,顺应了农村社会发展的新变化和农民追求更高生活质量的期待。这也是我国"三农"发展的目标定位更上一层楼的生动体现。在西方发达国家,农民是一种职业,从事这个职业的人是非常自豪的,他们热爱自己的职业,致力于职业的不断发展。我们国家的农民教育最终发展目标也应该像西方发达国家那样,让广大的农民通过劳动过上体面的生活,使农民成为一份体面的职业,也成为他们希望的一种身份。

---

[1] 国家中长期教育改革和发展规划纲要(2010—2020年)[EB/OL]. (2010-3-21)[2013-8-30]. http://www.china.com.cn/policy/txt/2010-03/01/content_19492625_3.htm.

3. 新世纪多元价值下农民教育的实施

新时期农民教育的价值取向趋向多元化的发展,农民教育的内容也随之改变,一方面,通过国家惠农工程提升农民的技术技能,另一方面,重视农民的科学素质教育。

为了提高农民科技文化素质,促进农业增效、农民增收、农产品竞争力增强,2003年4月,农业部印发了《全国新型农民科技培训规划(2003—2010年)》,其中提到了健全农民教育培训体系的"五大工程"。通过"五大工程"的实施,服务于新型农民的培养以及胜任农村劳动力的转移任务。

"绿色证书工程"和"跨世纪青年农民科技培训工程"的主要任务是培养新生代农民,提高现有农业劳动力的技术技能,增加农民收入,促进农业产业现代化,促进农民由身份农民向职业农民转变。"新型农民创业培植工程"和"农村富余劳动力转移就业培训工程"的目的,以尊重农民意愿和农民直接受益为前提,以市场运作为基础,为需要转移到非农产业就业的农村富余劳动力开展培训,提高农民的素质和技能,保障劳动力转移就业。培训包括职业技能培训和引导性培训,以职业技能培训为主。[①]"农业远程培训工程"将农民培训资源有机地结合起来,形成了完善的农民服务网络。这"五大工程"是国家为落后地区劳动力转移推出的政府主导项目,它以公共拨款为资金支持,以培训非农领域就业前的职业技能为基本内容。它是城乡经济统筹发展与和谐社会建设的重要路径。随着我国政府对农村劳动力培训的重视程度与日俱增,2010年,农村劳动力培训被正式纳入了国民教育体系,力求使农村劳动力的整体素质水平与我国现代化进程同步。

新时期的农民教育,不仅是对他们进行农业科技、转岗就业培训、国家政策的宣传等教育工作,满足他们基本的农业生产和转岗就业的需求,最为重要的是通过教育使农民自身得到全面的发展,这种发展是一种物质上丰裕和精神上和谐充实的状态。随着农村地区和谐社会的建设,农民自身朝着现代化和社会化的方向发展,最终成为一个合格的公民。2007年11月,农业部和中国科协联合印发了《农民科学素质教育大纲》,大纲提出,农民的

[①] 农村劳动力转移培训[EB/OL]. (2003-11-21) [2016-2-15]. http: // baike. baidu. com / link? url = - DdY3enHCxL0Y8zPfG7HZWJsTACkYkLtGFLKYZMc8JqY_LfkyTV11jN9gaRVUj1QKpFNgCN_Va8OsF0iI6dJuq.

科学素质要经过教育、培训等方式切实得到提高,并在农村中形成广泛的崇尚科学、知法懂法、勤劳致富的社会主义新风尚;着力提高运用新技术提高生产力、增收致富能力、生态环保能力,使广大农民在资源节约、环境保护、生态家园建设等方面与整个社会的发展要求相适应。①

纵观整个农民教育的发展历程,尽管中华人民共和国成立以来我国农民教育取得了巨大的多方面的成就,但这些成就更多的是外在价值的体现,农民的内在价值被关注的不是很多。在国家的现代化和民主化建设中,只有农民自身利益在教育中得到充分体现,农民教育的工具价值才能真正实现。农民教育促进农民思想素质的提高,实现农民需求和社会需求的统一,使农民无论是在生活上还是精神上都能享受到教育带来的实惠。农民教育应以农民为本,不能实行强制的措施,如果不从实际出发,即便是借鉴"先进模式"也只会是生搬硬套,事倍功半。以农民为主体,从农民的角度出发,以农民的需要为基础,以现实的状况为依据,以解决农民的现实问题为工作任务,只有这样才能使农民真正地感受到实惠,调动农民进行生产建设的积极性。

从以上三个阶段农民教育的内容可以看出,中华人民共和国成立以后到改革开放之前的农民教育,主要是扫盲识字教育和思想政治教育,强调对农民的文化启蒙和道德风尚教育,由于当时社会发展的整体状况,科学技能和职业技能等方面的内容涉及较少,没有受到很大的关注。在中华人民共和国成立初期很长时间里,党和政府对农村地区实施的政策偏向于政治化,带有功利主义色彩,使得农民教育的内容也有此倾向性,高度注重对农民进行政治教化,这体现出了教育价值的政治取向性。

改革开放到 20 世纪末这一时期的农民教育注重科技文化教育,广泛开展学科学、用科学的活动,农科教结合、"绿色证书"工程的全面实施、跨世纪青年农民科技培训等都体现了促进经济发展的倾向。随着国家社会经济的发展,农民教育的内容必然向农村人力资源开发和农村经济增长的方向发展。西奥多·舒尔茨的人力资本理论指出人力资本理论是改造传统农业的关键,所以,国家制定的一系列相关政策体现出了为改造传统农业进行的努

---

① 《农民科学素质教育大纲》[EB/OL].(2007-11-13)[2016-3-30]. http://www.gov.cn/gzdt/2007-11/13/content_803963.htm.

力,农民教育的经济价值体现得比较充分。

21世纪以来,社会主义新农村与和谐社会的建设成为影响农民教育的最重要因素。这两个决策对农民教育的价值取向进行了概括总结,体现了现代社会人文主义关怀。2013年12月在北京举行的中央农村工作会议指出,"农民有体面,小康才全面",[①]对农民的教育不仅要使农民生活富裕起来,也要让每个农民的生活更加体面,使他们的民主思想、权利意识和尊严得到保障,获得合法权利,享受社会主义社会的优越性。改革开放后,随着市场经济的发展、行政体制的改革,国家更加注重宏观管理,放权于民。特别是在意识形态方面,民众拥有越来越多的思想自由和言论自由,法律意识亦逐步提高,权利意识逐步增强。当然,这也是生活在社会主义市场经济这个新的时代环境中,所必须要做到的。只有这样,才能成为一名合格的公民,立足于社会。

四、促进我国新时期农民教育的发展

新时期的农民教育,应贯彻实施《国家中长期教育改革和发展规划纲要(2010－2020年)》中关于农民教育的精神,培养出有文化、懂技术、会经营的新型农民。为了更好地实现这一目标,在对农民进行教育的过程中,要以农民为本,提升他们学习的主动性,发挥农民的聪明才智,统筹社会发展与个人发展,使社会的经济政治和社会建设的发展与农民个人的进步达到同步发展,统筹推进。

（一）明确政府的责任

在整个农民教育过程中,政府应该重视对农民的教育,充分发挥政府的作用。中国自古以来都是一个农业大国,农业是国民经济的基础,是社会发展的基石。农民是我国人口的主要组成部分,虽然随着社会的发展,现在基本上已经不存在农民这个身份的限制,但是相对于城市居民,农民所生存的环境仍处于一个经济发展滞后、交通设施匮乏、基础设施落后的境遇中。在历史发展过程中,广大农民往往还沿袭着祖辈们流传下来的生活作息方式,

---

① 2013年中央农村工作会议精神. [EB/OL]. (2014-1-20)[2016-8-30]. http://www.360doc.com/content/14/0120/12/5926109_346612255.shtml.

日出而作日落而息,遵循着传统落后的耕作方式。村落生存环境下的社会交往往往基于血缘和地缘,范围狭窄而简单,这使得他们很少能接触到外来的文化。同时,繁重的体力劳动占用太多可支配的学习时间,并缺乏学习先进知识的动力。即便是生活在城中或城郊的农民,也只是单纯地沿袭在农村时的生活习惯,并不主动接触城市的文明,这种状况使得城郊和城中出现了"城中村"的现象。对于外来文明的故步自封和墨守成规,使得他们在社会生活和文明发展中总是处于一种相对落后的境地。这种落后的境地与我国新农村建设、和谐社会发展要求极其不符。

面对当下我国农民生活工作的生态环境,政府在农民教育的过程中无疑是一个强势的责任主体。无论是教育目标的定位还是教育内容的选择,再到教育政策的制定,政府都对农民教育的价值取向具有导向作用,坚持以农民为本,引导农民形成正确的价值观。同时,在教育的实践中,政府应该承担起组织操作和管理规范的责任,保障将各种惠农利农政策落到实处。但是,政府在高度重视农民教育的同时,农民并不是处于被动消极的无为状态,相反,政府应更加注重农民的积极参与和个人创造性的发挥,让农民在接受教育的过程中达到农民的自觉教育和自我完善。

(二)注重农民自我教育

在知识经济时代,知识在不断地膨胀与发展,越来越多的工作、信息需要依靠知识来实现。因此,在倡导建设学习型社会的今天,农民的自我教育是实现其全面发展的重要途径,同时,也是实现建成小康社会奋斗目标的必由之路。教育同自我教育实质上是一个统一的过程。自我教育在一定意义上来说是教育发展的结果,同时,自我教育又是推动教育自我发展与完善的条件和内部发展动力。因此,我们在发展教育过程中,既要充分发挥受教育者自我教育的能动作用,也要强调教育与自我教育主体、教育活动之间的沟通与互动。在农民教育过程中,农民作为教育对象是由其弱势地位和现代生产方式的要求决定的,不论政府、企业、科研院校还是其他教育主体,在农民面前都处于一定的优势地位,其对教育资源的控制力度和所代表的发展水平均高于农民群体,这是毋庸置疑的事实。只有真正承认农民群体在社会格局中的弱势地位,正视农民自身素质水平与现代化生产的现实差距,并努力促进相关责任主体和社会各种既得利益群体投入到农民教育中,农民教育才能最终达到自我教育的效果。

农民群体有其自身的特点和优势,在几千年的历史进程中积累了丰富的经验,长久的知识技能积淀,是教育过程中重要的资源。在农民教育过程中,各教育主体处于相对优势的地位,但是,这并不代表农民在教育过程中的角色失语和被动接受。坚韧的个性、超强的生存忍耐力、对知识的尊重和对教育权利的渴望等特点,彰显了中国农民群体极强的人格魅力,从这个角度讲,农民不仅仅是教育对象,也是在与各教育主体互动中互相教育的主体。所以在教育过程中,应关注农民的主体地位和强调农民自我教育的价值归属感,避免高高在上、装腔做势和流于形式的农民教育。同时,农村经济和农业社会发展一样,均处于动态发展的阶段,随着市场经济的发展,农业产品结构也不断按照市场的要求进行调整优化和升级,为了应对这种变化和要求,客观上需要作为农村经济主体的农民不断进行学习。因此,从现实农业发展的需要层面来讲,广大农民无论学历、年龄高低,都要根据农业和农村社会发展的内在规律,通过职业教育培训和继续教育,及时掌握农业生产的新知识、新技术,有效地掌握不断变化更新的科技与市场信息,通过各种信息渠道全面了解"三农"政策和世界农业的发展趋势。

(三)建立以职业教育为核心的农民教育体系

进入21世纪以来,随着党和政府对农民教育的重视,农民的综合素质得到提升,农民教育事业也朝着更好的方向迈进和发展。由于我国农民人口数量大,加上我国农民自身的特殊性,职业教育作为具有人人性和免费性的社会公共产品,成为培养新型农民的主要阵地,担负着促进城镇化建设和新农村发展的巨大责任。因此,面对农村、农业和农民发展的新形势和新需求,立足农村生产力发展水平和社会发展状况等现实需要,建立以职业教育为核心的农民教育体系,成为农民教育的主要方式。

在进行农民职业教育的过程中,应该注意以下几方面。一是职业教育的目标和定位。农民职业教育的目标应该与当前农村社会建设和现代化农业规模发展的要求相契合,以农民自身发展需要和职业技能提升为出发点,以繁荣农村经济为目标,对农民进行集生产、生态文明和职业技能三位一体的职业教育。基于此,农民教育应该逐步引导农民从传统型、体力型向科技型、人文型转变,并从当前集中、应急式的教育培训模式向按需、实用、有机循环的教育活动模式转变。对于农民职业教育的定位而言，农民教育必须服务于地方经济的发展，以国家整体规划为基础，促进本地区经济的发展。二是职业教育的内容。职业教育的本质属性之一是适应性，因此，在对农民进行职业教育时，应该紧密结合时代发展的背景，在城镇化建设和新型农村发展的需要下，培养能够适应农村社会发展和城市建设需要的职业人才。农民职业教育的课程设置应该紧密结合地方产业结构的特点，一方面，为失地农民的劳动力转移进行职业技能教育。此类农民教育，主要是通过进行非农培训，提高他们的转移就业能力，引导农民向第二、第三产业转型，通过培训引导他们创业致富，走上餐饮服务、批发零售等创业之路，提高这类农民群体城市生活的适应力和荣辱感，帮助他们在城市获得谋生的能力。另一方面，为留在农村的农民进行与农业生产技术相关的职业教育。根据现代化农业发展的需要，紧密结合当地农业发展的特点和农业产业结构调整的需要，利用自身优势条件发展特色农业。因而，通过"科技下乡""科技之春""科技兴村""农民科教日"等活动，开展形式多样的农业科学技术培训，例如水利资源的合理开发、农药化肥的使用、果树栽培、花卉养殖等农业技术，以及包括生态文明、乡村文明、居住文明等精神文化的教育，创造农民增收的机会，从根本上提高农民增收致富的能力。只有坚持从不同农民的实际需要出发，结合本地区的自然和社会历史条件，遵循一定的教育规律，针对不同性质的农民群体，形成在教育目标、专业和课程设置、培训项目、教学方法等方面的特色。总之，通过满足农民多元化多层次的教育培训需求，使广大农民掌握一技之长，为走上致富之路和实现终身教育打下坚实的基础。

我国作为以农民为主要人口的农业大国，农民是"三农"问题的关键，有了农民的现代化才有农业的现代化和农村社会经济的发展。因此，农民教育一直是我国农村职业教育的重要组成部分。中华人民共和国成立以来，我国农民教育经历了由政治价值到经济价值再到多元价值共存的价值取向嬗变过程。要改变农村落后的社会发展状况，必须完善农村职业教育政策，以确保农民教育得以更好发展。

第二章 改革开放以来我国农村职业教育政策分析

农村职业教育政策对我国农村职业教育的发展具有重要的作用。农村职业教育的对象是不同年龄阶段的农民,尤其是年轻一代的农民。它的发展与农村、农业、农民发展密切相关,对农村经济的发展、社会的进步、劳动者素质的提高至关重要。近年来,"三农"问题越来越成为国家和社会关注的重点,农村职业教育的重要性也随之突显出来。近十多年来,在政府每年颁布的中央"一号文件"中,都把"三农"议题放在了突出的地位,强调了农村职业教育发展的重要性。然而,众所周知,农村职业教育一直以来是我国职业教育系统中相对薄弱的环节,长期存在着教育资源不充足,教育权力不明确,教育制度不完善等问题。尤其是20世纪90年代中后期,农村职业教育出现大幅度滑坡,无论在规模还是质量上都不能与普通教育相提并论。尽管国家一再强调农村职业教育的重要性,颁布了一系列的政策法令对农村职业教育进行指导和支持,但农村职业教育的现实发展与人们所希望的状况还相差很远。要确保农村职业教育有一个良好的发展,必须进一步完善和强化农村职业教育政策,充分发挥政策的引导、调节和规范作用,以实现我国农村职业教育的发展与国家和社会的发展相适应。然而,要制定更好的农村职业教育政策,不仅要明确政策要解决的问题,同时也要对已经颁布和正在实施的政策进行分析和评价。理清改革开放以来我国农村职业教育政策的变迁过程,认识和理解已有政策的内涵和不足,有助于更好地制定新的符合新型城镇化背景下我国社会发展,尤其是农村发展的职业教育政策,以切实促进我农村职业教育的发展,实现它在新时代背景下的使命。

一、改革开放以来我国农村职业教育政策的文本"编码"

改革开放以来,随着农村经济、文化的发展,农村地区的教育事业取得了巨大进步。农村职业教育是与农村地区发展关系最为直接和密切的教育,是提高农民思想道德和科学文化素质,实现农村社会主义现代化的一项具有战略意义的工程。农村职业教育政策为我国农村职业教育事业发展提供了强有力的保障。分析改革开放以来我国农村职业教育政策的变迁,是制定新的更好的农村职业教育政策的重要途径,能为未来农村职业教育更好更快发展提供强有力的政策依据和保障。

本研究借用"扎根理论"中"编码"分析的方法对我国改革开放以来的农村职业教育相关政策进行分析。"编码"是"扎根理论"操作程序中最为主要的研究方法,确保在收集资料和分析资料中坚持逻辑的一致性,旨在形成理论。[①]"扎根理论"用来归纳、概括资料,把资料概念化的主要方法或手段就是对资料进行逐级登录和编码。操作程序主要包括:一级编码(开放式登录),在这个阶段要将所有的资料按其本身所呈现的状态进行登录,需要客观地把所研究的资料进行编码,在编码资料的过程中发现概念类属,对类属命名及类属化;二级编码(关联式登录),在这个阶段需要发现和建立概念之间的各种联系,以表现各个部分之间的相互关系,并将上级编码过程所获得的概念归入几个主要的概念类属;三级编码(核心式登录),在所有的概念类属中经过系统分析之后选择一个"核心类属",核心类属需要具有统领性,能将大多数的概念类属囊括其中,要起到"提纲挈领"的作用。

本研究以改革开放以来我国农村职业教育的政策文本为主要研究内容进行"编码"分析,总共包括十八个与农村职业教育相关的教育政策文件,即《教育部和国家劳动总局关于中等教育结构改革的报告》(1980)、《中共中央国务院关于加强和改革农村学校教育若干问题的通知》(1983)、《国务院关于筹措农村学校办学经费的通知》(1984)、《中共中央关于教育体制改革的决定》(1985)、《国务院关于大力发展职业技术教育的决定》(1991)、《国务院关于积极实行农科教结合推动农村经济发展的通知》(1992)、《中国教育改革和发展纲要》(1993)、《国家教委关于深入推进农村教育综合改革的意见》(1995)、《中共中央国务院关于深化教育改革全面推进素质教育的决

---

① Charmaz, K. Grounded. Theory: Objectivist and Constructivist Methods. In NK. Denzin&Y. S. Lincoln(Eds.), Handbook of Qualitative Research(2nd ed). Thousand Oaks, CA: Sage, 2000: 509 – 536.

定》(1999)、《面向21世纪教育振兴行动计划》(1999)、《国务院关于大力推进职业教育改革与发展的决定》(2002)、《国务院关于进一步加强农村教育工作的决定》(2003)、《教育部等七部门关于进一步加强职业教育工作的若干意见》(2004)、《2003—2007年教育振兴行动计划》(2004)、《国务院关于大力发展职业教育的决定》(2005)、《国家中长期教育改革和发展规划纲要(2010—2020年)》(2010)《教育部等九部门关于加快发展面向农村的职业教育的意见》(2011)、《国务院关于加快发展现代职业教育的决定》(2014)。

为了理清农村职业教育政策的变迁过程,方便研究,本研究把我国农村职业教育政策的发展分为三个阶段:第一阶段1978年到1990年;第二阶段1991年到2001年;第三阶段2002年至2014年。进行划分的依据如下:

一是政策老化的规律。李钢在《话语文本国家教育政策分析》中对教育政策话语信息传播的特征进行了分析,指出文件资料随着时间的推移,文献的内容信息逐渐不再可靠。这个过程即是美国情报学家格斯内尔(C. F. Gonsnell. 1944)提出的"文献老化"(obsolescence)概念。

政策信息老化的时间特征对于判断政策传播的关键时间具有重要作用。[①] 李钢通过测定教育政策信息的老化规律,建立了有关教育政策信息的传播模型,对教育政策的"新陈代谢"规律进行了研究。总结出政策信息的老化率不会超过十年,在十年内教育政策的原有文件内容中有一半以上的信息量就会被新的政策信息所取代,这符合信息传播中新陈代谢的辩证规律。[②] 因此,一项政策决策颁布的同时应对政策的有效期限作出判断,并且应在它执行和终止期限内进行及时的补充、调整和更新,以发挥政策的效力。我国农村职业教育政策的更替翻新也是控制在十年之内,这也印证了我国农村职业教育政策大约以十年为节点,形成政策发展的不同阶段。

二是纲领性文件颁布的时间。1985年、1991年、2002年、2003年分别颁布了农村职业教育的关键政策。纲领性文件的出台将我国农村职业教育的政策水平推向一个新的高度。从1985年至1990年,与我国农村职业教育发展密切相关的关键性政策只有1985年颁布的《中共中央教育体制改革的决定》,不足以成为一个独立的分析阶段。为了便于进行编码分析,故把1978

---

① 李钢.话语文本国家教育政策分析[M].北京:社会科学文献出版社,2009:124.
② 李钢.话语文本国家教育政策分析[M].北京:社会科学文献出版社,2009:124.

年至 1990 年作为一个分析阶段。本研究通过分析改革开放以来农村职业教育政策发展脉络,归纳我国农村职业教育政策发展的阶段特征,并分析政策变化的原因,总结政策发展过程中存在的问题。

(一)1978—1990 年农村职业教育政策文本的"编码"

1978 年是我国实施改革开放政策的第一年,在接下来的十多年里,国家颁发的与农村职业教育相关的政策文本比较少,主要的农村职业教育政策文本有:《教育部和国家劳动总局关于中等教育结构改革的报告》(1980)、《中共中央国务院关于加强和改革农村学校教育若干问题的通知》(1983)、《国务院关于筹措农村学校办学经费的通知》(1984)和《中共中央关于教育体制改革的决定》(1985)。

1. 一级编码

在搜集和阅读文本资料的基础上,对上述四个与农村职业教育有关的政策文本进行分解,整理出由核心关键词、相关语句构成的一级编码。

(1)《教育部和国家劳动总局关于中等教育结构改革的报告》(1980)

改革中等教育的结构;发展职业技术教育;普通教育与职业教育、技术教育并举;全日制学校与半工半读学校并举;国家办学与业务部门、厂矿企业、人民公社办学并举;县以下教育事业主要面向农村;各级人民政府;各部门;领导体制不变;部分普通高中改办为职业(技术)学校、职业中学、农业中学;普通高中要逐步增设职业(技术)教育课;各行各业广泛举办职业(技术)学校;积极发展和办好技工学校;办好中等专业学校;毕业生国家不包分配;择优录用;自由选择职业;毕业生由社队安排;毕业生以可报考高等院校;师资由办学单位自行解决;教育部门给予协助;改办;合办;新办;筹办职业技术师范学院;应有专项经费开支;学校经费由各主办单位解决;半工半读;半农半读;勤俭办学;勤工俭学;收入应主要用于解决学校经费;职业(技术)学校的开办和审批。

(2)《中共中央国务院关于加强和改革农村学校教育若干问题的通知》(1983)

提高劳动者政治素质和文化素质;加强和改革农村学校教育;提高农村文化水平;促进农村社会主义建设;农村教育;从实际出发;因地制宜;改革

农村中等教育结构;统筹规划;普通高中增设职业技术课;开办职业技术班;普通高中改办为农村中学或其他职业学校;毕业生主要回农村工作;对口升学;教学为主;文化科学基础知识;专业知识和技能;学习期限长短结合;职业技术课程比重不少于百分之三十;农村普通高中开设职业技术课和劳动课;举办农民技术学校;短期培训;专题讲座;初中增设劳动技术课;普通科;职业科;试办农村初级职业中学;职业中学毕业生报考高等学校;中等专业学校的招生制度;毕业生分配制度;教师职称制度;教龄津贴制度;专业课教师队伍建设;科技人员担任专职或兼职教师;农村职业教育的师资培训;教师与农村的能工巧匠结合;师资培训;教学辅导;加强师范教育;增设农村教育所需的专业;"两条腿走路";多种渠道切实解决经费;中央和地方增加教育经费;集资办学;私人办学;县社负责解决劳动基地和实验场地;中央地方财政和有关部门给予补助;农村职业技术教育涉及多个部门。

(3)《国务院关于筹措农村学校办学经费的通知》(1984)

发展农业技术教育;改革中等教育结构;职业技术人才;筹措农村学校办学经费;农村集体经济组织办学;社会力量办学;多种渠道筹措农村学校办学经费;国家拨教育事业费;乡人民政府征收教育事业附加;社会个人自愿投资;专款专用;包干;逐年增加教育事业费;设立教育事业费管理委员会;改善教师待遇。

(4)《中共中央关于教育体制改革的决定》(1985)

职业技术教育广泛发展;最薄弱的环节;改革教育体制;改革有关的劳动人事制度;实行"先培训,后就业"的原则;考核合格证书;初中阶段的职业技术教育;高中阶段的职业技术教育;高等职业技术教育;短期职业技术培训;扩大招生;普通高中改为职业高中;增设职业班;扭转中等教育结构不合理的状况;中等职业技术教育为重点;发挥中等专业学校的骨干作用;逐步建立职业技术教育体系;中等职业技术教育同经济和社会发展的需要密切结合;着重职业技术训练;调动企事业和业务部门的积极性;集体、个人和其他社会力量办学;各单位和部门自办、联办;与教育部门合办;师资严重不足;各单位和各部门要依靠自身力量解决专业技术师资;聘请外单位教师;科技人员兼任教师;专业技术、能工巧匠传授艺技;建立若干职业技术师范院校;大专院校和科研机构担负培训职业技师教育师资;中等职业技术教育主要由地方负责。

2. 二级编码

简要分析上述政策文本的一级编码,发现和建立相关概念类属之间的各种联系,将它们划分归纳到以下几个范畴中。

(1)农村职业教育管理机构

国务院;各级党委政府;各级人民政府;中央和地方有关部门;教育部和劳动部为主;乡人民政府;县社;社队。

(2)农村职业教育组织

职业技术学校;职业中学;农业中学;农村中学;农民技术学校;中等专业学校。

(3)农村职业教育相关个人

农村学生;农村未升入初、高中学生;小学毕业生;农业中学和各类职业学校毕业生;高等学校毕业生;学校教师;专业课教师;科技人员;能工巧匠;农村劳动者;农民。

(4)农村职业教育资源

办学经费;学校经费由各主办单位解决;专项经费开支;多种渠道切实解决经费问题;中央和地方增加教育经费;县社负责解决劳动基地和实验场地;中央地方财政和有关部门给予补助;国家拨教育事业费;乡人民政府征收教育事业附加;逐年增加教育事业费;社会个人自愿投资;农村集体经济组织办学;社会力量办学;筹办职业技术师范学院;农村职业教育的师资培训;师资由办学单位自行解决;师资严重不足;各单位和各部门要依靠自身力量解决专业技术师资问题;聘请外单位教师;科技人员兼任教师;专业技师、能工巧匠传授艺技;大专院校和科研机构担负培训师资;建立若干职业技术师范院校。

(5)农村职业教育权力

各行各业广泛举办职业技术学校;国家办学与业务部门、厂矿企业、人民公社办学并举;集体办学;个人办学;私人办学;集资办学;农村经济组织和社会力量办学;各级党政领导;党委统一领导;统筹规划;提倡各单位和部门自办、联办;与教育部门合办;统管;改办;合办;新办;教育部门为主综合管理;劳动部门为主综合管理;中等职业技术教育主要由地方负责;调动企事业和业务部门的积极性。

(6)农村职业教育的权利和机会

各种职业(技术)学校主要招收初中毕业生;毕业生可报考高等学校;对口升学;重视未升学毕业生的职业技术教育;扩大招生;举办农民技术学校;短期培训;专题讲座;计划外的合同制招生;推荐与统考相结合;中等职业技术教育为重点。

(7)农村职业教育制度

各种职业教育;普通高中增设职业(技术)课;职业(技术)学校学制二至三年;普通教育与职业教育相结合;教学为主;学习期限长短结合;办学不拘一格;普通教育与职业(技术)教育并举;全日制学校与半工半读学校及业务学校并举;中等专业学校的招生和分配制度;教龄津贴制度;农村中小学民办教师实行工资制;改革教育体制;改革有关的劳动人事制度;实行"先培训,后就业"的原则;考核合格证书;有计划地将一批普通高中改为职业高中;增设职业班;发挥中等专业学校的骨干作用;逐步建立职业技术教育体系。

(8)农村职业教育活动

目的与目标:促进农村社会主义建设;改革农村学校教育;中等教育结构改革;提高农村文化水平;提高劳动者政治文化素质;培养有一定职业技术的人才。

思想与观念:"两条腿走路";从实际出发;因地制宜。

类型、内容、方式:初中阶段的职业技术教育;高中阶段的职业技术教育;短期职业技术培训;文化科学基础知识;专业知识和技能;劳动生产;职业技术课;劳动课;教学为主;着重职业技术训练;开设职业技术课和劳动课;职业技术课比重不少于百分之三十;课程联系实际;半工半读;半农半读。

3. 三级编码

根据二级编码所归纳的八个概念类属,继续进行三级编码,可以进一步归纳为两个核心的概念类属。一是"教育政策主体",包括农村职业教育管理机构、农村职业教育组织及农村职业教育相关个人。二是"教育政策内容",包括农村职业教育资源、权力、受教育权利和机会、教育制度、教育教学活动。关于1978年到1985年农村职业教育政策文本的"编码"分析,可以得出以下认识和结论。

一是我国农村职业教育涉及的主体有：职业教育管理机构、农村职业教育组织机构及农村职业教育相关个人。教育管理、组织机构主要指政府及其各级机构，它们是我国举办、领导和管理、实施农村职业教育活动的主导力量，代表着我国社会公共教育的利益。由于我国实行"政党合一"的政治制度，因此，政府也代表着中国共产党和各级人民代表大会的需求和利益。通过上述分析，我国农村职业教育的管理机构主要包括国务院、各级党委政府、各级人民政府、中央和地方有关部门，其中主要以教育部和劳动部为主。县、乡人民政府，社队组织是这个阶段农村职业教育的主要管理、投入机构。教育组织主要包括各级各类学校和教育机构，是教育教学活动的组织者和实施者。我国农村职业教育组织包括职业技术学校、职业中学、农业中学、中等专业学校、农村中学及农民技术学校。可以看出，在这个阶段我国农村职业教育以中等教育为主，多种形式职业学校共同发展。个人主要指教育教学和学习活动的主体，是教育政策的利益主体。我国农村职业教育相关个人主要是农村学生、农民、农村各级各类学校的毕业生、高等学校毕业生、学校教师、科技人员及农村的能工巧匠。农村教育主要针对农村初中毕业生，也包括未能升学的中小学生。此外，政策还涉及了农民的职业培训。在师资方面，高校毕业生、科技人员以及农村的能工巧匠都是农村职业学校的教师来源。

二是这个阶段我国农村职业教育政策关注和试图解决的教育政策问题包括农村职业教育资源、农村职业教育权力、农村职业教育权利和机会、农村职业教育制度和农村职业教育活动。

农村职业教育资源主要涉及教育资源来源、配置的问题，包括物力资源和人力资源，在物力资源上强调多渠道筹措经费，学校经费由各主办单位自行解决。农村职业学校的劳动基地和实验场地由县、社负责解决，中央地方财政和有关部门给予补助。国家拨教育事业费，乡人民政府征收教育事业附加费。在人力资源方面，提出各职业学校师资由各办学单位自行解决，可聘请外单位教师和科技人员作为兼任教师，还可以通过专业技师、能工巧匠传授艺技。在师资培养上，提出大专院校和科研机构担负培训师资，并建立若干职业技术师范院校。总体而言，在这个阶段政府对农村职业教育资源投入较少，主要由各主办单位承担。

农村职业教育的权力主要涉及举办、领导、管理、评价和监督农村职业教育活动的权力,其中强调在党委的统一领导和政府部门的统筹规划下,国家办学与业务部门、厂矿企业、人民公社办学并举。提倡农村经济组织和社会力量办学,鼓励各行各业广泛举办农村职业教育,以及集体办学、私人办学和个人办学。可以看出农村职业教育权力明显下放,强调多种形式办学。管理方面提出要实现党委统一领导,教育部门和劳动部门进行综合管理,主要由地方负责。

农村职业教育中受教育权利和机会主要是按一定的准则在受教育者之间分配教育权利和教育机会,农村职业教育的受教育者主要是未升学的各类毕业生,各类学校招收的主要是农村初中毕业生,各类培训机构主要对象是农民和农村劳动者。普通学校的学生也要通过学习职业教育相关课程接受职业教育。同时,对农村职业学校毕业生的升学也有所涉及,提出农村职业学校毕业生可以报考普通高等学校,并可适当降低文化课的要求。

农村职业教育制度主要是与教育活动开展和学生就业等相关的各种规定,包括学制、考试制度、招生分配制度、评估体制、助奖体制、师资管理制度等方面。此阶段在学制方面提出农村职业学校学制为两到三年,学习期限要长短结合,普通教育与职业教育相结合;提出要改革中等职业学校招生和分配制度,农业中学和各类职业学校的毕业生,主要回农村工作;还要改革有关的劳动人事制度,实行"先培训,后就业"的原则,并提出要考核合格证书;此外还涉及了农村中小学教师的职称制度和工资制度;提出逐步建立职业技术教育体系,发展初中阶段的职业技术教育、高中阶段的职业技术教育和短期职业技术培训,有计划地将一批普通高中改为职业高中,增设职业班。重点发挥中等专业学校的骨干作用。可以看出,这个阶段农村职业学校办学形式不拘一格,非常强调劳动在教育中的分量,相关制度缺乏深层次的规定。

农村职业教育教学活动主要涉及教育教学活动的目的与目标,思想与观念,内容、模式与方法等方面。此阶段农村职业教育活动的目的与目标有利于促进农村社会主义建设,提高农村文化水平,提高劳动者政治文化素质,培养有一定职业技术的人才。在思想与观念上提出办学要从实际出发,因地制宜,并提出"三个并举",即普通教育与职业(技术)教育并举,全日制学校与半工半读学校及业余学校并举,国家办学与业务部门、厂矿企业、人民公社办学并举等。内容模式与方法上提出不仅要重视文化科学基础知识,还特别强调专业知识、专业技能和劳动生产,并且要注重职业技术训练,进行半工半读、半农半读的农村职业教育。逐步认识到职业教育的实践性,强调劳动课和职业技术课的重要性。

上述农村职业教育政策文本"编码"的结果显示,选择的农村职业教育政策文本描述"农村职业教育资源"和"农村职业教育制度"所使用的核心范畴比较多,这说明农村职业教育资源和农村职业教育制度等方面的问题是当时我国农村职业教育政策特别关注的问题。在教育权力、教育权利、机会和教育活动方面关注的比较平均。

(二)1991—2001年农村职业教育政策文本的"编码"

实施改革开放政策十多年后,我国经济社会的发展迈向一个新阶段。1991年至2001年间,有关农村职业教育的政策文本明显增多,以《国务院关于大力发展职业技术教育的决定》为标志,中共中央、国务院、国家教委及其他部门颁布了有关农村职业教育多个方面的政策文件。1996年颁布的《职业教育法》是我国历史上第一次以法律的形式规范了各级各类职业教育的体系、职业教育的实施及保障条件的一部法律。随着职业教育政策法律的完善,我国农村职业教育也在这段时间有了突出的发展。对这个阶段的编码分析主要选用的政策文本有:《国务院关于大力发展职业技术教育的决定》(1991)、《国务院关于积极实行农科教结合推动农村经济发展的通知》(1992)、《中国教育改革和发展纲要》(1993)、《国家教委关于深入推进农村教育综合改革意见》(1995)、《中共中央国务院关于深化教育改革全面推进素质教育的决定》(1999)、《面向21世纪教育振兴行动计划》(1999)。

1. 一级编码

在搜集和阅读文本资料的基础上,对上述六个与农村职业教育有关的政策文本进行分解,整理出由核心关键词、相关语句构成的一级编码。

(1)《国务院关于大力发展职业技术教育的决定》(1991)

高度重视和大力发展职业技术教育;提高劳动者的道德素质和科学文化;实现社会主义现代化;巩固社会主义制度;初步建立职业技术教育体系的基本框架;办好各类职业技术学校;加强规范化建设;办好一批示范和骨干作用的学校;扩大招生规模;广泛开展短期职业技术培训;办好各地职业培训中心;不能升学的青少年从业前进行短期培训;农村根据各地情况发展

职教;采取"三加一"、初三分流、四年制渗透职业技术内容;办职业初中;制定相应政策稳定中专;加强技工学校和职业中学建设;推进农村教育综合改革;实施"燎原计划";实行农科教结合;统筹规划基础教育、职业教育和成人教育;采取更灵活的方式;分区规划、分类指导、因地制宜;采取大家来办的方针;各级政府统筹;发展行业、企事业单位办学;各方面联合办学;鼓励民主党派、社会团体和个人办学;企业培养技术工人;电视、广播和函授职业技术教育;各级政府;各级财政部门;各级有关业务部及厂矿企业;财力和政策上支持;努力增加教育投入;制定生均经费标准;各地各部门采取多种措施扩大经费来源;提倡利用贷款;鼓励集体、个人和其他社会力量捐资助学;办好生产实习基地和校办产业;产教结合;工学结合;政府和有关部门在资金、条件设施、产销渠道等方面给予支持;非义务阶段的职业技术教育可收取学费;推行"先培训,后就业"的原则;回乡参加农业生产的毕业生给予支持;逐步实行"双证书"制度;完善农民技术人员职称评定制度;实行农民技术资格证书制度;建立健全职业技术教育的研究;教材的出版;师资和干部培训服务体系;加强对职业技师教育的宣传报道;德育放在首位;思想政治教育;职业自豪感、职业道德和职业纪律的教育;面向社会实际需要;合理规划职业技术学校的布局和专业设置;在农村办好直接为农林牧业服务的专业;发展粮棉油生产有关的专业;培养其他各种专业技术人才;专业设置适应农村经济的需要和农民生产经营体制;专业布点在地(市)范围内统筹规划;改革教学内容和教学方法;突出实践性教学环节;加强职业技能训练;重视美育、体育和卫生教育;改革招生和毕业生分配制度;国家计划分配、用人单位择优录取和个人自谋职业相结合的就业方针;中级技术人才流向农村;加强师资、实验实习基地建设;教材建设;培养和培训、专职和兼职相结合的原则;多渠道解决师资;建立教师、干部轮训进修制度;逐步实行教师资格证书制度;完善专业职务评聘办法;逐步提高教师待遇;解决职业技术学校实验、实习设备和校内外实习基地;企业接纳师生到厂实习;县级政府负责安排生产实习基地;各级政府及中央和地方的各有关部门分工负责;国家教育委员会掌握大政方针;国家各部委按职责分工;主要责任在地方;关键在市、县;中央统一的方针下;地方政府统筹安排;提倡部门和地方根据需要联合办学;发挥各业务部门的作用;各地和各部门加强对职业技师教育的管理;完善职校内部的管理体制;制定各类职校的设置标准和评估标准;加强法制建设;

各级政府要把职业技术教育纳入当地经济和社会法制的总体规划中;重视学校领导干部的配备。

(2)《国务院关于积极实行农科教结合推动农村经济发展的通知》(1992)

农科教结合;促进农业和农村经济发展;推广先进农业科学技术;提高劳动者的素质;加强农村教育;科教兴农;振兴农业和农村经济;推动农业、科技、教育事业结合;相互促进、协调发展;加强生产管理部门与农业科研机构、农业院校的合作;多种形式科技服务;发展农民专业技术协会、研究会;基础教育、职业技术教育、成人教育;面向农村、协调发展;农村学校参与农业科技试验、示范和推广;各个部门;群众团体;积极开展科教兴农;大中专院校;培养农村急需的各类人才;加强政府统筹;农村科技和教育事业目标同农业和农村经济发展目标衔接;"丰收""星火""燎原"等计划项目;制定人才培养和实用技术的培训方案;统筹各方面科技力量;统筹使用各部门的实验基地和设施;统一筹措安排科教兴农基金;农科教结合以县、乡为重点;大力发展农村职业教育;加强职业技术教育;加强农民适用技术培训;坚持为农业和农村经济建设服务的方针;因地制宜、按需施教、灵活多样、注重实际;实用技术培训有针对性;培训农民和技术推广紧密联系;农业、科技、教育等部门密切配合;县、乡政府加强统筹规划;县(市)办好一两所具有示范和骨干作用的职业技术学校;市县办好农村广播函授学校;乡(镇)办好农村文化技术学校;村建立农民业余文化技术学校;农村中小学在适当阶段引进职业技术教育;举办多种形式职业技术培训班;农业、林业、水利、气象等有关中等专业学校输送人才;各地加强师资、教材建设;定向培养专业教师;农业部、科技部选派技术人员担任兼职教师;编写实用乡土教材;发挥科教人员积极性;提高农民科学文化素质;毕业生参加科技培训和推广工作;农民技术员职称制度;农民技术资格证书(绿色证书)制度;培育农村技术市场;实现科技有偿服务;保障科教人员的合法权益;现代农业的领导观念和方式;管理体制。

(3)《中国教育改革和发展纲要》(1993)

职业技术教育;职业技术培训;职业技术训练;高中阶段职业技术学校;未升学的初、高中毕业生;城乡新增劳动力;积极发展职业技术教育;各级政府高度重视;统筹规划;积极发展的方针;调动各部门、企事业单位和社会各界的积极性;多形式、多层次职业技术教育;示范性骨干学校或培训中心;培训农民和技术推广紧密联系;职业技术教育网络;与当地经济发展的需要相适应;普九地区发展初中后职业教育;未普九地区对未升学小学生进行技术培训;未升入普通高等学校的高中毕业生进行职业技术培训;普通中学开设职业技术课程;联合办学;产学结合;利用贷款发展校办企业;以厂(场)养校;实行"先培训,后就业"的制度;优先录用经过职业技术教育和培训的学生;岗位资格证书;岗前培训;广播电视教育和学校电化教育;主要依靠行业、企业、事业单位办学;社会各方面联合办学;落实科教兴农战略;鼓励各级毕业生到农村工作;注重职业道德和实际能力培养;编写适合当地农村的教材;逐步形成配套的教材体系;农村民办教师;征收农村教育附加费;仪器设备、教科书和图书资料。

(4)《国家教委关于深入推进农村教育综合改革意见》(1995)

贯彻"科教兴国"战略;农村教育综合改革;加快农村教育事业发展;为当地经济建设和社会发展服务;"点上深化,面上推广";整合优化农村教育结构;分区规划、分类指导、分步实施;坚持"三教统筹"和"农科教结合";"燎原计划"与"星火计划""丰收计划"的有机结合;大力发展职业教育;县一级办好一所中等骨干学校;乡镇办好成人文化技术学校;在县、乡政府的领导下多种形式联合办学;职业教育与成人教育结合;一校多用;职前职后结合;学历教育与短期培训结合;实行和完善校长负责制;教师聘任制;岗位责任制;社会各界积极参与学校管理;建立农村社会化服务体系;人才培养、科技推广体系;劳动基地和实习基地建设;建立站、所、场、校、"中心"为依托的农科教结合的综合服务实体;职业学校积极参与农业科技成果的示范、推广及高新技术的实验;扩大"燎原计划"的实施范围;重视专业课教师的培养培训;中小学因地制宜渗透技术或职业教育内容;乡土教材;加强和改进农村各类学校的德育工作;农村教育督促检查工作。

(5)《面向21世纪教育振兴行动计划》(1999)

完善职业教育培训;选培职业学校骨干教师;卫星电视教育;高等职业教育主动培养农村现代化所需各类人才;积极发展职业教育;加大教育为农业和农村工作服务的力度;职前与职后教育培训相互贯通;初、中、高等职业教育与培训相互衔接;与普通教育、成人教育相互沟通、协调发展;课程改革;教材建设;继续实施初中后教育的分流;从各地实际出发;深化农科教相结合;各类教育统筹;促进农村普通教育、成人教育和职业教育的协调发展;扫盲工作与农村实用技术培训相结合;义务教育阶段的毕业生或肄业生在从业前后接受职业技术培训;"绿色证书"培训;采取多种教育和培训形式。

(6)《中共中央国务院关于深化教育改革全面推进素质教育的决定》(1999)

素质教育;德智体美全面发展;职业教育;加强职业道德教育;职业技能;适应职业变化的能力;产学结合;实践中掌握职业技能;弹性的学习制度;放宽招生和入学的年龄限制;分阶段完成学业;大力发展现代远程教育;职业资格证书教育;地方各级政府加强职教和成教的统筹;增强专业的适应性;职业教育特色的课程及教材;推进农科教结合;全面推进农村教育综合改革;促进农村"三教"统筹协调发展;灵活多样的教育培训形式;吸收企业优秀工程技术和管理人员到职校任教;加快"双师型"教师队伍的培养;加强农村教师队伍建设;中小城市(镇)学校教师到农村缺编学校任教;加强城乡教育附加费的征收和管理;积极推行劳动预备制度;"先培训,后上岗"的就业制度。

2. 二级编码

简要分析上述政策文本的一级编码,发现和建立相关概念类属之间的各种联系,主要划分为以下九个范畴。

(1)农村职业教育管理机构

国务院;中央和地方的各有关部门;国家教育委员会;国家各部委;各级政府;县、乡政府。

(2)农村职业教育组织

职业技术学校;农村职业学校;职业培训中心;职业技术培训班;职业中学;农业院校;中等专业学校;农村广播函授学校;农村文化技术学校;农民业余文化技术学校;农业科研机构。

(3)农村职业教育相关个人

农村中小学生;农民;不能升学的青少年;未升学的初中和高中毕业生;义务教育阶段的毕业生或肄业生;职业学校教师;农村职业技术学校毕业生;农村民办教师;农民技术员;科教人员;中级技术人才;企业工程技术和管理人员。

(4)农村职业教育资源

努力增加教育投入;各级政府、财政部门、有关业务部门及厂矿企业从财力和政策上支持;采取多种措施扩大经费来源;鼓励集体、个人和其他社会力量捐资助学;提倡利用贷款;统一筹措安排科教兴农基金;政府和有关部门在资金、条件设施、产销渠道等方面给予支持;加强师资、实验实习基地及教材建设;劳动基地和实习基地建设;办好生产实习基地和校办产业;解决职业技术学校实验、实习设备和校内外实习基地;县级政府负责安排农村职业技术学校的生产实习基地;统筹使用各部门的实验基地和设施;编写适应农村的教材;逐步形成配套的教材体系;多渠道解决师资;重视专业课教师培养培训;定向培养专业教师;加快"双师型"教师队伍的培养;加强农村教师队伍建设;中小城市(镇)学校教师到农村缺编学校任教;农业部、科技部派技术人员担任兼职教师;吸收企业优秀工程技术和管理人员到职校任教;保障科教人员的合法权益;征收农村教育附加费;加强城乡教育附加费的征收和管理;发展电视、广播和函授职业技术教育;卫星电视教育。

(5)农村职业教育权力

采取大家来办的方针;发展行业、企事业单位办学;主要依靠行业、企业、事业单位办学;社会各方面联合办学;鼓励民主党派、社会团体和个人办学;提倡部门和地方根据需要联合办学;县(市)办好一两所具有示范和骨干作用的职业技术学校;办好农村广播函授学校;乡(镇)办好农村文化技术学校;村建立农民业余文化技术学校;在县、乡政府的领导下;多种形式联合办学;国家教育委员会掌握大政方针;国家各部委按职责分工;主要责任在地方;关键在市、县;中央统一的方针;地方政府统筹安排;各地和各部门加强对职业技师教育的管理;加强政府统筹;职业技术学校内部的管理;县、乡政府加强统筹规划;农业、科技、教育等部门积极参与;社会各界积极参与学校管理;农村教育督促检查工作。

(6)农村职业教育权利和机会

不能升学的青少年从业前进行短期职业技术培训;"三加一";企业接纳师生到厂实习;普九地区发展初中后职业教育;未普九地区对未升学学生进行技术培训;未升入普通高等学校的高中毕业生进行职业技术培训;中小学因地制宜地渗透技术或职业教育内容;义务教育阶段的毕业生或肄业生在从业前后接受职业技术培训;农民实用技术培训;放宽招生和入学的年龄限

制;"燎原计划";"绿色证书"培训;"丰收""星火""燎原"计划项目。

(7)农村职业教育制度

改革招生和毕业生分配制度;扩大招生规模;弹性的学习制度;放宽招生和入学的年龄限制;分阶段完成学业;职前与职后教育培训相互贯通;初等、中等和高等职业教育与培训相互衔接;学历教育与短期培训结合;扫盲工作与农村实用技术培训相结合;逐步推行"先培训,后就业"的原则;农村的企事业招工、招干及从事技术性强的工作必须经过职业技术教育;鼓励各级毕业生到农村工作;逐步实行"双证书"制度;毕业生参加科技培训和推广工作;优先录用经过职业技术教育和培训的学生;积极推行劳动预备制度;完善农民技术人员职称评定制度;逐步实行农民技术资格证书制度;培养和培训、专职和兼职相结合的原则;实行和完善校长负责制;建立教师、干部轮训进修制度;完善专业职务评聘办法;教师聘任制;完善职业技术学校内部的管理体制;岗位责任制;逐步实行教师资格证书制度;加快"双师型"教师队伍的培养;素质教育;合理规划职业技术学校的布局和专业设置;以厂(场)养校;一校多用;课程改革;非义务阶段的职业教育可收取学费;制定生均经费标准;制定各类职业学校的设置标准和评估标准。

(8)农村职业教育活动

目的与目标:提高劳动者的道德素质和科学文化素质;实现社会主义现代化;巩固社会主义制度;促进农业和农村经济发展;为当地经济建设和社会发展服务;推广先进农业科学技术;全面推进农村教育综合改革;加强农村教育;推动农业、科技、教育事业结合;加快农村教育事业发展;办好各类职业技术学校;促进农村普通教育、成人教育和职业教育的协调发展。

思想与观念:农村根据各地的情况发展职业技术教育;实行农科教结合;统筹规划基础教育、职业教育和成人教育;坚持为农业和农村经济建设服务;"点上深化,面上推广";因地制宜、按需施教、灵活多样、注重实际;采取大家来办的方针;德智体美全面发展;分区规划、分类指导、因地制宜地确定发展目标。

内容、模式与方法:广泛开展短期职业技术培训;灵活多样的教育培训形式;多形式、多层次的职业技术教育;形式多样的短期培训;采取"三加一"、初三分流、四年制渗透职业技术内容;继续实施初中后教育分流;中小学因地制宜地渗透技术或职业教育内容;注重职业道德和实际能力培养;德育放在首位;思想政治教育;加强职业自豪感、职业道德和职业纪律的教育;实践中掌握职业技能;专业设置适应农村经济的需要和农民生产经营体制;实施"燎原计划";"绿色证书"培训;"丰收""星火""燎原"等计划项目;农民培训和技术推广紧密联系;直接为农林牧业服务的专业;发展粮棉油生产有关的专业;积极发展广播电视教育和学校电化教育;卫星电视教育;办学模式采取大家来办的方针;产教结合;工学结合。

(9) 其他

逐步建立健全职业技术教育的研究;重视学校领导干部的配备;加强生产管理部门与农业科研机构、农业院校的合作;多种形式科技服务;发展农民专业技术协会、研究会;统筹各方面科技力量;落实和采取发挥科教人员积极性和提高农民科学文化素质的政策;培育农村技术市场;实现科技有偿服务;现代农业的领导观念和方式;建立站、所、场、校、"中心"为依托的农科教结合的综合服务实体;加大教育为农业和农村工作服务的力度;现代农业的领导观念和方式。

3. 三级编码

根据二级编码所归纳的九个概念类属,继续进行三级编码可以进一步归纳为三个核心的概念类属。一是"教育政策主体",包括农村职业教育管理机构、农村职业教育组织及农村职业教育相关个人;二是"教育政策内容",包括农村职业教育资源、教育权力、受教育权利和机会、教育制度、教育教学活动;三是其他。从以上对 1991—2001 年农村职业教育政策文本的"编码",可以得出以下结论。

一是 1991—2001 年我国农村职业教育的管理机构主要包括国务院、中央和地方的各有关部门、各级政府,其中以县、乡政府为主体。我国农村职业教育组织包括职业技术学校、农村职业学校、职业中学、职业培训中心、中等专业学校、职业技术培训班、农村文化技术学校、农民业余文化技术学校和农村广播函授学校。可以看出,这个阶段除了延续上阶段的职业技术学校、职业中学、中等专业学校等学校机构,还出现了强调培训功能的教育组织和广播函授学校。随着农科教一体化的发展,农业科研机构也承担着农村职业技术学校和培训机构的教育任务;农村职业教育相关个人主要包括农村中小学生、不能升学的青少年、农村职业技术学校毕业生、职业学校教师、科教人员、农民和农民技术员。此阶段虽然仍以初中分流为主,但是未能升学的学生都是接受农村职业技术教育的主体。农村职业教育的对象范围在扩大,对农民的关注较以往更多。在师资方面,强调了教师的规范化,强调科技人员的作用,而之前提倡农村能工巧匠担任职教教师的说法没有再提及。

二是农村职业教育资源、农村职业教育权力、农村职业教育权利和机会、农村职业教育制度和农村职业教育活动,仍然是这个阶段我国农村职业教育政策涉及的主要方面。

关于农村职业教育资源,提出加大教育投入,采取多种措施扩大经费来源。包括各级政府和财政部门及厂矿企业的财力支持,鼓励集体、个人和其他社会力量捐资助学及利用贷款等方式筹措经费。征收农村教育附加费,并提出统一筹措安排科教兴农基金;强调多渠道解决师资问题,并扩大了教师来源的途径,如农业部、科技部选派技术人员担任兼职教师,吸收企业优秀工程技术和管理人员到职校任教,中小城市(镇)学校教师到农村缺编学校任教等。并强调要保障科教人员的合法权益;在师资培养方面提出要加强农村教师队伍建设,并开始重视农村职业学校专业课教师的培养培训,提出要定向培养专业教师。提出"双师型"的教师概念,并要加快"双师型"教师队伍建设;强调要办好生产实习基地和校办产业,并解决职业技术学校实验、实习设备。县级政府负责安排农村职业技术学校的生产实习基地,并统筹使用各部门的实验基地和设施;提出编写适应农村的教材,逐步形成配套的教材体系。特别提出要发展电视、广播和函授职业技术教育。

关于农村职业教育的权力,在办学权方面提出采取大家来办学的方针,发展行业、企事业单位办学,鼓励民主党派、社会团体和个人办学,提倡部门和地方根据需要联合办学,社会各方面联合办学。并强调职业技术教育主要依靠行业、企业、事业单位办学,在县、乡政府的领导下,多种形式联合办学。同时根据各地情况提出分层办学,县(市)办好一两所具有示范和骨干作用的职业技术学校,并办好农村广播函授学校;乡(镇)办好农村文化技术学校;村建立农民文化技术学校;在管理权方面提出在中央统一的方针下,国家教育委员会掌握大政方针,国家各部委按职责分工,地方政府统筹安排的管理体系。并强调主要责任在地方,关键在市、县。县、乡政府加强统筹规划,农业、科技、教育等部门积极参与,社会各界也要积极参与学校管理。同时,政策提出要进行农村教育督促检查工作,但是,评价监督权力不明确;

可以看出农村职业教育权力仍然是下放状态,强调县、乡层面统筹管理,提出大家来办学的方针和多种形式办学,县、乡(镇)和村进行分层办学。

关于农村职业教育中受教育权利和机会,提出农村职业教育的受教育者主要是未升学的各类毕业生,采取"三加一"、初三分流、四年制渗透职业技术教育的方式。非常强调对未能升学的青少年和农民的职业培训,提出扩大招生,并制定了各种农民培训计划。提出了分区发展职业教育的理念,以适应我国经济区域性差异,要根据各个地区教育发展状况来统筹规划农村职业教育,要根据各地是否普及九年义务教育来确定发展职业教育接受对象,如普及九年义务教育的地区发展初中后职业教育;未普及九年义务教育的地区对未升学小学生进行技术培训。还强调要放宽招生和入学的年龄限制。此外,要加大农村职业教育的普及力度,农村中小学生要适当地接受职业教育。因此,政策提出中小学也要因地制宜地渗透技术或职业教育内容。为了加强农村职业教育对"三农"的促进作用,政策强调要扩大农村职业教育的对象,还强调要放宽招生和入学年龄限制,使不同情况的受教育者接受农村职业教育和培训。

有关农村职业教育制度,在此阶段提出要建立健全弹性学制,放宽招生和入学的年龄限制,受教育者可分阶段完成学业。为了健全职业教育体系,开展灵活多样的农村职业教育,强调初等、中等和高等职业教育与培训要相互衔接,学历教育与短期培训相互结合,开展多层次、多形式的职业技术教育和职业培训,不断深化灵活办学。在招生分配上提出改革招生和毕业生分配制度,不断扩大招生规模。逐步推行"先培训,后就业"的原则和逐步实行"双证书"的就业制度,以及积极完善我国农民技术职称评定制度和实行农民技术资格证书制度,提出在农村的企事业招工、招干及从事技术性强的工作必须经过职业技术教育和培训。并鼓励各级毕业生到农村工作,对回乡工作的毕业生给予大力支持,鼓励毕业生参加科技培训、推广工作和职业教育工作。在师资管理方面遵循培养和培训、专职和兼职相结合的原则,逐步建立教师、干部轮训进修制度,教师聘任制、岗位责任制,并且要逐步实行教师资格证书制度,在分别培养专业课教师和文化课教师的同时,重点加快"双师型"教师队伍的建设。在经费管理上,政策提出非义务阶段的农村职业技术教育可收取相应的学费,并要合理制定生均经费标准,以明确收费标准。对农村职业教育的评价监督制度的规定很少,政策提出要进行农村教育督促检查工作,制定各类职业学校的设置标准和评估标准,但是具体有哪些标准并未涉及。

有关农村职业教育教学活动,提出农村职业教育活动的目的与目标对农村发展的各个领域都有十分重要的意义。在农村建设方面,包括实现社会主义现代化,巩固社会主义制度,促进农业和农村经济发展;在农民发展方面,包括提高劳动者的道德素质和科学文化素质;在推进农科教一体化方面,包括推广先进农业科学技术,推动农业、科技、教育事业相结合;在教育事业发展方面,包括全面推进农村教育综合改革,加快农村教育事业发展以及办好各类职业技术学校。

在农村职业教育思想与观念方面,提出农村职业教育要坚持为农业和农村经济建设服务,根据各地的情况发展职业技术教育,遵循因地制宜、按需施教、灵活多样、注重实际的原则,分区规划、分类指导、因地制宜地确定发展目标。实行农科教结合,统筹规划基础教育、职业教育和成人教育。

在农村职业教育的内容、模式与方法方面,提出采取灵活多样的教育培训形式,广泛开展短期职业技术培训,采取"三加一"、初三分流、四年制渗透的方式进行职业技术教育。农村职业教育要注重职业道德和实际能力培养,加强职业自豪感、职业道德和职业纪律的教育,不仅要注重教学环节,也要注重实训,加强实践能力培养,强调在实践中掌握职业技能。政策还提出要合理规划专业,适应农村经济的需要和农民生产经营体制,直接为农林牧业服务,尤其是发展与粮棉油生产有关的专业;对农民的培训强调要与技术推广紧密联系,包括"绿色证书"培训、"丰收""星火""燎原"等计划项目。广播电视教育和学校电化教育成为农村职业教育新形式,为普及农村职业教育提供了便利的渠道。此外还提出要遵循职业教育的办学规律,进行工学结合、产教结合的教学模式。

三是政策除了涉及主体和内容两个主要方面外,还包含了"其他"的相关内容。在这个阶段,政策非常注重"农科教结合"对农村职业教育的重要意义。农科教一体化极大地促进了这个阶段农村职业教育的发展,对农村职业教育资源给予了有力的支持。因此,这个阶段的农村职业教育政策很大一部分涉及了有效开展农科教一体化的途径和措施,强调了农科教一体化发展的重要意义。

上述农村职业教育政策文本"编码"的结果显示,我们所选择的农村职业教育政策文本描述各方面所使用的核心范畴都比较平均。与农村职业教育权利和机会相关的核心概念相对较少,重点强调了未升学青少年和农民受培训的机会,对农村职业学校毕业生继续升学的机会关注较少。

(三)2002—2014年农村职业教育政策文本的"编码"

进入新世纪,党和国家对"三农"问题更加关注,这一阶段农村职业教育的相关政策更加全面,在2002年、2003年和2005年国务院分别颁布了《国务院关于大力推进职业教育改革与发展的决定》《国务院关于进一步加强农村教育工作的决定》和《国务院关于大力发展职业教育的决定》,这三个文件是规范我国农村职业教育发展的指导性、纲领性文件,形成了我国农村职业教育政策的整体框架。此外,这个阶段颁布了多个之前关注较少的职业教育助学金和资助体系的政策文件。可以看出,我国农村职业教育在这一阶段有了新的突破。对这个阶段的编码分析主要选用的政策文本有八个:《国务院关于大力推进职业教育改革与发展的决定》(2002)、《国务院关于进一步加强农村教育工作的决定》(2003)、《教育部等七部门关于进一步加强职业教育工作的若干意见》(2004)、《国务院关于大力发展职业教育的决定》(2005)、《2003—2007年教育振兴行动计划》(2004)、《国家中长期教育改革和发展规划纲要(2010—2020年)》(2010)、《教育部等九部门关于加快发展面向农村的职业教育的意见》(2011)、《国务院关于加快发展现代职业教育的决定》(2014)。

1. 一级编码

在搜集和阅读文本资料的基础上,对上述八个与农村职业教育有关的政策文本进行分解,整理出由核心关键词、相关语句构成的一级编码。

(1)《国务院关于大力推进职业教育改革与发展的决定》(2002)

大力推进职业教育的改革与发展;促进经济和社会可持续发展;提高国际竞争力;提高劳动者素质;促进劳动者就业和再就业;为农业、农村和农民服务;中等职业教育为重点;适应经济和社会发展和劳动力市场需求;广泛开展各级各类职业培训;从实际出发,因地制宜,分区规划,分类指导;农村和西部地区为工作重点;中等职业学校为农村培养实用人才;管理体制改革;国务院领导;分级管理;地方为主;政府统筹;社会参与;教育行政部门负责统筹规划;劳动保障部门和有关部门负责职业教育有关工作;主要责任在地方；规范办学行为；各级教育行政部门同劳动保障等有关部门管理职业教育业务工作；强化市（地）级人民政府统筹职业教育发展的责任；多渠道筹措职业教育经费的机制；社会力量举办职业教育；整合利用现有职业教育资源；打破部门和学校类型界限；充分依靠企业举办职业教育；行业主管部门进行协调和业务指导；支持民办职业教育；扩大职校办学自主权；全面实施素质教育；职业道德教育；文化基础教育；职业能力教育；身心健康教育；适应经济结构调整；适应技术进步和劳动力市场变化；调整专业设置；增强专业适应性；推进课程和教材改革；建立职校与劳动力市场密切联系的机制；实践教学；教学活动与生产实践、社会服务、技术推广及技术开发结合；职业能力培养与职业道德培养结合；校内外实验实习基地建设；加强与相关企事业单位的共建和合作；职业教育信息化建设；职业教育教师队伍建设；骨干教师为重点的全员培训；企事业单位工程技术人员、管理人员和有特殊技能的人员到职校担任专、兼职教师；教师全员聘任制；激励和约束机制；校长持证上岗的制度；师资培养培训基地建设；职业教育师资培养培训网络；中等职业教育与高等职业教育衔接；职业教育与普通教育、成人教育的衔接；建立人才成长"立交桥"；建立中职与高职相衔接的课程体系；高职优先招收中职优秀毕业生；扩大中职毕业生进入高等学校继续学习的比例；农村和西部地区职业教育是发展的重点；根据现代农业发展和经济结构调整的需要；继续推进"农科教结合"和"三教统筹"；加强与企业、农业科研和科技推广单位的合作；"绿色证书"教育；国家扶持农村地区职业教育的发展；办好一批骨干职业学校；县、乡、村三级实用型、开放型的农民文化科技教育培训体系；大中城市为农村的职业学校培养培训骨干教师；帮助改善办学条件；大中城市与农村合作办学；大中城市职校的校长和教师去农村职校任职和办学；现代远程教育和培训及自学考试等向农村延伸；推行劳动预备制度；执行就业准入制度；完善学历证书、培训证书和职业资格证书制度；加强职业指导和就业服务；各级政府加大对职业教育投入；中央财政增加职业教育专项经费重点用于补助农村；利用金融、税收以及社会捐助等手段；设立职业教育奖学金；提供助学贷款；优先为农村职校毕业生开展生产经营提供小额贷款；国家税收优惠政策；社会各界及公民个人资助和捐赠；加强经费管理；合理确定学费标准；各级政府加强领导；依法治教、依法办学、依法管理；加强对职业教育的督导检查；营造有利于职业教育改革与发展的社会氛围；行行出状元。

(2)《国务院关于进一步加强农村教育工作的决定》(2003)

提高劳动者素质;转移农村富余劳动力;促进传统农业向现代农业转变;推进工业化和城镇化;促进农村经济社会协调发展;大力发展职业教育;为"三农"服务的方向;增强办学的针对性和实用性;全面推进素质教育;联系农村实际;思想品德、实践能力和就业能力的培养;必须实行"三教统筹";有效整合教育资源;农村初、高中适当增加职业教育的内容;"绿色证书"教育;开设以实用技术为主的课程;以就业为导向;多样、灵活、开放的办学模式;教育教学与生产实践、社会服务和技术推广结合;实践教学和就业能力的培养;开展多种形式的职业培训;灵活的教学和学籍管理制度;工学交替;半工半读;城乡分段;职前职后分段;重点建设好地(市)、县级骨干示范职业学校和培训机构;适应农村产业结构调整;鼓励社会力量、吸引外资举办农村职业教育;办学主体和投资多元化;农村实用技术培训;农村劳动力转移培训;中小学一校挂两牌;日校办夜校;农民文化技术教育和培训;乡镇成人文化技术学校;农业广播电视学校;农业技术推广、培训机构;农村学校劳动实践场所建设;利用现有农业示范场所、科技推广基地;农村学校开展劳动实践和勤工俭学活动;高等学校、科研机构帮助农村职业学校培养师资;加大城市对农村教育的支持和服务;推进城市与农村职业学校多种形式的合作办学;扩大对口招生规模;各级政府增加对职业教育、农民培训的经费投入;农村教育工作领导责任制;农村教育改革试验;农业、科技、教育等部门共同推进"农科教结合";加强对农村教育的督查工作。

(3)《教育部等七部门关于进一步加强职业教育工作的若干意见》(2004)

大力推进职业教育快速持续健康发展;与经济建设、劳动就业、人力资源开发协调发展;与其他各类教育协调发展;学校教育与职业培训协调发展;进一步扩大中等职业教育招生规模;以就业为导向;以服务为宗旨;政府直接管理向宏观引导转变;计划培养向市场驱动转变;专业学科本位向职业岗位和就业为本位转变;全面实施素质教育;职业道德培养和职业能力培养紧密结合;加强德育实践活动;加强创业教育和职业指导;扩大职业院校自主权;加强人力资源能力建设;农村劳动力培训;强化市(地)政府统筹职业教育的作用;大力加强农村职业教育;为解决"三农"问题提供服务;继续推进农科教结合和"三教统筹";地方政府加强统筹;农业技术推广、科技开发和教育培训紧密结合;为农业和农村经济社会发展服务;发挥县级中等职业技术学校或职业教育中心的龙头作用;整合利用农村中小学、乡镇成人文化技术学校、农业广播电视学校和农业推广、培训机构资源;大力开展农民实用技术培训;"绿色证书培训工程";"青年农民科技培训工程";农村劳动力转移培训;扩大职业院校面向农村的招生规模;城市与农村合作办学、联合招生;加大在岗农民工的培训力度;行业企业建立多种形式的农民工学校;利用社区的各种教育资源开展农民工的教育培训;成绩显著的职业院校、职业培训机构给予奖励;使用农民工的单位负有培训责任;办好公办职业院校;行业企业办好职业学校和培训机构;行业企业与职业学校合作办学;强化企业自主培训的功能;民办职业教育;深化公办职业院校体制改革;实行多元投资并举的办学体制;完善就业准入制度;职业资格证书制度;职业院校学生职业资格认证工作;"先培训、后就业";"先培训、后上岗";实训基地建设;改善职业院校的实训条件;"双师型"教师队伍建设;职业院校人事制度改革;推进聘用(任)制度;优化教师队伍;固定岗位与流动岗位相结合;专职与兼职相结合;教师继续教育进修;教师企业实践制度;政府、受教育者、用人单位和社会共同分担;多种所有制并存;各级政府要增加用于发展职业教育的投入;金融机构以信贷方式支持;中央财政安排职业教育专项经费;"以奖代补"等方式支持实训基地建设;国家和地方安排的扶贫资金;加大对贫困地区农村劳动力培训投入;专项经费采取奖励、直接补助和资助学生方式投入;各级政府加强职业教育工作的领导;统筹规划,分类指导,依法推进;联席会议制度;部门分工协作、齐抓共管;教育督导部门要加强督导;加强评估检查;行行出状元。

(4)《2003—2007年教育振兴行动计划》(2004)

推进农村教育发展与改革;发展农村职业教育和成人教育;推进"三教统筹"和"农科教结合";发挥农村学校的综合功能;有效整合教育资源;开展"绿色证书"教育;农村初、高中适当增加职业教育内容;就业为导向;灵活的教学和学籍管理制度;半工半读;工学交替;城乡分段和职前、职后分段;重点建设地(市)、县级骨干职业学校和培训机构;进城务工农民进行职业教育和培训;农村成人教育以农民实用技术培训和农村实用人才培养为重点;发挥高等农林学校的作用;教育教学与生产实践、社会服务、技术推广结合;加强实践教学和就业能力培养;"订单式""模块式"培养模式;职业道德教育;面向市场;改革课程设置;加强"双师型"教师队伍建设;企事业单位专业技术、管理和有特殊技能的人员担任专兼职教师;就业准入制度;职业资格证书制度。

(5)《国务院关于大力发展职业教育的决定》(2005)

大力发展职业教育;结构合理、形式多样,灵活开放、自主发展;走新型工业化道路;为农村劳动力转移服务;农村劳动力转移培训工程;为建设社会主义新农村服务;强化农村"三教统筹";促进农科教结合;农村实用人才培训工程;提高农民思想道德和科学文化素质;培养农村实用型人才和技能型人才;普及农业先进实用技术;为就业再就业服务;职业技能培训和创业培训;社区教育、远程教育;建立与其他教育沟通和衔接的"立交桥";"以服务为宗旨、以就业为导向";教育教学改革;改进教学方法;更新教学内容;合理调整专业结构;面向新兴产业和现代服务业的专业;学分制和选修制;弹性学习制度;教育信息化建设;职业道德、职业能力和就业率为考核指标;实践能力和职业技能的培养;职业资格证书;工学结合、校企合作;与企业紧密联系;生产实习和社会实践;实习的制度;建立和完善半工半读制度;城乡之间职业院校的联合招生、合作办学;更加灵活的学制;城市对农村的学生跨地区学习减免学费;德育放在首位;诚信、敬业为重点的职业道德教育;劳动模范、技术能手作为德育辅导员;党团组织建设;加强县级职教中心建设;乡镇要依托中小学、农民文化技术学校及其他培训机构开展职业教育和培训;加强师资队伍建设;职业教育师资培养培训;职业教育教师到企业实践制度;"双师型"教师队伍建设;办学体制改革;公办职业学校与企业合作办学;前校后厂(场);校企合一;资源整合和重组;规模化、集团化、连锁化办学;落实办学自主权;教职工全员聘用制;和岗位管理制度;依靠行业企业发展职业教育;"先培训、后就业";"先培训、后上岗";完善就业准入的法规和政策;就业准入制度;推进和规范职业资格证书制度;加大支持力度;增加公共财政对职业教育的投入;职业教育专项经费;职业教育贫困家庭学生助学制度;资助接受中等职业教育的农村贫困家庭;各级人民政府要加强对职业教育发展规划;加强对职业教育的评估检查。

(6)《国家中长期教育改革和发展规划纲要(2010—2020年)》(2010)

大力发展职业教育;面向人人、面向社会;职业道德、职业技能和就业创业能力;政府切实履行发展职业教育的职责;健全多渠道投入机制;加大职业教育投入;职业教育规模、专业设置与经济社会发展相适应;提高质量为重点;服务为宗旨,就业为导向;教育教学改革;顶岗实习;校企合作;工学结合;学校教育与职业培训并举;全日制与非全日制并重;"双师型"教师队伍;实训基地建设;技能型人才到职业学校从教的制度;职业教育质量保障体系;吸收企业参加教育质量评估;调动行业企业的积极性;政府主导、行业指导、企业参与;校企合作制度化;校企合作办学法规;行业组织、企业举办职业学校;企业接收学生实习实训和教师实践;企业加大对职业教育的投入;加快面向农村的职业教育;基础教育、职业教育和成人教育统筹;农科教结合;强化省、市(地)级政府发展农村职业教育的责任;办好县级职教中心;扩大农村职业教育培训覆盖面;推进城乡、区域合作;增强服务"三农"能力;涉农专业建设;各级各类学校积极参与培养新型农民;进城务工人员、农村劳动力转移培训;农村新成长劳动力免费劳动预备制培训;增强职业教育吸引力;支持政策;逐步实行中等职业教育免费制度;改革招生和教学模式;"双证书"制度;专业课程内容和职业标准相衔接;就业准入制度;"先培训、后就业"、"先培训、后上岗";职业教育课程衔接体系;直接升学制度;拓宽继续学习渠道;行行出状元。

(7)《教育部等九部门关于加快发展面向农村的职业教育的意见》(2011)

加快发展农村职业教育;服务社会主义新农村建设;面向农村的职业教育;终身理念的现代农村职业教育体系;改善办学条件;加强农村职业学校实训基地建设;教学信息化和现代化建设;推进城乡、区域结合;开展城市对农村职业教育的对口支持;紧密结合县域经济社会发展需求;深化农村职业教育改革创新;改革农村职业教育培养模式;学分制弹性学习制度;项目教学、生产一线教学;涉农专业建设;"米袋子""菜篮子"工程;水利类职业学校和水利类专业;林业职业学校和林业类专业;粮食职业学校和粮食类专业;组建农业职业教育集团;促进产教深度合作;增强农业职业教育吸引力;涉农专业免费政策;完善招生考试制度;完善创业扶持政策;改善创业环境;三教统筹;农教科结合;培训"有文化、懂技术、会经营"的新型农民;开展农民教育培训;大力发展现代农业专业人才、经营人才、创业人才;开展农民工职业教育与技能培训;健全县域职业教育培训网络;县级中等职业学校;实施分类培训;"送教下乡""流动课堂车";加强师资队伍建设;加大经费投入;深化人事改革,提高教师待遇;加强资金管理;多渠道筹资办学;建立健全有关部门合作共建的工作机制;建立统筹城市与农村职业学校发展的机制;推动县级人民政府加强统筹新型农民培训工作的力度;加强督导和宣传;形成发展面向农村的职业教育的良好社会环境;建立新型农民培训管理规章制度;提高进行教学质量;开展联合督查;农村职业教育和成人教育示范县评估标准;组织开展国家级"农村职业教育和成人教育示范县"创建活动。

(8)《国务院关于加快发展现代职业教育的决定》(2014)

巩固提高中等职业教育发展水平;优化中等职业教育布局结构;创新发展高等职业教育;产学研合作;培养服务区域的技术技能型人才;专业学位研究生培养模式;学位制度;普通本科高等学校转型发展;人才多样化成长渠道;"文化素质+职业技能";单独招生;综合评价招生;技能拔尖人才免试;建立学分积累与转换制度;推进农民继续教育工程;加强涉农专业、课程和教材建设;创新农学结合模式;重视培养军地两用人才;开展职工教育培训;支持社会力量兴办职业教育;多种形式举办民办职业教育;健全企业参与制度;深化产教融合;加强行业指导能力;政策支持;强化服务监管;完善现代职业学校制度;校长聘任制改革;中等职业学校校长负责制;多元主体组建职业教育集团;全产业链;技术技能积累作用;技能大师工作室;实验实训平台;产品开发中心;人才培养模式创新;项目教学;案例教学;工作过程导向教学;创新顶岗实习;实习责任保险制度;开展职业技能竞赛;建立健全课程衔接体系;建设"双师型"教师队伍;提高信息化水平;加强国际交流与合作;经费稳定投入机制;健全社会力量投入的激励政策;拓宽办学筹资渠道;加强基础能力建设;资助政策体系;发展现代农业职业教育;培养新型职业农民;执行就业准入制度;用人的保障政策;落实政府职责;强化督导评估;营造良好环境。

2.二级编码

在分析上述政策文本一级编码的基础上,发现和建立相关概念类属之间的各种联系,将它们划分归纳到以下几个范畴中。

(1)农村职业教育管理机构

国务院;中央和地方的各有关部门;各级教育行政部门;劳动保障等有

关部门;各级政府;强化省、市(地)级政府;县、乡政府。

(2)农村职业教育组织

农村职业学校;成人文化技术学校;农业技术推广培训机构;农业广播电视学校;农民工培训机构;县级骨干示范职业学校;县级职教中心;中等职业学校。

(3)农村职业教育相关个人

农村中小学生;农民;职业学校教师、校长;农村职业技术学校毕业生;职业学校毕业生;农村新成长劳动力;劳动模范;技术能手;技术人员;管理人员。

(4)农村职业教育资源

多渠道筹措职业教育经费;政府主导、多渠道筹措资助资金;企业加大对职业教育的投入;各级政府增加对职业教育、农民培训的经费投入;加大对贫困地区农村劳动力培训投入;职业教育专项经费;中央财政增加职业教育专项经费重点用于补助农村;专项经费采取奖励、直接补助和资助学生方式投入;社会各界及公民个人资助和捐赠;利用金融、税收以及社会捐助等手段;金融机构以信贷方式支持;提供助学贷款;设立职业教育助奖学金;加强经费管理;整合利用现有职业教育资源;资源整合和重组;整合利用农村中小学、乡镇成人文化技术学校、农业广播电视学校和农业推广、培训机构资源;利用社区的各种教育资源开展农民工的教育培训;职业教育教师队伍建设;"双师型"教师队伍建设;师资培养培训基地建设;职业教育师资培养培训网络;大中城市为农村职业学校培养培训骨干教师;高等学校、科研机构帮助农村职业学校培养师资;企事业单位专业技术、管理和有特殊技能的人员担任专兼职教师;加强人力资源能力建设;利用现有农业示范场所、科技推广基地;校内外实验实习基地建设;实训基地建设;改善职业院校的实训条件;"以奖代补"等方式支持实训基地建设;乡镇要依托中小学、农民文化技术学校及其他培训机构开展职业教育和培训;推进课程和教材改革;职业教育信息化建设。

(5)农村职业教育权力

国务院领导;分级管理;地方为主;政府统筹;社会参与;教育行政部门负责统筹规划;劳动保障部门和其他有关部门负责职业教育有关工作;各级教育行政部门同劳动保障等有关部门管理职业教育业务工作;强化市(地)

级人民政府统筹职业教育发展的责任;强化市(地)政府统筹职业教育的作用;强化省、市(地)级政府发展农村职业教育的责任;地方政府加强统筹;各级人民政府要加强对职业教育发展规划;政府切实履行发展职业教育的职责;主要责任在地方;行业主管部门进行协调和业务指导;大中城市与农村合作办学;城市与农村合作办学、联合招生;推进城市与农村职业学校多种形式的合作办学;大中城市职校的校长和教师去农村职校任职和办学;城乡之间职业院校的联合招生、合作办学;行业组织、企业举办职业学校;行业企业与职业学校合作办学;行业企业建立多种形式的农民工学校;行业企业办好职业学校和培训机构;充分依靠企业举办职业教育;公办职业学校与企业合作办学;企业参与农村新成长劳动力免费劳动预备制培训;社会力量举办职业教育;办学主体和投资多元化;实行多元投资并举的办学体制;多种所有制并存;鼓励社会力量、吸引外资举办农村职业教育;落实并扩大职校办学自主权;支持民办职业教育;依法治教、依法办学、依法管理;教育督导部门要加强督导;加强评估检查;吸收企业参加教育质量评估。

(6)农村职业教育权利和机会

扩大对口招生规模;进一步扩大中等职业教育招生规模;扩大职业院校面向农村的招生规模;扩大农村职业教育培训覆盖面;大力加强农村职业教育;加快面向农村的职业教育高职学校优先招收中职的优秀毕业生;中等职业教育与高等职业教育衔接;建立人才成长"立交桥";职业教育、普通教育和成人教育衔接;扩大中职毕业生进入高等学校继续学习的比例;直接升学制度;拓宽继续学习渠道;开展多种形式的职业培训;农村初、高中增加职业教育的内容;办好县级中等职业学校;大力开展农民实用技术培训;农村劳动力转移培训;进城务工农民进行职业教育和培训;加大在岗农民工的培训力度;各级各类学校积极参与培养新型农民;农村新成长劳动力免费劳动预备制培训;"绿色证书培训工程"、"青年农民科技培训工程";企业接收学生实习实训和教师实践;城市与农村合作办学、联合招生;社区教育、远程教育;集中培训与个人自学相结合;课堂教学与生产实践相结合;脱产、半脱产和短期脱产学习;现代远程教育和培训及自学考试等向农村延伸。

(7)农村职业教育制度

灵活的教学和学籍管理制度;学分制和选修制;弹性学习制度;职业道德、职业能力和就业率为考核指标;更加灵活的学制;办学体制改革;教育教学改革；深化公办职业院校体制改革；学校教育与职业培训并举；全日制与非全日制并重；城乡分段；职前职后分段；依法治教、依法办学、依法管理；校企合作制度化；中等职业教育与高等职业教育衔接；职业教育与普通教育、成人教育的衔接；建立与其他教育沟通和衔接的"立交桥"；县、乡、村三级实用型、开放型的农民文化科技教育培训体系；建立职校与劳动力市场密切联系的机制；增强办学的针对性和实用性；全面推进素质教育；农村教育工作领导责任制；政府直接管理向宏观引导转变；计划培养向市场驱动转变；专业学科本位向职业岗位和就业为本位转变；推行劳动预备制度；执行就业准入制度；完善学历证书、培训证书和职业资格证书制度；完善就业准入制度；（推进和规范）职业资格证书制度；实习的制度；"双证书"制度；"先培训、后就业"；"先培训、后上岗"；职业院校人事制度改革；推进聘用（任）制度；固定岗位与流动岗位相结合；专职与兼职相结合；职业教育教师到企业实践制度；技能型人才到职业学校从教的制度；教师全员聘任制；岗位管理制度；合理确定学费标准；职业教育贫困家庭学生助学制度；资助接受中等职业教育的农村贫困家庭；设立职业教育奖学金；提供助学贷款；逐步实行中等职业教育免费制度；政府、受教育者、用人单位和社会共同分担；城市农村的学生跨地区学习减免学费；成绩显著的职业院校、职业培训机构给予奖励；激励和约束机制。

(8)农村职业教育活动

目的与目标：为农业和农村经济社会发展服务；普及农业先进实用技术；为农村劳动力转移服务；提高农民思想道德和科学文化素质；培养农村实用型人才和技能型人才；推进职业教育的改革与发展；大力加强农村职业教育；加快面向农村的职业教育。

思想与观念：从实际出发，因地制宜，分区规划，分类指导；联系农村实际；统筹规划，分类指导，依法推进；农科教结合和"三教统筹"；农村和西部地区为工作重点；以就业为导向；培养农村实用型人才和技能型人才；以服务为宗旨；面向人人、面向社会；行行出状元。

内容、模式与方法：广泛开展各级各类职业培训；中等职业学校为农村培养实用人才；普及农业先进实用技术；文化基础教育；职业能力教育；职业道德教育；身心健康教育；职业道德培养和职业能力培养紧密结合；加强德育实践活动；加强创业教育和职业指导；农村学校开展劳动实践和勤工俭学活动;顶岗实习;实践教学;生产实习和社会实践;教学活动与生产实践、社会服务、技术推广及技术开发结合;开设以实用技术为主的课程;面向新兴产业和现代服务业的专业;专业课程内容和职业标准相衔接;建立中职与高职相衔接的课程体系;调整专业设置;合理调整专业结构;增强专业适应性;推进课程和教材改革;职业教育课程衔接体系;改进教学方法;更新教学内容;日校办夜校;学校、公司、农户相结合;多样、灵活、开放的办学模式;"订单式"、"模块式"培养模式;农村实用技术培训;农村劳动力转移培训;农民文化技术教育和培训;农村新成长劳动力免费劳动预备制培训;农业技术推广、科技开发和教育培训紧密结合;乡镇依托中小学、农民文化技术学校及其他培训机构开展职业教育和培训;工学交替;半工半读;校企合作;工学结合;前校后厂(场);校企合一;现代远程教育。

(9)其他

优先为农村职校毕业生开展生产经营提供小额贷款;国家税收优惠政策;营造有利于职业教育改革与发展的社会氛围;利用现有农业示范场所、科技推广基地;成绩显著的职业院校、职业培训机构给予奖励;金融机构以信贷方式支持;国家和地方安排的扶贫资金。

3.三级编码

根据二级编码所归纳的九个概念类属,继续进行三级编码可以进一步归纳为三个核心的概念类属。一是"教育政策主体",包括农村职业教育管理机构、农村职业教育组织及农村职业教育相关个人。二是"教育政策内容",包括农村职业教育资源、教育权力、受教育权利和机会、教育制度、教育教学活动。三是其他。从以上对2002年至2014年的农村职业教育政策文本的"编码",可以得出以下结论。

一是从2002年至2014年,我国农村职业教育的管理机构主要包括国务院、中央和地方的各有关部门、各级政府、各级教育行政部门和劳动保障等有关部门。教育行政部门和劳动保障部门是管理农村职业教育的主要部门,地方政府仍是发展农村职业教育的责任主体。但政策强调要加强省、市(地)级政府发展农村职业教育的责任。

我国农村职业教育组织包括农村职业学校、成人文化技术学校、农业技术推广培训机构、农业广播电视学校、县级骨干示范职业学校、县级职教中心和中等职业学校,基本延续了上个阶段的农村职业教育组织形式。这个阶段更加强调要办好县级骨干职业学校和职教中心,要发挥骨干职业学校的带头作用。并随着农科教一体化的迅速发展,建立了农业技术推广培训机构。由于这个阶段农村劳动力的不断转移,农民工学校等针对农民工的培训机构开始出现。

农村职业教育相关个人主要包括农村中小学生、农村职业技术学校毕业生、农村新成长劳动力、农民、职业学校教师、校长以及农村劳动模范、技术能手、技术人员、管理人员。此阶段非常强调农村新型农民、新成长劳动力的职业教育和农村劳动力转移的职业培训。农村职业教育教师也出现多元化的特点,教师、校长的聘任制度和管理制度有了更明确、更具体的规定。

二是农村职业教育资源、农村职业教育权力、农村职业教育权利和机会、农村职业教育制度和农村职业教育活动,同样也是这个阶段我国农村职业教育政策涉及的主要方面。

关于农村职业教育资源,提出以政府为主导、多渠道筹措资助资金。各级政府和企业都要增加对职业教育、农民培训的经费投入,尤其要加大对贫困地区农村劳动力培训支持力度,重点扶持贫困地区的农村职业教育和培训。为了保证农村职业教育各项事业顺利发展,中央财政安排职业教育专项经费,重点补助农村,以奖励、直接补助和资助学生的方式投入。提倡社会各界及公民进行个人资助和捐赠,要利用金融、税收手段不断增加对农村职业教育的投入和支持。为了扶持农村地区的学生接受职业教育,国家提出要为学生提供助学贷款,并设立职业教育助学金、奖学金以鼓励优秀的农村学生去职业学校学习。要重视现有教育资源的合理有效利用,将现有资源进行整合和重组,利用普通教育资源、农业推广和培训机构的资源有效发展农村职业教育,从而在一定程度上缓解农村职业教育资源短缺的问题。例如,政策提出乡镇要整合利用农村中小学、乡镇成人文化技术学校、农业广播电视学校和农业推广、培训机构的资源,要依托这些教育组织开展职业教育和培训。在师资培养方面要加强职业教育"双师型"教师队伍建设,建立师资培养培训基地和职业教育师资培养培训网络。要加强师资的城乡统筹,大中城市要为农村职业学校培养培训骨干教师,高等学校、科研机构帮助农村职业学校培养师资。为了壮大农村职业教育教师队伍,优化农村职业教育师资结构和质量,要将专职教师和兼职教师结合起来,吸收企事业单位专业技术、管理和有特殊技能的人员来农村职业学校担任专兼职教师。

在实训基地建设方面,提出要进行校内外实验实习基地建设,以改善农村职业院校实训基地条件落后、实训基地设备不足的现象,利用现有农业示范场所、科技推广基地补充农村职业学校实训基地,政府部门要以"以奖代补"等方式支持实训基地建设。最后强调要推进课程、教材改革和农村职业教育信息化建设,以加强农村职业教育自身的发展。

关于农村职业教育权力,在办学权方面,提出落实并扩大职校办学自主权。推进大中城市对农村地区教育的传、帮、带作用,要采取多种形式与农村职业学校合作办学、联合招生。同时,大中城市职校的校长和教师还要去农村职校任职和办学。要加大企业举办农村职业教育的力度,充分依靠企业举办职业教育,一方面,企事业单位要自行广泛举办职业教育,另一方面,与职业学校合作办学。建立多种形式的培训机构和农民工学校,农村新成长劳动力免费劳动预备制培训也要求企事业单位参与进去。加大社会力量对农村职业教育的投入,鼓励社会力量、吸引外资举办农村职业教育,实行多元投资并举的办学体制,并支持民办职业教育。在管理权方面,提出要逐步完善国务院领导、分级管理、地方为主、政府统筹、社会参与的管理体制。教育行政部门和劳动保障部门是管理职业教育的主要部门,二者互相协调,分工负责,切实加强政府对农村职业教育发展的作用以及更好地履行发展职业教育的职责。各级人民政府要加强对职业教育发展的规划,切实履行发展职业教育的职责。政策仍然提出,在此阶段农村职业教育的发展责任主要在地方,因此,地方政府要不断加强统筹,强化省、市(地)级政府发展农村职业教育的责任,加强农村职业教育的评估检查,教育督导部门要加强督导。

关于农村职业教育中受教育权利和机会,提出了建立直接升学的制度,并拓宽继续学习渠道,强调进一步扩大中等职业教育对口招生规模,扩大职业院校面向农村的招生规模,扩大农村职业教育培训覆盖面。提出高等学校扩大招收中职毕业生继续学习的比例,给农村接受中等职业教育的学生创造更多继续学习的机会。为了满足农村经济、社会发展的需要和农民劳动素质、科学文化素质提升的需要,开展各种各样配套的职业培训,包括农民实用技术培训、农村新成长劳动力免费劳动预备制培训、农村劳动力转移培训、进城务工农民的职业教育和培训等。政策还提出,各级各类学校要响应号召,积极参与新型农民培养,企业要积极接收农村职业学校的学生和农村学校的专业课教师去企业进行实践活动,以满足职业教育对实践实训的切实需求。

关于农村职业教育制度,在学制方面,提出要进行办学体制改革和教育教学改革,建立灵活的教学和学籍管理制度、建立学分积累与转换制度,推进学习成果互认衔接。强调学校教育与职业培训并举,全日制与非全日制并重。受教育者可以城乡分段、职前职后分段的完成职业教育。职业学校要逐步推行学分制和选修制,以促进学生更有效地完成职业教育阶段的学习。职业教育要建立与其他教育沟通和衔接的"立交桥",包括中等职业教育与高等职业教育衔接,职业教育与普通教育、成人教育衔接。在招生分配制度方面,提出农村的职业教育要建立直接升学制度,继续不断地扩大学校和培训机构的招生规模,完善职业教育人才多样化成长渠道。在就业分配制度方面,强调要建立农村职校与劳动力市场密切联系的机制,执行和完善就业准入制度和"双证书"制度。毕业生不仅要具有学历证书、培训证书,还要具有职业资格证书才能上岗就业;在师资管理方面,进行职业院校人事制度改革,推进教师全员聘任制,使农村职业师资专职与兼职互相结合,固定与流动岗位互相结合,继续完善技能型人才到职业学校从教的制度,吸引优秀人才和高等学校优秀毕业生到农村、农业职业学校任教,组织具有一定理论水平和丰富经验的技术骨干人员到涉农专业教师队伍。除此之外,加强农村、农业职业学校教师培养培训。建立教师到高等学校、企业和生产合作组织的实践制度,完善教师奖励制度。在助奖体制方面,提出建立职业教育贫困家庭学生助学制度,对农村贫困学生给予扶持和帮助,包括设立职业教育奖学金,提供助学贷款等相关优惠政策,从而加快逐步实行中等职业教育免费的步伐。政策还对在各方面成绩显著的职业院校、职业培训机构给予相应的奖励,鼓舞了农村职业院校办学的积极性。在评估体制方面,提出要加强对农村教育的督查工作,并建立激励和约束机制吸引企业参加教育质量评估。职业道德、职业能力和就业率为职业院校的考核指标。此外,还提出要全面实施素质教育、社区教育、远程教育、"绿色证书培训工程"和"青年农民科技培训工程"。

关于农村职业教育教学活动,政策规定,农村职业教育活动的目的与目标包括:在加快农村建设方面,提出为农业和农村经济社会发展服务、培养农村实用型人才和技能型人才、普及农业先进实用技术、为农村劳动力转移服务；在加强农民培养方面，提出要提高农民思想道德和科学文化素质；在农村职业教育自身建设方面，提出要推进职业教育的改革与发展、加快面向农村的职业教育。

关于农村职业教育的思想与观念方面，提出联系农村实际，从实际出发，开办因地制宜的农村职业教育，并根据不同地区进行分区规划，根据不同受教育者进行分类指导，做到各级管理部门统筹规划，加强法制建设，依法推进。职业教育要将就业能力作为办学的导向，将为农村学生和广大农村劳动者服务为开办的宗旨，以服务为宗旨，就业为导向，要大力倡导"行行出状元"的就业观念，引导农村职业学校毕业生合理就业。

在内容、模式与方法上，提出农村职业学校要改进教学方法，更新教学内容，不仅要加强文化基础教育、职业技术、技能培训，还要进行职业道德教育、身心健康教育以及创业教育，并进行职业指导，以增强受教育者适应社会的能力，能够抵御职业转变的风险。职业道德培养和职业能力培养要相互促进、相互弥补、紧密结合，不仅要加强道德素质的培养，还要开展德育实践活动和勤工俭学活动。在专业设置和课程体系方面，强调要贴近实际，面向农村、面向社会、面向经济发展，农村职业教育要不断调整专业结构，使其更加合理，增强专业相对于社会和经济发展的适应性，以满足社会和学生的需求，开设以实用技术为主的课程和面向新兴产业、现代服务业的相关专业。在课程与专业设置方面，要稳步推进课程和教材改革，为了加强专业、课程与职业的联系，要使专业课程内容与职业标准相衔接，建立职业教育课程衔接体系。在教育方式上，除了要进行教育教学，开展实训实践，还要开展劳动实践和勤工俭学活动，进行生产实习、社会实践和顶岗实习。在教育模式上要开展"订单式"、"模块式"培养，形成工学交替、半工半读、工学结合、前校后厂（场）的职业教育体系。为农民广泛开展各级各类职业培训，包括农村实用技术培训、农村劳动力转移培训、农民文化、技术教育和技术培训、农村新成长劳动力免费劳动预备制培训等。同时，农村职业教育还要加大与普通教育、成人教育的融合、衔接，以保证教育资源有效地整合，与各类教育互相扶持、共同发展。因此，政策提出乡镇要依托中小学、农民文化技术学校及其他培训机构开展职业教育和培训，并且要坚持农科教一体化，将教学活动和职业培训与生产实践、社会服务、技术推广及技术开发紧密结合起来。

三是这个阶段出台的政策,除了与前面一样涉及主体和内容两个主要方面的东西外,还提出了对农村职业教育毕业生和办学机构的优惠政策、扶持办法以及奖励政策。可以看出,政策逐渐加大了对农村职业教育的支持力度,通过金融、税收、奖励等方式来鼓励农村职业教育的发展,不断打通优秀人才通往农村的渠道。

通过对农村职业教育政策文本的"编码",可以清楚地认识到,近年来的职业教育政策文件中对农村职业教育的关注力度越来越大。在2011年,国家还专门颁布了以农村职业教育为核心关键词的政策文件,而且农村职业教育政策涵盖的内容更加全面和细致,涉及农村职业教育的方方面面。如农村职业学校学生继续学习的机会和助奖管理体制;城镇化背景下农村职业教育的发展路径;新型农民的职业教育和培训等;农村职业教育资源的投入等。开展各种形式的职业培训是这个阶段的显著特点,不再是笼统地提出进行农村职业培训,而是针对不同的人群进行各种不同的培训,更具针对性和适用性。之前一直强调权力下放,强调县、乡的责任,这个阶段的政策逐渐开始加大中央和省、市(地)的责任。此外,教育制度建设也更加规范化。

二、改革开放以来我国农村职业教育政策的变迁

通过对改革开放以来我国农村职业教育政策进行"编码",可以看出,我国农村职业教育政策在不断发展和完善:首先是数量上增多,与农村职业教育相关的重要政策文本在数量上不断增多,如第一阶段有四个,第二阶段有六个,第三阶段有八个;其次,出台了专门针对农村职业教育问题的政策文本,如2011年颁布的《教育部等九部门关于加快发展面向农村的职业教育的意见》;再次,关于农村职业教育政策文本的内容越来越全面、规定越来越清晰,指导性和可操作性增强,如第三阶段政策文本的编码内容在量上比第二阶段要多很多,同样,第二阶段又比第一阶段多。从三个阶段对我国改革开放以来的农村职业教育政策进行编码,是对改革开放以来我国农村职业教育政策进行分析的基础。为了通过对现有政策的解读以制定更有效的政策,就要在编码基础上对每个阶段的政策进行深入解读和分析,总结出每个阶段的特征,理清改革开放以来我国农村职业教育政策的变迁过程。

（一）农村职业教育政策主体的变迁

我国农村职业教育政策主体主要包括农村职业教育管理机构、农村职业教育组织以及农村职业教育相关个人。

1. 农村职业教育管理机构的变迁

改革开放以来农村职业教育的管理机构包括国务院、各级政府、中央和地方各有关部门。其中以教育行政部门和劳动保障部门为主要管理部门，县、乡两级政府主要承担着管理农村职业教育的职责。管理机构形式没有太大的变动，但管理机构之间的责任和权力关系发生着变化。如在经费管理上，在第一阶段的政策文本里，明确地方政府和各有关部门负责经费的投入，但在第三个阶段，却提出省级和中央政府适当支持地方职业教育。

2. 农村职业教育组织的变迁

农村职业教育组织是实施职业教育的机构。随着社会的发展，这种机构的种类明显增多。在第一个阶段，农村职业教育组织主要有农村职业技术学校、中等专业学校、农业中专、农村中学和农民技术学校；在第二个阶段开始出现了职业技术培训组织、农村文化技术学校和农村广播函授学校，对农民的文化知识和职业技能开始有了较多的关注，不再只强调学校教育，开始逐渐重视面向农村的培训，而在第一阶段提到的农村中学和农业中专在这一阶段几乎没有出现；在第三阶段出现了两个特点，一是强调对县级骨干示范职业学校和职教中心的建设，二是针对农民的职业教育和培训机构种类明显增多，如成人文化技术学校、农业技术推广培训机构、农业广播电视学校和农民工培训机构等。可以看出农村职业教育机构出现了从重视学校教育到把学校教育与职业培训相结合的转变过程，使职业教育机构从单一的正规教育向正规与非正规教育并存的状况转变。

3. 农村职业教育相关个人的变迁

农村职业教育主要相关的个人变化不大，包括农村学生、农村没有升学的毕业生、农村各类职业学校毕业生、学校教师以及农民。农村未升学的学生一直是农村职业学校教育的主要教育对象，其中以初中毕业生为主。变化比较明显的体现在两个方面，一是农村职业教育教师人员构成上，第一阶段提出吸收农村的能工巧匠担任兼职教师；第二阶段和第三阶段强调各种技术人才、技术人员担任农村职业教育兼职教师，可以看出，农村职业教育的教师来源越来越多样化,专业化水平不断提高;二是增加了农民工和新型农民群体,这也是我国经济社会发展出现的新概念群体。随着城镇化的发展和新农村的建设,农民的从业方式除部分人仍然进行传统的种地务农外,也有很多人进入第二和第三产业,对不同身份农民的职业教育和培训成为农村职业教育的重要任务。

(二)农村职业教育政策内容的变迁

我国农村职业教育政策主要涉及以下五个方面,本文将从这五个方面入手对三个阶段进行比较,探究我国农村职业教育政策内容三十多年来的变化特征。

1. 农村职业教育资源的变迁

三个阶段的农村职业政策在教育资源方面主要涉及三个方面:办学经费、师资和实训基地的建设。后两个阶段开始关注教材的建设和教育信息化建设。

在第一阶段学校经费和师资主要由各单位自行解决,劳动基地和实验基地由县、社负责解决,中央和地方有关部门给予补助。这个阶段政府对农村职业教育资源投入很少,投入渠道单一。第二个阶段强调要加大投入,并从多个渠道进行筹措,包括加大各级政府的投入,厂矿企业进行财力支持,集体、个人及其他社会力量捐资助学,利用贷款等方式。强调多渠道解决师资,通过选派技术人员、企业工程技术和管理人员作为兼职教师以扩大农村职业学校的师资来源。同时,关注职业学校专业课教师的培养和培训,对教师的合法权益也有所涉及。此阶段强调办好实习基地和校办产业,仍然强调由县级政府负责解决农村职业学校的生产实习基地,并统筹使用各部门的实验基地和设施。教材的编写也开始得到关注,提出要编写适合农村的教材,并形成配套的教材体系。此外,还特别提出要发展电视、广播和函授等形式的农村职业技术教育。在第三阶段特别强调要加大对农村劳动力培训的投入,中央增加重点补助农村职业教育的专项经费,并以奖励、直接补助和资助学生的方式投入。还提出要为学生提供助学贷款和助奖学金,建立师资培养实训基地和师资培养培训网络。此阶段开始加强城乡统筹,强调大中城市要为农村职业学校培养骨干教师,仍然强调专职和兼职相结合的方式扩大教师来源。同时,要利用现有农业示范场所和科技推广基地,改善职业学校的实训条件。

对三个阶段政策文本比较可以看出,改革开放以来我国农村职业教育政策在经费投入方面有显著的变化,由单一投入渠道向多种渠道筹措转变,以学校自行解决和县、乡政府投入为主向各级政府、企事业单位、社会力量共同投入的方式转变,其中社会各产业部门、事业部门为办学投资主体。但近年来政策提出,中央、省级政府要不断加大对农村职业教育的支持力度,利用贷款、金融、税收的手段增加对农村职业教育的投入。师资培养得到了越来越多的关注,国家逐渐认识到专业教师培养培训的重要性,师资来源的规定也更加广泛和规范化,形成了各类高校培养,学生留校任教、社会选聘、吸收技术人才等多渠道职业学校师资培养形式,吸收优秀的兼职教师为保持农村职业学校教师活力提供了有效途径。加强"双师型"教师的培养是我国农村职业教育政策现阶段和未来一段时间内师资培养的主要方向。政策对实训场地的建设也给予了更多的关注,提出通过开展农科教一体化来加强农村职业教育的实施,通过利用农业示范场地、科技推广基地和建立校内外实验实习基地等方式来改善职业学校的实训条件。此外,对农村职业学校的教材建设和信息化建设的关注也是农村职业教育政策不断发展的方向。

2. 农村职业教育权力的变迁

农村职业教育政策中的教育办学权力方面,第一阶段主要涉及的是举办农村职业学校的权力问题,表现出明显的权力下放,国家办学和业务部门、厂矿企业、人民公社并举,强调各行各业广泛举办农村职业教育,以及集体办学、私人办学和个人办学。第二阶段进一步延续了第一阶段举办农村职业学校权力的特征,强调要采取大家办学的方针,主要依靠行业、企事业单位办学,并在县、乡两级政府的领导下,多种形式联合办学。第三阶段开始关注城乡教育资源的统筹和整合,强调要推进大中城市与农村职业学校多种形式合作办学,并充分依靠企业举办职业教育,建立多种形式的培训机构和农民工学校,实行多元投资并举的办学体制。通过对上述三个阶段农村职业教育权力的比较分析,可以看出在办学权力上农村职业教育政策一直强调多元化的办学主体,尤其强调依靠企业、行业举办职业教育和职业培训,通过合办、联办等方式举办农村职业教育。

农村职业教育的管理权方面,强调要在中央统一的方针下,国家各部门分工负责,主要责任在地方,以县、乡层面的统筹管理为主,管理权限的具体规定并未涉及。但在第三阶段,虽然仍强调主要责任在地方,较之前不同的是,提出要强化省、市(地)级政府发展农村职业教育的责任,教育行政部门和劳动保障部门是进行管理的主要部门。强调要逐步完善国务院领导,分级管理,地方为主,政府统筹,社会参与的管理体制。可以看出农村职业教育的管理权力开始上移,并且管理权限开始逐渐明确。同时,第三阶段还强调要加强学校自主权,对学校的自主管理开始有所关注。在此阶段还提到要加强对职业教育工作的督导,虽然有关评价、监督农村职业教育活动的相关内容非常少,进行监督管理的相关部门也不明确,但是这个表述可以看出政策开始涉及职业教育的评价和监督。通过以上的分析可以明显地看出,我国农村职业教育权力一直处于下放的状态,强调地方的责任,而随着国家对"三农"问题的大力关注,中央和省级层面开始加大对农村职业教育举办、管理和监督的力度。

3. 农村职业教育权利和机会的变迁

三个阶段的农村职业教育政策中,农村职业教育主要面向的是农村的学生(初中学生为主),农村未升学的各类毕业生、农民和农村劳动者。但是三个阶段的侧重对象有所不同。第一阶段主要侧重于学校教育。因此,更多地关注各年龄段的农村学生。第二个阶段更加关注未升学青少年和农民的职业培训,强调放宽招生和入学年龄的限制,并出台了各种农民培训计划项目。可以明显地看到政策越来越重视和关注对农民的培训。第三阶段对农民的职业培训给予了高度的重视,更加细化了农民培训的种类,针对农民不同的情况开展不同的职业培训,如农民实用技术培训、农村劳动力转移培训、农村新成长劳动力培训等,而不是笼统的提出要开展农民培训。

在农村中小学中适当地渗透职业技术或职业教育的内容也是政策一直强调的,可以看出政策强调在课程方面加强普职教育之间的联系。同时,政策不断扩大农村职业教育、职业培训的规模以及农村职业学校毕业生继续升学的权利和机会,提出农村职业教育毕业生可以报考普通高等学校,扩大毕业生进入高等学校继续学习的比例,加强中等职业教育与高等职业教育的衔接,建立人才成长"立交桥",从中可以看出,政策对建立初、中、高职业教育体系的关注,对农村职业学校学生继续学习越来越重视。

4.农村职业教育制度的变迁

农村职业教育制度涉及的内容比较广泛，对比三个阶段的农村职业教育政策在教育制度方面的内容，可以看出农村职业教育制度在不断地完善。弹性的学制是农村职业教育的一大特点。第一阶段的政策文本就提出要办学习期限长短结合的农村职业教育，但是以学校教育为主。第二阶段提出放宽招生和入学年龄限制，分阶段完成学业。第三阶段提出要城乡分段、职前职后分段完成职业教育。提出学校教育与职业培训并举、全日制和非全日制并重。可以看出，农村职业教育从单一的学历教育向学历教育与非学历教育并存转变，单一的职前教育向职前、职后教育并存转变，逐渐形成多层次、多形式的农村职业技术教育和培训体系。

在招生分配制度方面，一直贯穿着一个原则，即"先培训，后就业"，并逐步提出实行"双证书"制度，完善学历证书、培训证书和职业资格证书，逐步实施农民技术资格证书制度，执行和完善就业准入制度。

师资管理不断制度化，在第一阶段主要涉及教师的职称制度和工资制度；第二阶段提出建立教师进修制度、聘任制和岗位责任制，逐步实行教师资格制度；第三阶段强调教师全员聘任制和到企业实践的制度，并建立技能型人才到职校从教的制度。可以看出政府越来越重视职业教育教师的规范化和专业化，并对教师的进修和实践给予了制度性保障，越来越强调教师实践能力的培养，并对技能型人才进职校任教进行了规范。

评估监督制度和助奖制度在第三阶段才给予了较多的关注。但是与评估监督相关的内容仍然非常少，提出要加强政府督导部门的督导工作，并吸收企业参加教育质量评估，职业道德、职业能力和就业率为考核标准。助奖体制方面提出建立职业教育贫困家庭学生助学制度，资助接受中等职业教育的农村贫困家庭。设立职业教育奖学金，提供助学贷款，逐步实行中等职业教育免费制度。成绩显著的职业院校、职业培训机构给予奖励。这一阶段国家颁布了很多关于农村学生接受职业教育的优惠政策，在2009年的中央一号文件中提出，自2009年起，对中等职业学校农村家庭经济困难学生和涉农专业学生实行免费，国家新增助学金要向农村生源学生倾斜。2011年，《教育部等九部门关于加快发展面向农村的职业教育的意见》提出进一步落实和完善国家中等职业教育助学金和免学费政策，推进农村中等职业教育免费进程。

5. 农村职业教育活动的变迁

农村职业教育活动主要涉及教育的目的和目标、思想和观念，以及内容、模式与方法这三个方面。

促进农业和农村经济发展，提高农民政治文化素质、科学文化素质和为农民普及先进实用技术，是农村职业教育不变的目标。但是不同阶段的教育目标具有各自的时代特征，如在第二个阶段强调农科教一体化，农村科技推广与职业教育发展互相促进，要推广先进农业科学技术和推动农业、科技、教育事业结合。第三阶段非常重视新型农民的培训及剩余劳动力的转移。有关农民职业教育和培训的内容是农村职业教育政策的重点，这个阶段特别提出要培养农村实用型人才和技能型人才，为农村劳动力转移服务。

在思想和观念上，农村职业教育政策一直强调因地制宜、灵活多样，分类指导、分区规划的教育观念。第一阶段强调农村职业教育要从农村实际出发，因地制宜，"两条腿走路"；第二个阶段提出要遵循因地制宜、按需施教、灵活多样、注重实际的原则。第三阶段强调要从实际出发，因地制宜，分区规划，分类指导，统筹规划，依法推进。要以"就业为导向，服务为宗旨"，面向人人、面向社会，并倡导"行行出状元"观念。可以看出，发展农村职业教育的思想和观念一是要遵循农村职业教育的特点，二是要根据时代的转变不断进行调整。

三个阶段政策涉及的农村职业教育内容、模式与方法在逐渐增多，第一阶段主要以教学为主，不仅要重视文化科学基础知识，还要进行专业知识的学习、专业技能的培养和职业技术的训练，同时要重视劳动生产。第二阶段强调农村职业教育要注重职业道德和实际能力的培养，加强职业道德和职业纪律的教育，在实践中掌握职业技能。广泛开展职业技术培训，实施各种农民培训计划，并强调农民培训要与技术推广紧密联系。第三阶段除了强调要加强文化基础教育、职业能力教育和职业道德教育外，还提出要进行身心健康教育和创业教育，并进行职业指导。进行各种实践活动和生产实习，如道德实践活动、劳动实践活动和勤工俭学活动等。同时开展各种满足农民需要的农民培训，并强调教学活动和教育培训要与生产实践、社会服务、技术推广及技术开发紧密结合。随着时代的变化，在专业设置和课程设置方面也具有各个阶段不同的特点。第一阶段仅强调劳动课和职业技术课的重要性；第二阶段提出要适应农村经济的需要，办好直接为农林牧业服务的专业;第三阶段提出要增强专业的适应性,开设以实用技术为主的课程和面向新兴产业和现代服务业的专业,还要建立职业教育课程衔接体系。可以看出,专业设置和课程设置逐渐从学科本位向以职业岗位和就业为本转变;从单一面向农业为主向共同面向农业、工业和服务业转变,并随着经济发展和产业结构变化进行不断调整。此外,对农村职业教育活动的规定也在不断丰富,从重视知识学习到重视专业技术训练再到职业能力、创业能力、道德素质的培养,越来越具有以人为本的特征。产学结合、校企合作是职业教育的一条基本规律。因此,各个阶段的农村职业教育政策都非常强调这一规律。第一阶段倡导农村职业教育要半工半读、半工半农;第二阶段开始强调工学结合、产教结合;第三阶段提出要形成工学交替、半工半读、工学结合、前校后厂(场)的职业教育体系,并逐渐制度化。此外,政策也越来越强调广播电视教育,学校电化教育以及远程教育等教育形式在农村职业教育中的应用。

三、改革开放以来我国农村职业教育政策变迁的原因

为了适应经济社会发展和教育事业的发展,政府根据时代的变化和现实的需要,不断推出新的与农村职业教育发展相关的政策,适时调整政策内容,以更好地指导和规范农村职业教育事业的发展,切实发挥职业教育的功能。通过分析农村职业教育政策变化的原因,有助于我们在充分认识和了解新时期经济社会等方面特点的基础上,制定出更好地体现时代特色的农村职业教育政策,最大程度实现职业教育的新使命。对影响农村职业教育政策变迁的原因分析将从经济、社会、教育以及政策的价值取向四个角度进行。

(一)经济发展对农村职业教育政策的影响

改革开放以来,我国经济取得了巨大的发展,经济模式、经济体制、产业结构和经济增长模式等都发生了显著的变化。教育事业的发展与经济发展息息相关,教育与经济互相促进,互相协调,尤其是与经济发展直接相关的职业教育,既受制于经济,又对经济发展起着重要的作用。职业教育政策是职业教育发展的关键要素。农村职业教育,作为我国职业教育的重要组成

部分,它的发展取决于农村职业教育政策,而影响我国农村职业教育政策的最重要的因素是我国经济发展状况。

1. 经济发展模式的转变对农村职业教育的影响

改革开放以来,我国的经济发展模式逐渐从计划经济向市场经济转变。随着市场经济的发展,我国的劳动力市场逐渐形成,并呈现出劳动力广泛流动的局面。劳动力作为一种人力资源,其规格、数量和质量随着市场的需要而不断变化。再加上区域经济的差异和市场竞争导致的经济差异,使不同地区对人才和劳动力的需求也存在着区域化和地方性的特点。各地区在人才培养和劳动力培养方面具有自主性,以更好地适应本地区经济发展的需要。在这种情况下,集权式的教育管理体制必然无法适应市场经济对人才和劳动力的需求。因为中央集权式的教育管理体制过于刚性、反馈单一且速度慢,使各级各类教育与社会和市场需求相脱节。[①] 因此,改革开放以后,农村职业教育相关政策在办学权力和管理权力方面规定权力下放,提出大家来办学的方针,形成国家办学,行业、企事业单位办学,社会力量办学以及集体、个人办学等共同举办的模式。使办学形式更加灵活多样,更能适应当地经济发展和社会的需求。在管理方面上,政策也一直强调农村职业教育的主要责任在地方,关键在县、乡,加大学校的自主权,并提出逐步完善国务院领导,分级管理,地方为主,政府统筹,社会参与的管理体制。这种灵活的管理方式适应并推动了市场经济的发展。但是,权力过于下放,必然会导致经费投入不足、管理体制混乱、政出多门,政策不配套等普遍现象,也会造成教育评价、监督管理等方面的缺乏与失调。为了改变管理混乱、权限不清的局面,政策随后开始加大省级政府对农村职业教育的管理统筹,通过明确管理职责,加强督导监控,强化各级政府共同协调规划等,对农村职业教育进行有效管理。

在计划经济体制下,农村职业学校的专业设置、课程开发、招生计划、培训计划等都是由主管部门决定,农村职业学校缺乏自主权,因此也缺乏产学合作的动力。尽管产学结合的办学模式也在政策中被提及,但这只是政府部门的规定,缺乏内在动力。随着市场经济时代的到来,农村职业教育单一

[①] 庞兴守.困惑与超越:中华人民共和国农村教育忧思录[M].桂林:广西师范大学出版社,2004:70.

的办学模式已不能适应经济发展的步伐,导致培养的人才与实际需要相脱离,教育与生产实践严重脱节。再加上农村城镇化的快速发展,农村职业教育办学机制必须主动适应经济市场化、产业化的趋势。因此,产学结合、校企合作的培养模式应运而生,这不仅是职业教育面向市场的重要体现,而且也可以吸引教育投资和增加教育收入,有助于缓解农村职业学校资金、设备紧缺和专业课、实践课教师缺乏的困境,同时也是提高农村职业教育质量的有效方法,使培养的劳动力更具有实际能力,也更贴合市场的需要。因此,政策对农村职业教育实施产学结合、校企合作等办学模式非常重视,在每个与农村职业教育相关的政策中几乎都有涉及,并不断强调产学结合、校企合作办学模式要逐渐制度化,这对产学结合、校企合作的办学模式形成了有力的保障。可以看出,这种办学模式也是未来我国农村职业教育办学模式的主导方向。

2. 经济体制的改革对农村职业教育政策的影响

随着农村经济体制改革的发展,家庭联产承包责任制开始在农村实行,它以实行家庭联产承包为主,统分结合,双层经营,既发挥了集体统一经营的优越性,又调动了农民生产的积极性,促进了农村经济的发展,加快了传统农业向现代农业转化的速度。农村经济体制的改革激发了广大农民对教育的需求,开始迫切要求掌握文化科学知识和现代生产劳动技能。

为了满足农民生产和生活的需要,20世纪90年代开始,政策加大对农村教育制度的改革,强调发展"农科教结合"和"三教统筹"的农村教育体制和办学思想。"农科教结合"是农村经济体制、科技体制、教育体制和整个农村体制改革的重大突破。实施农科教统筹结合有助于克服部门之间各自为政、相互分离的弊端,建立以发展生产力为目的,围绕农村经济的发展,互相沟通、相互协调的新体制。[①]"农科教结合"有助于形成以经济开发为导向,以科技示范为动力,以农科教各部门发挥各自优势联合培养农村所需人才的职业教育培养机制。农科教三个方面互为目标、互相配合、互相促进,通过科技示范和科技推广培养农村所需劳动力,通过农村职业教育和职业培训对农村劳动力进行科技辐射。科技推广和农村职业教育共同为农村经济

---

① 庞兴守.困惑与超越:中华人民共和国农村教育忧思录[M].桂林:广西师范大学出版社,2004:110.

发展服务。同时,农村经济的发展也为科技的推广和教育的发展创造了更好的条件。如政策提出,培训农民和技术推广要紧密联系,利用现有农业示范场所和科技推广基地改善职业学校的实训条件,农业、科技等部门要选派一批技术人员担任农村职业技术学校的兼职教师等。同时,政策也非常强调农村职业教育对科技推广的支持,如农村学校积极参与农业科技试验、示范和推广,鼓励和吸收农村职业技术学校毕业生参加科技培训与推广工作,中等专业学校为农村科技培训与推广网络不断输送技术人才等。农村教育内部结构的改革,使普教、职教、成教三教统筹。基础教育、职业教育和成人教育是我国农村教育的主要组成部分,通过三者在办学条件、教学设施、师资、经费等方面的统筹安排,有效整合教育资源,充分发挥农村学校的综合功能,提高农村职业教育的办学效益。"农科教结合"和"三教统筹"为农村经济、农村社会和农村教育的发展注入活力。因此,农村职业教育政策从20世纪90年代开始至2014年一直非常强调"农科教结合"和"三教统筹"在农村职业教育中的作用,成为农村职业教育政策中的核心内容。

3. 产业结构的变化对农村职业教育政策的影响

由于经济体制的变革,促使农村生产力不断提高,再加上有限的土地资源的制约,农村劳动力数量开始过剩,剩余劳动力持续增长。同时,伴随着农村城镇化发展和产业结构的不断调整,第二、三产业快速发展,很多农民不再从事传统的农业生产,而是转向工业生产和服务行业。虽然农村劳动力资源丰富,但是农村劳动者的文化素质和职业技能普遍偏低。因此,农村职业教育有必要开始承担起新的培养任务,即进行农村剩余劳动力转移的培训和进城务工农民的职业教育,以促进农村剩余劳动力的有效转移。为使农民适应新的产业和行业,对农民进行相应的培训,如开展"阳光工程"培训等。

此外,随着从事非农产业劳动力的逐渐增多,为了保证劳动力资源的质量和巩固培训的有效性,需要不断完善就业资格准入制度和职业资格认证制度,倡导遵循"先培训、后就业""先培训、后上岗"的原则。随着我国职业资格认证制度和劳动就业准入制度的逐步建立,企业和组织的职业培训在职教体系中的作用越来越重要,主要办学模式由"学校本位的职业教育"向

"企业为本的职业培训"模式转变。① 因此,近年来农村职业教育政策对农民职业培训力度不断加大。但是,离开学校教育的职业培训缺乏基本的学科支撑,不能发挥教育提高劳动者整体素质的功能。所以,职业学校教育应该与职业培训相结合,基础知识与职业技能培训由学校完成,岗位培训由企业、行业完成。这也是政策提出要城乡分段、职前职后分段完成职业教育的原因。随着社会劳动力流动量增大,劳动者需要具有很强的适应能力应对行业的转变,而现有的专业性较强的岗位培训不能满足劳动者的工作需求。因此,劳动者就业能力和创业能力受到了前所未有的关注,政策强调要加强农村职业教育和培训,强化职业能力教育、职业道德教育、身心健康教育以及创业教育,并进行职业指导。

4. 经济区域性差异对农村职业教育的影响

改革开放以来,我国东西部发展的差距拉大,主要表现在产业结构上,如东部第二、三产业发达,而西部的第一产业比重过大。东部沿海地区由于发展较早,新兴技术较多,生产设备与工艺技术先进,技术开发能力强,再加上地理环境和自然资源的优势,经济发展非常迅速。劳动者文化技术素质普遍较高,劳动者接受职业教育和培训的机会也相应较多。而内陆由于地理位置、自然资源状况、封闭意识等多种原因,相比沿海经济发达地区落后很多,经济发展的滞后导致教育事业也发展缓慢,劳动者文化素质普遍较低。

由于地区间经济发展不平衡性决定了我国经济发展具有较强的区域性特点,所以,农村职业教育发展规模、专业设置、教学内容必须与区域经济发展要求相适应,不能以普通教育的模式发展职业教育。农村职业教育需要根据各地、各学校办学环境、办学条件、师资力量、人才要求的不同而形成自己的特色。同时,不同地区和行业对人才的需求也存在差异,不同的地区有各自的资源状况,产业结构和开发方向。同样是农村,南方和北方的种植业、养殖业却很不相同。不同行业的技术结构和生产力水平也有差异。因此,农村职业教育政策一直强调要从实际出发、因地制宜地办农村职业教育,遵循因地制宜、按需施教、灵活多样、注重实际的原则,进行分区规划,分

---

① 黄育云,等.农村职业教育与农业产业化、农村城镇化、农村现代化互动研究[M].北京:中国农业出版社,2005:69.

类指导,统筹规划,依法推进。

(二)社会发展对农村职业教育政策的影响

社会发展状况也是影响农村职业教育发展的重要因素。社会的转变必然会对农村职业教育提出新的要求,尤其是近年来,农村社会发生了很大的变化,从原来相对封闭逐渐转向开放,农村的城镇化、现代化水平在不断提高,再加上我国城乡二元化结构逐渐消除,农村职业教育也相应地要发生转变。因此,农村职业教育政策也必然要紧跟社会变革的步伐,不断地适应社会的发展。

1. 社会结构的变革对农村职业教育政策的影响

中华人民共和国成立以后,我国社会实施的是城乡对立的二元结构模式。但随着时代的进步和经济的发展,城乡二元体制的弊端凸显,农村和城市之间无论在经济领域还是文化领域都出现了较大的差距,这不仅不利于社会的和谐稳定,也违背了社会主义的公平原则。城市的快速发展是以牺牲农村和农民的利益为基础,这显然是不公平的也是不合理的。同时,这也造成了农村社会的诸多问题,并深深地影响着教育事业的发展。城市的优越性吸引了大量农民,在农民没有其他途径改变农民身份的情况下,只能寄希望于普通教育。片面追求升学率的状况愈演愈烈,再加上农村社会发展缓慢,对人才素质要求不高。同时由于农村职业教育缺乏强大的个人需求动力和社会需求动力,所以生源不旺、经费难酬。[①] 尽管政府认可农村职业教育,强调发展农村职业教育对农村经济发展和农民文化素质提高的重要意义,然而,城乡二元化的社会结构阻碍了农村职业教育发展的步伐,尤其在20世纪90年代中期,农村职业教育出现大幅滑坡,原因就是长期的城乡二元结构导致农村教育资源的匮乏。一方面,为了保证城市教育活动的顺利开展,有限的教育资源不断向城市倾斜,忽略了农村教育资源的投入。另一方面,城乡之间长期缺乏有效的互动机制,城市教育资源无法顺畅地输入农村,限制了农村对有效教育资源的获取。同时,城乡的巨大差异抑制了人才流向农村,对农村整个教育体系和农村经济、文化的发展都极为不利。经

---

① 黄育云,等.农村职业教育与农业产业化、农村城镇化、农村现代化互动研究[M].北京:中国农业出版社,2005:4.

费投入不足,教学设备落后,师资水平低下等问题长期困扰着农村职业教育的发展。尽管政策对农村职业教育非常重视,一再强调要大力发展农村职业教育。但想要真正改善农村职业教育的发展状况,需要彻底改变城乡对立的二元结构,使城乡一体化,加大城市对农村的扶助,做到教育资源共享,从物力和人力上给予支持。同时,加大受教育者继续升学和就业的途径,架起城乡之间互通的桥梁,使资源能进得来,人才能出得去。

随着对城乡对立二元结构模式的反省,政策的制定改变了以往强调教育资源由学校自行解决,由县、乡政府,甚至是村一级投入为主的投入模式。相反,加大了中央和省级政府的支持力度,加强城乡教育资源的统筹工作。尤其是近年来强调农村职业学校和城市职业学校加强联系,要做到资源共享。大中城市要对农村职业教育进行扶持,推进大中城市与农村职业学校多种形式的合作办学、联合招生,为农村职业学校培养培训教师。企事业单位要加大对农民进行必要的培训,利用社区资源培训农民等。还提出要不断建立和完善对农村学生的助奖体制,推进农村中等职业教育免费进程。此外,政策不断扩大了农村职业教育和培训的规模以及农村职业学校学生继续升学的权利和机会,强调要建立初、中、高职业教育体系,从中可以看出政策对农村职业学校学生继续学习的支持。社会结构的变革使政策越来越多地关注城乡教育资源的公平分配,加大城市对农村的支持,使城乡教育统一协调发展,使人才能够双向互补,可以说只有打破城乡二元对立的结构,农村职业教育才能得到有力地推动。

2. 农村社会"三化"的发展对农村职业教育政策的影响

"三农"问题是一直困扰农村社会发展的"瓶颈",要想解决阻碍农村发展的根本问题,就要转变农村社会封闭、落后的现状,加快农村社会经济结构的调整,大力发展农业产业化经营,加速农村现代化和城镇化的步伐。[①]因此,农业产业化、农村城镇化、农村现代化是农村社会当前及今后变革的方向。而在农村社会"三化"的进程中,农村职业教育扮演着重要角色。

农村职业教育担任着培养农村所需专业人才的重任。政府一直非常重视农村职业教育,通过各种途径加大农村职业教育的发展,如在农村普通高

---

① 黄育云,等. 农村职业教育与农业产业化、农村城镇化、农村现代化互动研究[M]. 北京:中国农业出版社,2005:1.

中增设职业技术课、开办职业技术班、普通高中改办为农村中学或其他职业学校等。但是,随着农村经济的发展和农村社会"三化"的开展,这种侧重学校形态的农村职业教育模式也必须改变。政策开始积极顺应发展趋势,强调举办更加灵活、弹性的农村职业教育和职业培训,进行分层、分区,按照实际情况需要办学。如县(市)办好一两所具有示范和骨干作用的职业技术学校,并办好农村广播函授学校;乡(镇)办好农村文化技术学校;农村建立农民业余文化技术学校。以县级骨干职业技术学校为中心,带动辐射周边农村职业教育共同发展,并强调城乡分段、职前职后分段完成职业教育。

为了适应农业产业化、农村城镇化和农村现代化的发展,农村需要大量实用技术人才和经营管理人才。同时,对于农民个人而言,只会种地,不懂科学不懂经营,则无法跟上农村社会变化的步伐。因此,农村职业教育所承担的培养任务也在不断扩大。除了办好各级各类面向农村的学校教育,针对农民的职业培训成为农村职业教育的职责之一,例如开展"燎原计划"工程、"绿色证书"培训、"青年农民科技培训"工程等,以提高农民文化素质和生产经营能力,使农民有文化、懂技术、会经营。但需要注意的是,由于我国农村教育发展长期滞后,导致农村劳动力整体素质普遍偏低。因此,政策强调在对农民进行技术培训和职业培训的同时,还要加强素质教育,提高农民的科学文化素质。

(三)教育发展对农村职业教育政策的影响

农村职业教育政策的转变不仅是适应经济发展和社会发展的结果,教育自身的因素也是政策不断调整的重要原因。为了使各级各类教育协调发展,健全完善整个教育体系,各类教育政策也在不断积极地进行调整和完善。因此,农村职业教育政策的调整必然要受到整个教育事业发展的制约及其他教育形式的影响。同时,农村职业教育政策的制定也要符合职业教育自身的特征,把握其独有的规律。

1.我国教育事业的发展对农村职业教育政策的影响

改革开放以来,我国教育事业得到了国家的高度重视,确立了教育优先发展的战略,实施了科教兴国的国策,整个教育事业的发展也不断影响着农村职业教育的发展与变革。

恢复高考,是中国改革开放的先声。从这一刻开始,中国教育步入了改革与发展的新征程。由于当时我国高等教育事业刚刚重新起步,接受高等教育机会比较少,中等职业教育则大规模发展起来,并且职业学校的毕业生国家包分配。因此,学生和家长对接受职业教育也抱有较高的热情,尤其在20世纪90年代,中等职业教育事业出现了蓬勃发展的局面。相应地,农村职业教育也得到了广泛的发展,无论在学校数量还是招生规模上都比较突出。随着全面义务教育的实施和普及,高等教育从精英阶段走向大众化阶段,增大了学生接受普通高等教育的机会,再加上我国"学而优则仕"的传统文化观念,学生和家长对报考普通高校表现出了极高的热情,将普通高等教育视为义务教育的最终目标和最优选择,而职业教育自然而然受到了冷落,社会大众甚至将职业教育看作是次等教育。在农村地区,很多农民为了改变自己社会底层的地位,对接受大学教育的愿望更为强烈。因此,我国职业教育,尤其是农村职业教育的发展出现了很大程度的滑坡。导致农村职业教育学校数量不断减少,招生规模不断下降。因为缺乏重视,质量也难以保障。然而,职业教育的功能是任何一种教育形式都无法替代的,它与国家经济发展和社会进步直接相关。我国劳动力资源十分丰富,又处在经济和社会的转型期,高水平的技术工人和高素质的劳动者是工业化建设的必然需求,再加上我国技术水平的不断革新,高素质技术人才十分匮乏,而以基础知识传授为主的义务教育和以偏重于科学理论学习的普通高等教育,都不能承担起培养技术技能人才的重任。因此,职业教育的重要性被重新认识,开始不断加大发展职业教育的力度。与"三农"紧密相关的农村职业教育也得到了前所未有的关注和全方位的支持。职业教育体系也在不断完善,为广大学子提供了继续升学的渠道和机会。职业教育不再是一种终结性的教育,这不仅完善了我国职业教育体系,使职业教育质量更有保障,并且增强了学生接受职业教育的热情和信心。

随着我国终身教育思潮不断发展,学校教育不再成为教育的唯一形式,与终身教育契合的教育培训将成为我国教育系统的后起之秀。职业培训成为除学校职业教育外的一个主要职业教育形式,尤其是农村的教育资源和教育条件都比较有限,开展以培训形式为主的职业教育就成为十分有效的职业教育途径,不仅扩大了教育对象,加强了教育内容的针对性,加大了教育制度的灵活性,而且增强了农村职业教育的吸引力,能有效地解决"三农"问题。

2. 职业教育自身的特点对农村职业教育政策的影响

(1) 职业教育的适应性

职业教育不同于普通教育的"规定性",具有很强的适应性,要随着生产技术水平的提高而改变自身特性。职业教育的办学方向、办学层次、教学内容都要适应社会主义市场经济的发展。因此,农村职业教育政策也在不断调整。农村职业教育最初是面向农村和农业的教育。随着农村社会的变革,农村职业教育不断地扩充其教育内涵,不仅承担着农村在校青少年的职业技能培养任务,而且逐渐开始进行对新型农民、剩余劳动力转移以及新成长劳动力的培训。所以,政策强调要遵循灵活多样、注重实际的原则,开展农村职业教育,建立弹性学制、放宽招生和入学年龄的限制,学历教育与短期培训相结合,发展多层次、多形式的职业技术教育和职业培训,以满足不同地区、不同人群的职业教育需求。同时,政策逐渐将课程设置和专业设置从学科本位向职业、岗位和就业本位转变。从一开始强调劳动课、职业技术课和面向为农林牧业服务的专业,到后来强调开设实用技术为主的课程和面向新兴产业、现代服务业的专业。

此外,职业教育对象要适应社会的变化。过于狭隘的职业认识只限于掌握一种技能的思想已经过时。现代社会的就业方式已经更加灵活多变,行业的转换已经非常普遍。因此,农村职业相关政策为了适应社会就业模式的转变,提出不仅要加强文化科学知识的传授,职业专业技能的培训,还要提高受教育者的职业能力和职业道德,以及进行身心健康教育和创业教育,并广泛开展职业指导。

(2) 职业教育的产业性

职业教育是教育系统中与经济联系最紧密的教育,职业教育与市场经济的有机融合,不仅具有教育性,还具有产业性,也就是市场性。职业教育的运行机制和管理模式要面向市场,国家统包统管的教育体制无法适应职业教育的发展。因此,农村职业教育政策一直强调职教办学主体和管理主体的多元,学校在国家宏观调控下,按教育规律和市场规律办学。

职业教育办学模式要适应市场需要,由传统意义上以学校教育为主的封闭的办学模式,转向以企事业单位、职业教育、学校以及公民个人等多元化的混合模式。职业教育办学要以市场为导向。因此,遵循产学结合、校企合作是职业教育的一条基本规律。农村职业教育政策也非常强调这一规律在农村职业教育发展过程的重要意义,强调要形成半工半读、半工半农、工学结合、前校后厂(场)的职业教育体系。同时,农村职业教育政策强调要进行灵活、弹性的农村职业教育和职业培训,进行分层、分区,按照实际情况需要办学,进行城乡分段、职前职后分段完成职业教育。

(3)职业教育的技术技能性

职业教育具有技术技能性的特点,即突出人才职业技术和技能的培养,这是职业教育区别于其他教育形式最本质的特性,也是由职业教育的培养目标所决定的。职业教育的技术技能性决定了职业教育要具有高度的实践性,受教育者不仅要具备基本的学科知识、专业理论知识,更需要掌握实践操作能力。学校需要提供实训场地让学生进行操作训练,同时企事业单位也要为学生提供实习实践的场所。然而曾经有很长一段时间,政府对职业教育的高度实践性认识不足,如强调农村各类职业学校要以教学为主,以农业生产知识为主要教育内容,突出教学环节。农村职业学校办学还是拿普通教育作为参考,更多的是遵循普通教育的模式,缺乏对职业教育规律的认识和探索,政策对职业教育相关事项的规定也比较粗略、简单。随着职业教育的不断发展,政府也认识到实践性对于职业教育的重要意义,从一开始仅提出由县、社为职业学校解决实训场地到提出开展农科教一体化来加强农村职业教育的开展实施,通过利用农业示范场地、科技推广基地和建立校内外实验实习基地等方式来改善职业学校的实训条件。

由于职业教育技术技能性的特点,专业课教师和实训教师也是我国职业教育需要解决的问题之一,而农村,专业课教师和实训教师长期以来尤为缺乏。因此,政策对农村职业教育师资的培养也给予了越来越多的支持,强调多途径解决师资问题,通过专职、兼职相结合的途径扩大教师来源。而且强调要加大专业教师的培养途径,建立师资培养实训基地和师资培养培训网络,加快"双师型"教师的培养。此外,政策也越来越突出教师的规范化制度和对科教人员合法权益的保障。

3. 职业教育与普通教育相互融通对农村职业教育政策的影响

现代教育制度的改革,使职业教育和普通教育出现综合化的趋势。这也是未来我国教育改革发展方向之一。加强职业教育与普通教育的融通,一方面,可以加大普通教育与职业教育的资源共享,提高职业教育的办学质量,加大职业教育受教育者继续深造的机会。另一方面,对于普通教育来说,有利于改变普通教育过于重视系统知识学习的传统,可以更加灵活地适应社会对人才的需要,并增强学生适应社会和就业的能力。教育不仅使人全面发展,同时还使人社会化,既要满足个体发展的愿望,也要满足社会对人的需求,因此,职业教育和普通教育共同作用才能使人更好地发展,才能为社会主义现代化建设提供高素质的人才。同时,职业教育与普通教育的融通也是终身教育思想的体现,普通教育作为一种学校教育,更强调的是课堂知识的学习和掌握,然而学校教育的阶段性很强,不能满足一个人终身教育的需求。而职业教育更具有终身教育的特征。因此,普通教育需要职业教育的补充,使终身教育的思想得以实现。但是,职业教育更强调对专项技术技能的掌握,强调专才的培养,缺乏扎实的学科基础知识,不利于受教育者的学习能力和适应能力的培养,无法适应社会的快速转变。因此,职业教育也需要普通教育的有力支持,才能使职业教育真正地发挥能量。所以,职业教育要与普通教育互相补充、相互融通才能更好地发挥教育的功能。

我国农村职业教育政策强调在普通中小学渗透技术或职业教育内容,同时强调农村职业教育要重视文化科学基础知识的学习,但这更多的是停留在课程互相融通的层面。职业教育与普通教育要想真正地融通,还需要建立互相转换的机制。现阶段而言,普通教育的发展远远优于职业教育。尤其随着农村社会的发展和生活水平的提高,人们越来越认识到知识的重要性,也越来越希望自己的子女受到更高层次的教育。然而,我国农村职业教育和普通教育的沟通不畅,农村职业教育作为"终结性"教育阻碍了人们对职业教育的认可。为了改变职业教育发展不景气的状况,需要为职业教育开辟继续升学的渠道,加强职业教育与普通教育之间的联系。因此,政策对农村职业教育继续升学机会的关注也逐渐增多,从最初提出农村职业教育毕业生可以报考普通高等学校到扩大毕业生进入高等学校继续学习的比例。同时,农村职业教育自身教育体系也需要不断完善,如政策强调要建立初、中、高职业教育体系,为农村职业教育的扩展和延伸开辟了有效途径。

(四)教育政策价值取向的变化对农村职业教育政策的影响

教育政策的价值取向是一种利益倾向,体现了政策主体对某种价值偏好并表达教育政策追求的目的,体现了政策制定者对教育政策的期望或价值追求。① 教育政策的价值取向对教育事业发展的方向与兴衰产生直接而重大的影响。农村职业教育作为教育体系的重要组成部分,教育政策的价值取向必然影响着农村职业教育政策的制定和实施。

改革开放以后,我国计划经济模式彻底被打破,市场经济迅速发展起来,强调以经济建设为中心,注重社会经济效率,"效率优先,兼顾公平"的发展理念成为20世纪80年代以来的主流。经济的发展与教育的发展互相影响,互相制约。因此,"效率优先,兼顾公平"也成了教育领域的发展准则,教育的发展要以对社会的稳定和经济的增长为目标。改革开放以来,农村职业教育的目标一直是要实现社会主义现代化,巩固社会主义制度,促进农业和农村经济发展,为当地经济建设和社会发展服务,提高劳动者政治文化素质等,更多地强调社会和经济发展的需要。此外在城乡教育资源分配过程中,对城市的资源投入明显多于农村,导致农村职业教育经费、教师资源、教学设施严重不足。为了整合教育资源,在20世纪90年代以来,农村职业教育政策强调要重点建设好地(市)、县级骨干示范职业学校或职教中心,但是,这必然导致资源相对集中在一两所学校中,这种以点带面的发展模式,对其他教育组织机构是否具有带动作用还有待考量。因此,从这些政策内容可以看出,农村职业教育政策的制定符合了教育政策的价值取向,也是以效率为主。然而,以经济发展为中心,过度"注重效益,兼顾公平"的价值理念必然会造成社会不公现象。在教育领域中,这种以效率为中心的教育价值观在一定程度上导致了农村职业教育的发展出现了大幅度的滑坡。

随着我国经济取得了巨大发展,"注重效率"的价值理念在发挥其重要作用的同时,社会问题矛盾也在不断激化,这种价值观显然已经不能适应社会的需求。进入21世纪以来,我国政府逐渐认识到"公平正义"在社会主义社会中的重要性。党的十七大报告提出"教育是民族振兴的基石,教育公平是社会公平的重要基础",这更加明确了现阶段我国教育注重公平的价值观念。对"三农"问题的关注,对农村职业教育的强烈关注即是注重社会公平、教育公平的体现。农民是我国社会现阶段的弱势群体,对农村职业教育的大力支持就是对农民发展、农村建设强有力的支持。因此,我国农村职业教

---

① 祁型雨.教育政策价值取向的几个基本理论问题探讨[J].沈阳师范大学学报(社会科学版),2006(3):9—13.

育政策近年来越来越强调农村职业教育的重要意义,提出要以培养农村实用型技能人才,普及农业先进实用技术,鼓励农村的学生接受农村职业教育,并实行免费政策,国家新增助学金要向农村生源学生倾斜。可以看出,我国农村职业教育政策越来越关注弱势群体的个人发展,符合当前"以人为本""注重公平"的价值取向,将"以人为本,以农民为本"作为农村职业教育政策的价值定位。

教育政策的价值取向与政府发展社会的价值定位是一致的,而农村职业教育政策也要沿着整个教育政策价值取向来定位,从"注重效率,兼顾公平"的价值取向到"以人文本,注重公平"的价值取向,体现了我国社会和教育的进步,也展现了我国农村职业教育的光明前景。

四、我国农村职业教育政策未来走向分析

在当前我国社会转型和城镇化的时代,职业教育所特有的工具价值和本体价值,使得我们要大力推动职业教育,尤其是农村职业教育的发展。好的农村职业教育政策是促进职业教育发展的根本保障。本研究通过以上的分析,使我们对我国改革开放以来农村职业教育政策的变迁有了一个较为清晰的认识,也看到了现阶段政策中仍然存在一些需要改进的地方。本节将从农村教育资源、农村职业教育权力、农村职业教育权利和机会、农村职业教育制度、农村职业教育活动以及农村职业教育政策适用性几个方面进行探讨,为我国农村职业教育政策的完善和优化提供参照。

(一)加大对农村职业教育资源的投入

长期以来,我国农村职业教育政策强调发展农村职业教育的责任在地方,关键在县、乡两级政府。众所周知,县、乡两级政府资源配置的能力有限,尤其是发展比较落后的地方,农村职业教育缺乏支撑力。县级政府只能重点加强县级骨干职业学校的建设,但一两所骨干职业学校的辐射能力又十分有限。长期下去将会严重制约农村职业教育的发展,进一步扩大城乡职业教育发展的差距,加深农村发展的深层次矛盾。随着政策的发展,可以看到农村职业教育政府投资主体有上移的趋势,开始强调中央和省级政府对农村职业教育的倾斜力度,不断明确中央财政对农村职业教育的扶持范

围,强调中央和地方政府逐年增加农村职业教育的财政性专项经费,为促进农村职业教育的可持续发展提供坚实的条件保障。这也是未来政策在资源投入方面的主导趋势。同时,政策应继续破除城乡二元化的职业教育格局,强化城乡教育协调发展,不断加大城市对农村职业教育的资源输入,加强对农村学校的扶持力度,并要继续加强多种渠道筹措经费。企业作为农村职业教育的受益人,尤其要加强企事业单位对农村职业教育的财力支持,同时鼓励集体、个人及其他社会力量捐资助学,利用贷款、税收等手段加大投入。

农村职业教育的师资也长期存在着"质"和"量"严重不足的问题。农村职业学校相对于城市的职业院校条件都比较艰苦。同时,政府长期对农村职业教育教师的优惠政策力度不够,很难吸引优秀教师到农村职业学校任教,导致农村职业学校教师业务能力有限,结构不合理,合格率低,专业课和实践课教师尤为匮乏。再加上农村职业教育教师缺乏继续培训的渠道和机会,农村职业教育师资越来越无法满足农村职业学校和培训机构的需求。因此,农村职业教育政策应该不断加大对教师的关注,加强对优秀人才的吸引力,利用各类高校培养,学生留校任教、社会选聘、吸收技术人才等多渠道方式来解决农村职业学校师资问题。同时,为农村职业教育师资的培养和培训开辟更加便捷的渠道,尤其要加强专业课、技能课教师的培养,加强"双师型"教师的培养。为了保证农村职业师资的质量和保障农村教师的合法权益,完善师资管理制度也是未来农村职业教育政策关注的内容。

(二)优化农村职业教育权力

1.优化农村职业教育的办学权力

职业教育具有很强的地方性和行业性特点,已有的政策都在强调我国农村职业教育采取大家来办学的方针,要使办学主体多元化,充分依靠企事业单位办学,各行各业广泛举办农村职业教育,鼓励集体办学、私人办学、个人办学。多元化的办学能适应社会经济和产业的发展,并能更好地利用教育资源。但是,办学权力多元化难免会产生教育质量难以保证的问题,毕竟教育事业有其自身的规律和特点,需要懂教育的专业人员开展教育活动。因此,如何在保证教育质量前提下扩大农村职业教育的办学权力,是我国农村职业教育政策要解决的问题之一。

尽管职业教育是以就业为导向的教育,不具有完全公共属性的特征。

但是,农村职业教育比较特殊,它的教育对象以农村人口为主,而农民在我国处于弱势地位,教育资源和教育机会有限。因此,政策应该高度重视农村职业教育,为确保农村职业教育的质量采取相应的措施,如政府和企业合资举办农村职业学校,政府对举办农村职业教育的企业给予资金上的帮助、给予减免税收的优惠等。同时,还要对举办农村职业教育的企事业单位、集体、个人等进行监督指导,促进规范办学。如何能够对农村职业教育权力做到"收放自如",既能够以市场为导向,适应社会和经济的发展,又能够进行统筹规划、有效监督,确保农村职业教育具备充足的教育资源和高质量的教学活动,是农村职业教育政策需要努力的方向。

2. 优化农村职业教育的管理权力

虽然我国农村职业教育政策提出要逐步完善国务院领导,分级管理,地方为主,政府统筹,社会参与的管理体制。但是目前农村职业教育仍然存在管理体制不顺、条块分割、城乡分离、多头管理、职能交叉、统筹乏力的局面。各项工作主要由教育行政部门、劳动保障部门以及农业部门等部门兼管。各部门各自为政,缺乏相互协调。导致农村职业教育管理职责混乱、效率低下、监管不力,不能有效地整合利用有限的教育资源。如何处理好政府各部门之间管理农村职业教育的责权关系,是政策急需解决的问题。只有建立上下贯通的管理结构,明确各部门的管理职责,并逐步设立专门的农村职业教育管理机构,才能有效解决农村职业教育和职业培训的各种问题。

此外,如何协调好各级政府的统筹管理和农村职业学校自主权之间的关系,也是未来农村职业教育政策在管理体制方面需要解决的问题。统得过死不利于农村职业学校办出自己的特色,缺乏对市场的适应性。过度放权又导致农村职业教育缺乏制度规范,并造成资源浪费。有学者提出中国教育改革进入了"一放就活,一活就乱,一乱就统,一统就死"的怪圈。[①] 因此,协调好二者的责权关系才能使农村职业教育在合理的管理规范下灵活办学,办出有特色的职业学校。

---

① 庞兴守.困惑与超越:中华人民共和国农村教育忧思录[M].桂林:广西师范大学出版社,2004:67.

(三)扩大农村职业教育的权利和机会

1. 大力发展农村职业培训

随着义务教育的普及和人们对高等教育的渴望,职业院校生源面临危机,尤其是农村职业学校,出现门庭冷落的状况。农村职业学校往往被当作其他教育途径受阻后的备用选择,主要招收的是各级未能升学的农村青少年,入学门槛低。再加上农村职业学校资源有限,热门专业较少。只要能去城市上职业院校的学生不会选择农村职业学校。因此,农村职业学校教育办学效益出现了每况愈下的状况。

针对这种情况,政策一方面要加大对农村职业学校的支持力度,加强农村职业学校的吸引力。另一方面,将注意力转移到农村职业培训上去。强调县一级主要办好县级骨干职业技术学校或职教中心,而乡、镇主要办好农民文化技术学校,这类学校更侧重于短期培训,并积极开展各类农民培训计划和培训工程。这不仅有利于资源的有效利用,还符合农村教育需求的实际状况。职业培训被看作职业教育体系中最有发展潜力的领域,然而我国职业培训的市场还在起步阶段。因此,在未来的一段时间里,我国农村职业教育将不断加大对农村劳动力转移培训、新型农民培训的关注,并改变学历教育和职业培训严格分离的状态,引导农村职业学校介入培训,整合职业教育资源。

虽然政策一直在强调加大农村剩余劳动力专业培训、农民工培训,但真正接受这类培训的农村进城务工人员数量非常少。出现这种状况的原因是多方面的,包括:农民工缺乏培训的意识;在时间和空间上,培训并没有充分考虑农民工的实际情况;培训内容与农民工需求相脱离以及宣传力度不够等。因此,政策内容要关照农民工学习和培训的时间、内容和培训模式。民间学徒制实际上是农民工学习的最广泛形式,然而这种形式缺乏制度规范,往往导致学徒权益不能得到保障。因此,政策要加强民间学徒制与正规职业教育的对接,利用民间学徒制对农村进城务工人员展开培训。此外,政策还要加大对新型农民的培养力度。现阶段新型农民的培养多停留在理论上,尚未形成一套有效的培养机制。再加上各地十分强调形式上的城市化,新型农民的培养实际上并未得到足够的重视。我国农村职业教育政策应该在如何有效培养新型农民和进城务工人员,促进人的城镇化上多加关注。

2.增加农村职业教育中继续升学的机会

为了改变农村职业教育对人才发展的局限性,要从两个方面进行改革。第一,要扩展农村职业教育体系,建立初、中、高职业教育系统,使各个阶段的农村职业教育互相衔接。如近年来政策提出中等职业教育与高等职业教育衔接,建立中职与高职相衔接的课程体系。第二,要加强农村职业教育与普通教育,尤其是普通高等教育的联系,使受教育者接受高层次教育的愿望得以实现。政策在这方面也给予关注,如提出建立与其他教育沟通和衔接的"立交桥",强调职业教育与普通教育、成人教育的衔接,扩大中职毕业生进入高等学校继续学习的比例。政策对职业教育继续升学的关注可以促进农村职业教育全面发展,然而,政策简单地倡导和呼吁,并不能真正地解决农村职业教育权利和机会的问题,这当中还存在许多被政策所忽略的关键问题。如怎样才能真正建立普通教育与职业教育相互衔接的有效机制,农村职业学校学生进入高校学习实施怎样的考核标准,学生的考核又应该采取怎样的具体措施,农业技术方面的科目又该如何考察,等等。[①] 这些问题不去解决,就无法真正实现政策强调的普、职衔接的美好愿望。因此,政策要真正去寻求解决问题的关键和策略,而不是停留在呼吁和要求的阶段,要增强政策可行性。

(四)完善农村职业教育制度

1.完善职业资格证书和就业准入制度

我国全国人大于1994年通过的《劳动法》,就已确立了职业资格制度的法律地位。但目前我国职业资格证书制度在促进农村职业教育发展和提高农村进城务工人员素质方面发挥的作用还十分有限,职业资格认证管理混乱,缺乏科学性和权威性,导致职业资格证书含金量不高和社会认可度低。

为了改变这种状况,政策也在不断推进职业资格证书制度的建设,提出实行学历证书、职业资格证书并重的制度,将职业资格证书体系与职业课程标准相链接,进一步扩大职业技能鉴定的覆盖范围,促进职业资格证书制度

---

① 庞兴守.困惑与超越:中华人民共和国农村教育忧思录[M].桂林:广西师范大学出版社,2004:102.

与就业制度、职业培训制度和企业劳动工资制度相互衔接,针对不同类型地区的具体情况,实行分类指导。推进职业资格证书制度与职业培训制度改革相衔接,使职业资格证书成为引导培训方向、检验培训质量的重要手段。县级职业技能鉴定评价机构要将工作范围和服务对象向乡镇企业和农村拓展,为乡镇经济发展和农村劳动力向非农产业转移提供职业技能鉴定服务。因此,职业资格证书制度和就业准入制度将是未来政策关注的焦点之一,如何规范职业资格证书认证,如何使职业资格证书与职业教育、职业培训相融合,如何提升职业资格证书的社会认可度是政策要解决的关键问题。

2. 加强建设农村职业教育评价监督管理体制

农村职业教育政策中对农村职业教育的评价和监督这两个方面涉及相对较少,近年来才开始有所关注。因此,政策应加大对农村职业教育评价和监督,逐步建立农村职业教育评价体系和监督体系。只有通过合理的评价体系,才能衡量农村职业教育发展的水平,监测其发展过程遇到或存在的问题,及时为职业教育发展决策提供信息,并为其发展指明方向。在制定评价体系的过程中,对评价指标的选取要符合农村职业教育的特点,不能以城市职业学校的评价指标衡量农村职业学校和培训机构的发展状况。同时,要加强对农村职业教育的监督管理,跟踪处理农村职业学校和培训机构出现的问题,并及时向上级管理部门进行反馈,做到早发现、早处理,改变农村职业教育长期无人监管的状况,同时还要加强农村职业教育法制建设,以改变农村职业教育执行中存在的较多无序行为。此外,政府在做好农村职业教育监督和管理工作的同时,要加强对政府自身行为的监督,增强政府行为的合理性和合法化。

(五)开展有效的农村职业教育活动

1. 改革农村职业教育内容

在未来的农村职业教育相关政策中,首先要加强专业和课程的适应性,关注现实生产和现实生活,一方面要坚持办好涉农专业,促进农业发展和农业水平的提高,另一方面,要面向第二、三产业,为农村城镇化、产业化做出贡献。其次,职业教育的课程要重视研究性,让学习者能够自主的探究和体验,增强学习者自主学习的意愿和能力。还要加强综合性课程的开展,包括文化科学知识的综合,专业知识的融合。这样可以改善职业教育知识面狭窄,知识和技能难以迁移的问题。最后,在培养过程中不仅要有知识和技能,也要有学习知识技能的过程和方法,还要加强感情和态度的培养,促进受教育者知、情、意、行的全面发展。从而使农村劳动力的品德素质、文化素质、劳动技能素质、心理素质得到提高。

2. 完善农村职业教育方法和模式

农村职业教育具有高度实践性,进行有效的实操训练是职业教育最基本的教育方法。也是我国农村职业教育最欠缺的环节。因此,如何加强农村职业教育专业技术的训练和实践活动的开展,如何加强实训场地和实训设备的建设,是摆在农村职业教育政策面前的难题之一。同时,还要开发适合农民学习的教育方法。农民不同于在校学生,学习过程具有不稳定性和随意性,只有适合农民学习的教育方法,他们才能有热情、有信心,接受培训,积极学习。此外,政策应该加强完善农村职业教育远程教育模式,如电视广播教育和网络远程教育,这将极大地促进农村职业教育的实施和普及。

(六)加强政策文本的适用性

通过对三十多年来我国农村职业教育有关政策的分析,发现我国农村职业教育政策长期存在规范不明确,概念表达不清楚的缺陷。如政策中一直强调的一个核心概念"三教统筹",即普通教育、职业教育和成人教育的统筹,政策不断地强调"统筹"二字,可是统筹的意思是什么,又该如何统筹?在这个问题上,政策强调"农村中小学可一校挂两牌,日校办夜校",很显然这种简单地利用校舍资源的方式离达到"三教统筹"的真正内涵还很远。政策还一直强调要不断加强县级骨干职业技术学校和职教中心的建设,而这被许多地方理解成将县域内所有职业学校合并成一所具有较大规模的职业学校。这造成教育资源的高度集中在一两所县级职业学校中,削弱了农村地区职业教育的发展。此外,政策往往偏向强调应该做什么,规范性的要求比较多。但是怎么做却往往被政策忽略,政策本身的模糊性以及由这种模糊带来的实施过程随意性偏离了政策制定者的初衷。

因此,在制定农村职业教育政策时应力图使各种表达精确化,对一些术语要进行必要的解释与说明,让政策的执行者能够准确地理解并按政策最初的指向开展工作。此外,在目前的农村职业教育政策文本中,规范性的要求比较多,应增加引导型政策的比例,以经济手段或其他方式的鼓励措施引导利益相关者介入农村职业教育,从而使政策具有可持续发展的能力。

我国农村职业教育的发展与农村职业教育政策密切相关。改革开放以来,我国农村职业教育政策发展历经三次变迁。通过采用"扎根理论"对三个时期农村职业教育政策进行"编码"分析,我们发现我国农村职业教育政策的变迁主要受社会发展、经济发展、教育发展和教育政策价值取向的变化等四个方面的影响,并且四个方面相互制约。随着我国城镇化进程的加快和新农村建设的需要,我国农村职业教育政策的未来走向在继续强调社会价值的同时,将更加凸显以人为本的理念。面对城镇化发展的需要,我国农村职业教育将展现出新的更令人满意的发展状况。

第三章　城镇化背景下的农村职业教育发展探讨

我国社会经济的发展和科技的进步,把我国带入了城镇化发展的新阶段。由于我国是一个农业大国,所以城镇化建设发展任务非常艰巨。城镇化不仅意味着社会外在形态的各种改变,更意味着人的城镇化。农村职业教育以其自身的独特性,在我国城镇化历史进程中扮演着非常重要的角色,它不仅决定着现有农民和新增农民适应新的谋生方式和生活方式改变的程度,同时,也决定了他们在现代社会发展中文明进步的表现。我国经济结构和社会结构的转变,外部环境的变化,对劳动力的技能和素质提出了新的要求。城镇经济结构的转型;社会对于公平和稳定的需求;转移劳动力对于城镇生活的适应和自我实现的需要;农村中农业现代化的发展;城乡社会统筹发展的需求;以及农民从身份农民向职业农民的转变等,所有这些,迫使人们对我国新时期农村职业教育发展进行深入探讨。

本章使用文献法和比较研究的方法,在分析我国农村职业教育发展现状和问题的基础上,从国际比较的视角探究发达国家城镇化进程中职业教育的发展状况,以此为基础,提出我国农村职业教育在城镇化背景下的发展路径。

一、城镇化背景及其农村职业教育的发展

城镇化是工业化和现代化发展的必然产物,已经经历了很长的一段历史时期。中华人民共和国成立,尤其是十一届三中全会以来,国家积极推进城镇化发展,并且取得了一定的成就。城镇化建设既完善了城镇基础设施的配备与使用,又推动了农村人口向城镇的集约化转移,改善了城乡二元结构,缩小了城乡差距,增加了农民就业潜力,提高了农民生活水平,维护了社会稳定。当前我国全面建成小康社会的战略目标进一步推动了城镇化快速发展的步伐,拉动了经济的增长,促进了经济结构的转型升级。

城镇化所带来的产业结构、生产方式的优化升级,转变了企业传统的用人结构,社会各界对高素质、高技能人才的渴求愈发强烈。在城镇化背景下,人们提高了对职业教育尤其是农村职业教育的需求。能够提升农村剩余劳动力科学文化素质、培养出高技术技能人才的农村职业教育在城镇化进程中必然发挥着不可替代的作用,作为造福中国最庞大、最弱势的农民群体的农村职业教育也必将成为职业教育体系中最重要的一环。

我国社会和经济在新的发展阶段,自然会带来新的发展问题。在当前我国城镇化快速发展的重要历史时期,现有的农村职业教育发展状况很难适应这种变化,它既给农村职业教育的发展带来了机遇,同时也意味着更多的挑战。

(一)我国城镇化发展的背景及现状

城镇化是一个漫长的过程,是人类历史发展中不可逆转的必然趋势。所谓"城镇化",不同学科背景下的概念界定也不同,结合社会学、人口学、地理学、经济学以及教育学等学科归纳出其内涵,即:城镇化是一个国家或地区在特定的地域范围内,实现人口、财富、技术和服务等资源聚集,以形成不同层级的政治、经济、文化、教育中心的过程,并由此导致人口结构由农业人口向非农业人口转变,产业结构由第一产业向第二、三产业为主进行转变,居民的生产生活方式、思维方式和行为习惯以及价值观念等发生变化,社会文明由低级向高级阶段发展演进的过程。1991年,辜胜阻在《非农化与城镇化研究》中首次使用了"城镇化"一词。此后,中共第十五届五中全会于2000年通过的《中共中央关于制定国民经济和社会发展第十个五年计划》中正式采用了"城镇化"一词。自党的十六大正式确立了城镇化的发展战略后,十几年来,我国城镇化进程逐步加快,水平不断提高。在此过程中,我国大量农村剩余劳动力和失地农民集聚到城镇务工谋生,或者响应中共十七大提出的"走中国特色城镇化道路"的号召,实施就地城镇化,由从事第一产业转向第二和第三产业。所以说,城镇化对我国的发展有着深远的历史意义和重要的现实意义。

"城镇化是中国把落后的二元经济社会结构转变为一元现代化结构的重大历史任务,是最终缩小以至消除城乡差别和地区差别的必然过程,是工业化和信息化的促进器、服务业大发展的必要条件、根本解决'三农问题'和实现农业现代化的基本途径之一,也是扩大内需和增加就业的最大潜力。"①城镇化发展是我国当前一项重要的国家发展战略,并且我国正处于推进城镇化发展的重要时期。我们要深刻认识城镇化对我国经济和社会发展的关键作用,紧紧抓住城镇化所蕴含的机遇,从容应对城镇化带来的挑战,最终促进我国产业结构不断升级,人口压力转变为人力资本,促进经济持续健康的发展,城乡居民生活水平不断改善。因此,我们应着力弄清当前我国城镇化发展的现状,及时发现问题,趋利避害,积极引导城镇化长效健康的发展。迄今为止,我国城镇化发展已取得了一定的成就:一是城镇化水平不断提高,逐步接近世界平均水平。据2013年中央城镇化工作会议提供的信息,2012年我国城镇人口已达7.1亿,城镇化率基本达到世界平均水平。在"十二五"规划时期,我国城镇化率年均提高1.23个百分点,每年城镇人口增加2000万人,尤其是2015年,城镇化率已达到56.1%,城镇常住人口达到了7.7亿,②吸纳了大量农村转移劳动力,我国已经进入城镇化高速发展阶段。二是城镇框架初步形成,体系日益完善。"目前我国大中小城市和小城镇体系已经基本形成,初步形成了'655+20000(城市和建制镇)'的框架体系。"③也已形成了京津冀、长江三角洲、珠江三角洲等三大成熟的城市集群,成功地用2.8%的土地将全国18%的人口聚集在一起,为国家创造了36%的国内生产总值,强有力地带动了社会经济的快速增长。④ 与此同时,也暴露出一些问题。

第一,城镇化滞后于工业化和经济的发展。根据美国经济学家钱纳里的城市化率与经济发展水平关系学说的观点,人均GDP在1000美元以上时,工业就业比重在36.8%,非农就业比重在87.8%,城市化率应在65.8%。根据2012年《中国统计年鉴》的数据显示,2011年我国人均国内生产总值为5434美元,2012年为6094美元,工业就业人数为29.5%和35.7%,非农就业比重分别在65.2%和66.4%。这说明目前我国城镇化水平滞后于工业化和非农化(即二、三产业)水平,造成工业发展缺乏一定的市场和需求,从而

---

① 简新华,罗钜钧,黄锟.中国城镇化的质量问题和健康发展[J].当代财经,2013(9):5-16.
② 王莹.我国城镇化率已达56.1%[N].人民日报,2016-1-31(12).
③ 刘勇.中国城镇化发展的历程、问题和趋势[J].经济与管理研究,2011(3):20-26.
④ 中共中央国务院.国家新型城镇化规划(2014-2020年)[EB/OL].(2014-3-17)[2016-7-28].http://ghj.wulanchabu.gov.cn/html/201506/content_232.htm.

阻碍了工业化水平的进一步提高,制约我国经济的稳定发展。

第二,城镇化区域发展不协调,地区差异较明显。改革开放以来,具有地域、资源、政策优势的一些城市率先发展起来,已经形成了相对集中的城市群,达到了较高的城镇化水平。但是我国区域发展不平衡,中西部城镇化发展明显落后于东部发展水平。如数据显示,2011 年中国东、中、西部地区的城镇化率分别为 61%、47% 和 43%,中、西部城镇化率分别比东部低 14% 和 18%,而且中、西部与东部城镇化的差距还呈现出不断扩大的趋势。[①] 平衡各区域的城镇化发展水平,缩小地区差距,成为一个值得关注的问题。

第三,"伪城镇化"问题突出。之所以出现"伪城镇化"的问题是因为当前我国城镇化率统计缺乏科学性。首先,我国以"在城镇生活半年以上"作为统计标准是有问题的,因为这其中包括了没有城镇户口且不享受城镇保障的流动人群;其次,因其灵活的流动性,可能导致数据的极大误差;再次,一部分城镇化率的统计结果可能包含了达不到城镇标准地区的农村和农民工。如果只按城市户籍人口统计,中国的城镇化率还不到 40%。

第四,城镇化质量不高,出现"城市病"现象。据 2014 年统计数据显示,截至 2012 年城镇居民人均住房面积为 32.9 平方米,人均道路面积 14.4 平方米,每万人拥有公共汽车 14.6 辆等,[②]社会城镇化的质量并不高。由于城镇管理不当,导致一些"城市病"日益显现。城镇道路拥堵不畅,公共服务供给不足,某些政府只重视当地经济的发展而以环境的严重污染作为代价,垃圾成堆、污水乱排的现象比比皆是。这种低质量、低水平的城镇化现象急需得到改善。

第五,城镇化进程中社会冲突不断,农村转移劳动力未能融入城镇生活。城乡分割的户籍制度导致 2.34 亿最新统计为城镇人口的农民工及其随迁家属不能享受同城市人口相同的就业、医疗、养老、住房、教育、社会保障等最基本的公共服务和福利待遇,使转移农民即使身在城镇也未能真正地融入城镇生活。[③] 这不仅不利于农村转移劳动力的进一步发展,甚至会引

---

① 简新华,罗钜钧,黄锟. 中国城镇化的质量问题和健康发展[J]. 当代财经,2013(9):5-16.
② 中共中央国务院. 国家新型城镇化规划(2014-2020 年)[EB/OL]. (2014-3-17)[2016-7-28]. http://ghj.wulanchabu.gov.cn/html/201506/content_232.htm.
③ 中共中央国务院. 国家新型城镇化规划(2014-2020 年)[EB/OL]. (2014-3-17)[2016-7-28]. http://ghj.wulanchabu.gov.cn/html/201506/content_232.htm.

发社会冲突和犯罪,造成整个城镇社会的不稳定。

由此看来,我国的城镇化发展虽然十分迅速,但事实上质量并不高,如何提高城镇化的发展质量,协调速度和质量将是今后城镇化发展的重中之重。

(二)城镇化背景下农村职业教育发展的新要求

教育是推动社会和经济发展的首要力量,在城镇化的大背景下,无论是农村劳动力转移还是就地城镇化,职业教育都起着非常重要的作用。农村职业教育作为技能人才培养的输送器,需要承担劳动力转移及就地城镇化的双重任务,为城镇化提供智力支持,培养更多高技能、高素质的人才。尤其在我国城镇化快速推进的背景下,政府和社会对农村职业教育的发展提出了新的要求。

1. 加快构建多层次、多样化的农村职业教育

随着城镇化步伐的加快,我国产业结构也不断优化升级,逐步由第一产业转向第二和第三产业为主导的发展布局。生产力的提高带来产业结构的变化,也必然会引起社会职业结构的变化。在非城镇化背景下,农民可以继承老一辈人劳动生产的技能、技巧,不需要专业的知识和技术就可以耕种、收获,实现自给自足。但是,随着时代的变迁以及城镇化进程的加快,农村产生了越来越多的剩余劳动力,他们进城寻求工作的愿望愈加强烈,这就要求进城务工人员必须适应当前不断变化的职业结构,具备一定的专业知识和技能来应对全新的职业需求。因此,在当前城镇化背景下,我国政府和社会应加快构建多层次、多样化的农村职业教育。

一是,构建各层级的职业教育应成为农村职业教育发展的重要任务。目前我国还处于社会主义的初级阶段,现有各企业的技术水平、技术含量差距较大,有些大型企业的装备已经实现自动化和半自动化,有些中型企业还处于机械化和半机械化的操作水平,还有些小型企业、乡镇企业甚至还处于传统手工业状态。这一现实情况使得各企业需要不同类型和水平的劳动者,所以,应构建不同层次的农村职业教育,培养出不同层次的技术人员来满足劳动力市场的需求。从目前来看,我国农村职业教育在巩固发展中等职业教育的同时,也要适当开展高等职业教育,培养更多高级技术和管理人才适应科技和社会经济的不断进步。

二是,构建内容多样化的农村职业教育也应成为城镇化建设的一个工作重点。大量农村剩余劳动力转移到城镇生活,他们的就业领域和就业目标有了新的变化,这就要求农村职业教育根据市场和社会的需要,不断更新教学内容、改进教学方法,合理调整专业结构。[①] 农村职业学校应加强办学思想、专业设置及课程内容上的多样化,要勇于创新、勇于竞争,将农村剩余劳动力培养成适应城镇化快速发展的高技术技能人才,使他们在城镇的工作和生活中更具竞争力。

2. 促进农村劳动力的有效转移,解决教育供需矛盾

"配第—克拉克"定理表明,各产业间存在的收入差异导致了劳动力发生转移。而根据这一理论,库兹涅茨通过资料收集和调查后得出,劳动力就业结构会因人均产值的增加而由农业部门向工业和服务业部门转变。由于我国城乡二元经济结构的长期存在,导致城乡发展水平差别越来越大,农村大量的剩余劳动力纷纷涌入城镇,由从事第一产业转变为从事第二和第三产业。但是这些人员的受教育水平较低,又缺乏一技之长,根本无法立足于城镇,这一现实不仅制约了农村劳动力自身的生存和发展,同时还给城镇的社会和经济发展带来了压力。由于转移农民无法在城镇谋求更好的生活,便返回农村,出现了农民工回流现象,这样一来,我国的城镇化过程就出现了问题。为了推动农村劳动力的有效转移,农村职业教育应发挥其至关重要的作用。根据福斯特在非洲农村长期的观察与研究,形成了一套也适用于我国农村职业教育的思想理论。他认为农村职业教育的对象是农民而非学生[②],所以,我国农村职业教育所服务的对象不应只包括青少年学生,更应当面向大批从事农业生产和准备向城镇转移的剩余劳动力。农村职业教育作为提高人口文化素质和劳动技能的重要一环,确实促进了农村劳动力的就地城镇化和向城镇的有效转移。

当农村劳动力源源不断地转移到城镇长期工作和生活后,他们自身教育和培训问题日益显现出来。离开故土来到陌生的地方,转移农民产生了强烈的学习需求,迫于生计和就业压力,他们不得不接受培训,提高素质。

[①] 任聪敏,石伟平.城镇化进程中农村职业教育的新型定位与发展策略[J].教育发展研究,2013(23):53-57.

[②] 石伟平.比较职业技术教育[M].上海:华东师范大学出版社,2010:247.

但是,由于我国教育供给不足,学校基础设施设备不齐全,师资队伍缺乏,城镇现有的正规学校根本无法满足大量进城的农村转移劳动力教育和培训的需求。针对这一现象,虽然政府出台了一系列政策,但还是不能很好地解决问题,转移劳动力在教育和培训上还存在很多困难,严重影响了社会的公平和稳定,阻碍了我国城镇化的健康发展。要想真正解决问题、缓解压力,提高教育供给是最有效的手段。因此,政府应大力发展职业教育,尤其是农村职业教育,在农村剩余劳动力转移到城镇之前就接受教育和培训,满足他们的教育和培训需求,提高他们的专业技能和文化素质,为成功地转移到城镇和就地城镇化做好准备。

3. 注重人的城镇化,使转移农民真正融入城镇社会

随着工业化的发展和我国城镇化的推进,大量农村剩余劳动力向城镇转移。虽然大部分转移劳动力可以获得一份工作,并在城镇居住,但是他们仍保持着与农村生活相一致的生活方式和行为习惯,并未从心理上、意识上真正融入城镇社会,未能实现个人身份向享受现代文明的新型市民的转变,这在一定程度上降低了城镇化的质量,阻碍了城镇化的推进。[1] 为此,我们必须转变原有的城镇化发展思路,坚持以人为本,以农民为本,大力发展农村职业教育,来实现人的城镇化。

首先,人的城镇化表现在人与他人和睦相处的社会观念及生活方式上。农村转移劳动力与城镇原有居民的地位是平等的,每位居民的生命价值和人格尊严是没有差别的。要想实现这种友好关系,就需要努力缩小转移农民和原有居民之间文化素质的差异,农村职业教育应为转移农民提供接受教育的机会,使他们掌握现代工商业所需的技术技能和知识,帮助他们掌握突破社会阶层隔阂、融入城市生活的知识和能力。[2] 随着转移农民文化和技能水平的不断提高,他们的生活方式和交往方式也会相应地发生转变,越来越适应城镇高质量和快节奏的生活,同时他们会变得更加自信,并且能够积极增强主人翁意识,真正地融入城镇社会。

其次,人的城镇化表现在人与自然和谐共生的价值观念和处事态度上。近年来,我国在推动城镇化发展的过程中,过于偏重社会经济的发展而忽略了自然

---

[1] 杨海燕. 城市化进程中的职业教育发展研究[M]. 青岛:中国海洋大学出版社,2008:160.
[2] 曹晔. 农村职业教育发展面临的新形势与新任务[J]. 职教论坛,2013(16):41-45.

规律的存在,出现了一系列破坏生态环境的现象,污水乱排,垃圾成堆,环境污染严重,不仅影响了城镇居民正常的工作和生活,而且对人类的生存也会造成威胁。因此,农村职业教育在教授给农村转移劳动力专业技能的同时,也应注重其人文素养的提高,重视其各方面素质的培养。在当今城镇化发展的背景下,人与自然的共生共荣、和谐发展的价值理念应该深入人心,不断受到重视。

最后,人的城镇化表现在人的全面发展和自我实现上。当城镇化的发展实现了人与人、人与自然之间的和睦相处、和谐共生之后,我们应该怀揣着理想和抱负追求自我全面发展,追求更加自由、平等、完整的生活,不断地实现自我、超越自我。农村职业教育应该为人们提供接受终身教育和培训的机会,使城镇化更加健康和谐的发展。

(三)城镇化背景下农村职业教育发展的新使命

教育推动先进科学技术的发展,先进的科学技术带来产业结构和经济结构的转变,城镇化需要先进的科学技术来促进产业的变革和社会的进步。而现代化的科学技术也会对劳动力提出越来越高的素质和能力要求。职业教育作为我国一种重要的教育类型,由于具有专业性、针对性、实践性和灵活性等特点,在城镇化的进程中起着重要的作用,并且承载着新的更大的使命。

1. 促进经济城镇化的使命

在城镇化的过程中,经济方面的显著特征是经济产业结构的转变。实现第一产业向第二、三产业为主的经济结构转变,需要依靠先进生产力的推动。人力资本理论认为,劳动者在接受了教育或培训后所获得的知识和技能是促进生产增长的主要因素。世界银行在《1991年世界发展报告》中指出,劳动力受教育的平均时间增加1,人均GDP可增加9%。《中国教育发展和改革纲要》指出,"职业教育是近代工业和商业经济的产物,是教育与经济的重要结合点,是把人力资源转化为智力资源,再把智力优势转化为现实生产力的桥梁"[1],因此经济的发展需要我们通过职业教育来推进生产力的发展,完成城镇化背景下的经济结构转型,促进产业结构、就业结构、技术结构的升级。

(1)促进经济结构转型

国民经济以怎样的形式进行组织和构造来形成一个国家的经济结构,

---

[1] 中共中央国务院.国家中长期教育改革和发展规划纲要[Z].2010-7-29.

其中包括产业结构、劳动力结构和技术结构。根据钱纳里和塞尔奎因的标准结构理论来看,经济的发展来源于工业化的推进,同时也会带动产业结构、劳动力结构以及技术结构的变动。[①]（表2-1）

表2-1 城镇化水平与产业结构和就业结构

级次	人均GNP1964年 美元	GNP结构变化(%) 制造业	非农产业	就业结构变化(%) 制造业	非农产业	城市化率(%)
1	70	12.5	47.8	7.8	28.8	12.8
2	100	14.9	54.8	9.1	34.2	22.0
3	200	21.5	67.3	16.4	44.3	36.2
4	300	25.1	73.4	20.6	51.1	43.9
5	400	27.6	77.2	23.5	56.2	49.0
6	500	29.4	79.8	25.8	60.5	52.7
7	800	33.1	84.4	30.3	70.0	60.1
8	1000	34.7	86.2	32.5	74.8	63.4
9	1500	37.9	87.3	36.8	84.1	65.8

（资料来源:钱纳里,赛尔奎因.发展的形式:1950—1970[M].北京:经济科学出版社,1988:207)

钱纳里的研究表明,在城镇化的进程中,劳动力会因为人均收入的差异而从第一产业向第二产业流动,再向第三产业流动。这种转变同时也会带动城乡劳动力结构的变动。当一个城市发展起来,它的资源配置处于有利地位,生产要素会逐渐聚集于此,这些生产要素彼此凝聚组合,从而形成一个规模效应和经济效应。为实现规模生产和经济效应的最大化,基础设施会逐渐完善,服务体系也会逐渐发展起来,当城镇的组建基本完成时,会有大量的第二、三产业愿意再次聚集,同时也带来更多的就业机会。当城镇本身的人口不足以完全满足这些机会时,农村剩余劳动力会被这些机会所吸引从乡村流动到城镇,完成就业结构变动。

我国第二产业仍存在内部结构不合理和技术落后的问题,而这些问题必须通过产业结构的调整和优化升级来解决。这就需要我们提高自主创新的科研能力,研发出有自主知识产权的核心和关键技术,大力发展高技术产

[①] 钱纳里,赛尔奎因.发展的形式:1950—1970[M].北京:经济科学出版社,1988:207.

业,并用先进技术取代或改造传统的落后产业。而在服务行业,发达国家服务业占GDP的75%以上,与之相比,我国目前存在着一半以上的差距。服务产业除了具有增加就业机会、吸引剩余劳动力的功能,还可以推进产业结构的升级。通过对工业结构进行调整和优化升级,特别是加快发展服务业,可以转变当前我国经济增长对第二产业的过多依赖情形,并以第三产业协调带动,形成一个更为科学合理的产业比例结构,满足经济的城镇化需求。

通过对我国目前第一二三产业各从业人员的受教育程度进行比较,农林牧渔等产业生产人员中未上过学和小学文化程度的比例最高,专业技术人员中大学本科和研究生学历比例最高,商业和服务业人员中初高中学历最多,而第三产业的从业人员比例中,初中和高中比例差距不大,但本科以上的从业者比例有所提升。这说明,第二、三产业对于从业者的文化素质要求有所提高。农村劳动力如果希望从农村转移到城镇,并在第二、三产业顺利就业,就需要通过接受农村职业教育和培训来提升文化素质以满足就业市场要求。目前我国农村职业教育以中等职业教育为主,对于劳动者进入以初高中学历为主的第二、三产业有很大的促进作用,加快了就业结构的升级,提高了非农领域就业的比例,推动了城镇化的进程。

我国经济的发展同时也带动了技术结构的变化。目前我国经济技术水平仍处于自动化和半自动化、机械化和半机械化的状态,甚至在西部偏远地区还存在着传统的手工业生产方式。但是随着我国经济的快速发展,自动化和机械化必然会取代现有的落后设备,劳动密集型的生产活动将被技术密集型的生产活动所取代。但我国现有的劳动力素质和从业人员的水平仍低于现代化技术结构的要求。因此,农村职业教育理应得到重视,为城镇化发展培养应用型、技能型人才,以提升转移劳动力的人才结构层次。

(2)促进农业产业化和现代化

2016年的中央一号文件提出,"各地区各部门要牢固树立和深入贯彻落实创新、协调、绿色、开放、共享的发展理念,大力推进农业现代化,确保亿万农民与全国人民一道迈入全面小康社会。"[1]我国处于由传统农业转型为现

---

[1] 中共中央国务院.关于落实发展新理念加快农业现代化实现全面小康目标的若干意见[EB/OL].(2015-12-31)[2016-6-8].http://www.farmer.com.cn/xwpd/btxw/201601/t20160127_1176258.htm.

代农业的关键时期,这必将带来农业和农村翻天覆地的变化。农业是工业发展的基础,现代农业与现代工业相互影响、相互依存,现代农业为现代工业提供基础保障,现代工业也对农业实行反哺,科技的进步和现代工业体系的建立是我国发展现代农业的两大助力。

科技进步是现代农业发展的决定性因素之一,科技要创新,成果要推广应用,须充分发挥科技对现代农业的促进作用,推广集约、清洁、安全和可持续发展的生产方式。要大力普及现代农业技术,发展农村职业教育,让家家户户享受农业科技成果。完善农业科技的推广体系,提高技术人员素质,使他们成为连接上级科研机构和下级企业、组织、农户的桥梁。加快发展农业机械化,完善交通设施和市场体系,形成一个完整而流畅的促进现代农业发展的市场。

城乡统筹是城镇化进程中一个最为关键的问题。城镇化、工业化需要与农业现代化齐头并进,才能促进城镇化进程中人与自然、人与人的和谐发展。农业的现代化可以促进农村向农业特色城镇发展,使农村向中小城镇形态过渡,最终实现城乡地区的统筹发展,在这过程中,农村职业教育发挥着不可替代的作用。

2. 促进社会城镇化的使命

社会流动是一个社会学概念,主要是指"在社会分层结构中社会成员因为利益等因素的驱动,从而实现从某一个社会位置向另一个社会位置移动。"[①]稳定的社会结构及和谐的社会状况来源于一个合理的社会流动。农村劳动力凭借职业变更的方式实现自身的社会流动,而农村职业教育将会促进劳动力流动的合理性和规范性。

(1)促进社会稳定

随着城镇化的快速发展,我国流动人口迅速增加,随之而来的犯罪率也呈现上升趋势。有专家学者专门针对这一现象进行了研究,提出了"流动人口作案论"这一主导观点。该观点认为"城镇犯罪的快速生长最根本原因在于流动人口的增长",[②]其根本原因是流动人口转变了生活环境和社会关系,但是又无法融入城镇全新的环境和社会关系中,归属感和认同感的缺乏导

---

① 马和民,高旭平.教育社会学研究[M].上海:上海教育出版社,1998:119.
② 钟颖.重视农村职业教育,提升农民尊严[J].经济,2015(5):96-98.

致他们产生了心理上无法适应的落差。在急于改变现状的情况下，这些流动人口更容易出现违法犯罪的行为或被引诱犯罪。有研究表明，当处于失业状态时，农民工更容易发生侵财之类的案件。[①] 当大量农村劳动力涌入城市后，超出了城镇就业岗位的容纳限度，致使城镇中无业游民增多，以及绝对贫困人口数量上升。随着情况的恶化，使得城乡人口收入差距两极化，逐渐导致其社会地位和社会阶层分化，贫困人口成为城镇中的底层群体，更有甚者，还会在城镇中形成贫困人群聚居的"棚户区"。贫困人口的犯罪成本极低，盗窃财物成为他们赖以生存的一种方式，同时社会阶层的差距会使社会冲突变得激烈，心理的失衡更会导致他们对社会的仇视从而引发更严重的违法犯罪行为。正如路易斯·谢利的论述："随着无产阶级人数的增长，英国犯罪的数字也增加了……从1805年到1842年，刑事罪在37年中增加了6倍……"[②]。这表明在其他国家的工业化进程中，也曾出现过因为部分群体的绝对贫困而致使犯罪率上升的情况。在我国城镇化的进程中，也不可避免地出现了绝对贫困和贫富两极分化的现象，严重影响了我国的社会稳定及社会主义和谐社会的建设。

城镇化的过快发展会导致城乡之间收入两极分化，由此引发各种犯罪、"棚户区"、环境污染等严重问题。目前我国城乡收入差距较大，农民收入水平过低。据资料显示，2004年和2005年城乡居民收入比为3.21∶1和3.22∶1，2009年扩大到3.5∶1。随着近两年国家政策对"三农"的不断倾斜，差距呈现缩小趋势，但2013年城乡居民人均收入比仍处在3.3∶1的状况，而国际公认的临界点在2.5∶1。[③] 城乡居民收入的差距，致使社会发展失衡，而大力发展农村职业教育有助于缓解这一压力。首先，农村职业教育可以帮助转移劳动力就业，提高转移劳动力的技能水平以增加其收入；其次，发展农村职业教育可以促进农业现代化、产业化发展，推动农村向中小城镇发展或实现就地城镇化，缩小城乡收入差距，维护社会稳定。

（2）促进社会公平

在社会学中，由于固有的社会结构和社会分层的影响，农民会选择向城

---

① 徐建.关于新生代农民工犯罪问题的调查与思考[J].法制与社会,2015(33):174-175.
② 路易斯·谢利.犯罪与现代化[M].北京:群众出版社,1986:35.
③ 许译心,沈亚强.新型城镇化背景下农村职业教育发展再审视[J].教育与职业,2015(27):14-18.

镇流动,其受教育水平与采取流动行为有着正相关的关系。据统计,农民受教育程度越高越倾向于向城镇流动,而这也使他们有了接受更多教育的愿望和追求。同时,当大量劳动力流动到城镇后,他们所产生的教育需求可能对城镇原有的教育承载能力带来巨大的冲击。为了保持供需平衡,城镇可能会采取政策措施压抑转移农民的教育需求,但这其实是一种教育不公平的现象。教育不公平的另一种表现形式体现在城乡教育的差异上。在农村接受教育后的素质水平与城镇相比存在巨大差异。在这种情况下,农村职业教育其实是在为受教育者提供一个向上流动的可能性,并努力在城乡职业教育水平间找到平衡点。另外,对农村职业教育增加资金的扶持也是为了保障我国教育供需平衡的一个重要举措,维护了教育公平。

社会公平和职业教育的关系表现在两个方面,一是职业教育需要在社会中有公平发展的环境,在教育资源分配、政策制度上都应该与普通教育一样被同等对待。二是职业教育要符合社会发展的需求,要以更宽广的视角看待问题,在设计培养方案时,要考虑到学生的职业生涯发展和社会结构调整等问题。同时,职业教育还应该为学生提供与接受普通教育学生同等的教育机会和向上流动的机会,让他们可以通过接受职业教育改变家庭的生活状况,实现个人的自我价值和社会价值,促进社会的和谐稳定。

3. 促进人的城镇化的使命

马斯洛的需求层次理论把人的需求分为生理需求、安全需求、社交需求、尊重需求和自我实现需求。在农村剩余劳动力向城镇转移的过程中,首先要满足的最基本需求就是生理需求,即获得维持生计的工作;其次是安全需求,表现在转移劳动力所从事的工作是否有医疗和人身意外的保障,以及是否稳定;再次是社交的需求,农村转移劳动力是否能真正适应城镇的生活,成为城市的一份子;第四是尊重的需求,表现在转移劳动力在城镇生活工作中是已经完全融入其中,还是被当作外来者受到歧视,得不到认可与尊重;最后是自我实现的需求,当前四种需求得到满足的时候,转移劳动力将会对自身的全面发展提出更高的需求。

(1)促进社会适应

想要使农村劳动力融入城镇,从社会的角度来看,需要有三次适应——

"社会生存适应、社会心理适应和社会组织适应"。[①] 通过依次递进的三次社会适应,农村转移劳动力才能真正地融入城镇,促进人的城镇化。

在社会生存适应方面,转移劳动力可以通过就业来融入城镇。在这个过程中,他们必须在生活方式、工作方式、社会交往等方面做出相应的调节和适应。当然,获得一份稳定的工作是进城农民工最基本的需求。为了维持和改善生活,转移农民需要谋取一份相对稳定的工作,通过自己的劳动换取报酬,这样才会获得一个相对稳定的住所,安身立命。在这个需求上,农村职业教育显示出了自身的优势,它可以帮助农村劳动力在较短时期内获得一技之长,凭借自己掌握的技能、技术,成功地在城镇找到一份相对稳定的工作,从而满足最基本的社会生存需求。农村转移劳动力在城镇有了固定的收入和住所,不用再为生存担忧之后才能逐步地适应新环境,更好地融入城镇。

在社会心理适应方面,转移农民来到城镇,与之前生活环境相比发生了巨大变化,由此产生了依据城乡两种社会环境而形成的两种生活方式和思维方式的对立和冲突。由于城市规模一般大于农村,在城市中有更多的阶层、民族、地域、职业的划分,生活环境、收入水平、社会地位和文化程度等因素将人们分散重组为一个个不同的团体,这些团体迥异的生活方式构成了城镇生活的多样性。此外,城镇容纳了很多的外来群体,因此也具有比农村更广阔的开放性和极强的吸引力。城镇化是在发达的商品经济条件下形成的,机械化和自动化是城镇生产的特征,也因此带来了城镇居民快节奏的生活方式。在以往农村的社会交往中,农民间的互通往往是血缘和地缘上的,是极其有限的。但是,对于兼容并包的城镇来说,人际间的交往互动更加复杂和多变,这些变化给农村转移劳动力的心理带来一定的挑战。农村职业教育在培养农村劳动力相应技能之外,还应注重提高他们的学习能力和素养水平。因此,农村转移劳动力在面对心理上的不适时,可以利用获得的知识来拓宽视野,理解认知新的环境和形成新的价值观念,调节和排解不适,以逐渐被城镇先进文明所同化,全身心地融入城镇生活,获得归属感。

在社会组织适应方面,农民工转变自己的身份向市民化发展时,城镇社会组织的承认和接纳是最后一环。如果农民工在城镇中的经济权利、社会

[①] 谢建社.新生代农民工融入城镇问题研究[M].北京:人民出版社,2011:112.

权利或者政治权利都受到身份的限制,缺乏话语权,那么也就无法完成身份上的最后一步转化。但同时农民工本身也要有城镇主人翁的姿态,具有作为城镇一员参政议政的意识。通过职业教育与培训使农民工具有人人平等、民主法制、保障人权的观念,逐渐成为城镇社会的一分子,并彻底融入这个社会。

农村职业教育在促进转移农民工的社会适应中发挥着重要作用,通过加强职业教育和培训,提高他们的文化素质和职业技术能力,以此获得更高的经济收入和社会地位。通过提高收入来逐步改变原有的消费方式和消费心理,通过职业教育来提高素养,培养他们与人交往的能力,扩大交友范围,逐步引导他们转变社交方式,促使他们融入城镇的社会组织和群体,彻底成为城镇生活的一分子。

(2)促进自我实现

需求范畴理论是在马斯洛需求层次理论上进一步发展起来的,包括生理、心理和社会三种范畴。在最高层次的自我实现需要中涉及个人的理想、抱负,以及对个人潜力的发挥,人们希望得到全面发展,努力使自己成为自己所期望的人物。

由于城镇化的发展,农村的社会阶层也发生了改变,但从事农业生产的农民仍处于较低的地位,他们也渴望向上流动,转换身份。而农村职业教育除了能促进转移劳动力的非农领域就业,还可以促使他们的身份由农民转向职业农民,实现身份认可和提升个人社会价值。美国人类学家爱瑞克·武夫最早提出"职业农民"概念,他将其概括为,"以报酬最大化为追求目标在市场中来运作农业生产,将农业生产作为一种产业而非传统的维持生计。"[①]通过农村职业教育,为农民提供了向上流动和进一步发展的机会,推动了城镇化的进程。

农村职业教育可以提升转移劳动力的素质和技能。随着城镇化的发展,转移劳动力对自身的生存和发展也会提出更高的要求,而职业教育不仅要发挥为经济建设服务的工具性价值,还应发挥其本体性功能,促进受教育者个性得到发展,实现个人的自我价值和社会价值。受教育者通过教育来

---

① 陈池波,韩占兵.农村空心化、农民荒与职业农民培育[J].中国地质大学学报(社会科学版),2013(1):74-80、139.

提升自己的公民意识和民主意识,形成自己正确的世界观、人生观和价值观。同时,农村职业教育对职业道德的培养也起着重要的作用,诚信、敬业、合作的职业意识,以及积极乐观的职业态度,在从业者的职业生涯中发挥着非常重要的作用。对于道德素质的教育,可以使受教育者明确自身的社会身份,清楚自己的社会责任,实现自己的社会价值,从而在岗位上更好地实现自我、超越自我。

二、当前我国农村职业教育发展的问题

随着我国城镇化进入快速发展时期,农村职业教育在统筹城乡发展、帮助农村劳动力转移和促进农民就地城镇化中起到不容忽视的作用。中华人民共和国成立以来,我国农村职业教育经历了萌芽、初步发展、改革创新、全面推进四个发展阶段,取得了一定的成就。在城镇化发展的新时期,城乡经济结构和社会制度的不断变化给农村职业教育带来了新的机遇和挑战,我们需要根据城镇化背景下经济社会的发展变化,探讨当前农村职业教育发展出现的问题。

(一)农村职业教育功能定位不清晰

我国农村职业教育的发展状况从90年代后期开始走下坡路,究其根本,职业结构的升级和国家政策的转变是主要原因。我国农村职业教育经历了一个由地位教育转向生存教育的发展过程,在功能与定位上无法与普通教育和高等教育竞争,受教育者只能从事低端职业,也无法升学至高等职业教育或普通教育,衔接不紧密,导致生源问题严重。农村职业教育应该如何定位已经成为一个决定发展前景的重要问题。

1. 地位教育还是生存教育

根据科林斯的观点"教育可以根据不同的形式区分为三种形式的教育,以训练谋生技能以及实用技术的'生存教育'和追求身份和地位的'地位教育'以及为寻求政治权利或控制国家官僚组织的教育。"[1]中等职业教育以

---

[1] Collins, Randall. The Credential Society: A Historical Sociology of Education and Stratification. New York: Academic Press, 1979: 162.

教授就业工作岗位所需的职业技能为目标和促进社会过渡的准备,具有明显的生存教育的特质。在我国职业教育史上,职业教育发展最好的时期是在1951年至20世纪90年代初期,中等专业学校的受教育者可以进入管理层,获得城镇户口,当时的职业教育甚至具有了"地位教育"的特征。但是在这之后,经济的发展和产业结构的升级对文凭的资格要求逐步提高,中等职业教育文凭难以与普通高等教育和高等职业教育的文凭相抗衡,其地位逐步下降。因此无法对持有者的身份地位进行改变,不再具备"地位教育"的特性。

根据劳动和社会保障部关于"中国技能人才职业声誉调查"结果来看,有半数以上的人认为技能人才社会地位不高;46%的人不愿成为技能人才;将近70%的人不愿让自己的孩子接受职业教育。根据在第九届"振兴杯"青年职业技能大赛上对选手的采访发现,有近80%的技术工人认为他们在政治上处于中等以下的地位;90%的人认为他们在经济和社会地位上仍处于底层。[①] 由此可见,技能人才不被大多数人接受的重要原因就是因为社会地位低。

农村劳动力持有职业教育文凭资格者,从身份上来说是技术人员,但即便其获得高级技工职位,也仍是蓝领工作者。尽管近年来我国各地高级技工高薪难聘的消息屡见报端,但是这并不代表高级技工的身份地位得到认同和有所提升。同时,高级技工的培养需要长时间工作岗位的实践磨炼,而职业学校只能培养具有初级技能的劳动者,不能直接培养出高级技工。因此,农民在接受农村职业教育以后,也只能成为第二、三产业中的产业工人或劳动者,这些岗位处于社会中下层甚至底端,因此农民子弟并不愿意一开始把选择职业教育作为向上流动的通道。

2. 升学还是就业

单一的学历证书制度,使我国出现学历社会的特性。劳动力市场和人才市场机制的不完善,用人制度的死板僵化,使就业市场出现追求高学历、"唯学历"的雇佣倾向,这就造成了极大的教育资源浪费和人才浪费。学历

---

① 慈溪市社科院社会研究室. 技能型人才队伍建设现状及对策研究:以慈溪市为例[EB/OL]. (2014-8-25)[2016-7-29]. http://ss.cixi.gov.cn/art/2014/8/25/art_52450_1130368.html.

社会发展到极致,会导致教育目的扭曲,片面注重证书的获取,而不关注教育的标准、过程和质量,甚至对社会的人才结构造成不良的影响。学历社会在根本上是对职业学校的歧视,是一种教育不公平现象。一些农村职业学校为了吸引生源求生存,而去效仿普通教育的人才培养模式,最终使得职业教育失去独有的特色。

导致农村职业学校生源减少的原因有两个,首先,近年来高校和高中扩招,使抱有传统人才观念的农民并不愿意让孩子接受职业教育;其次,是因为农民花钱让子女接受教育,最直接的目的就是未来顺利就业,但是我国农村发展的现状是非农产业不发达,工商企业极少,孩子从职业学校毕业以后无法就地完成非农就业,而如果进行劳动力转移,农村职业教育的教育水平又和城镇的教育水平有很大的差距,专业设置与教学内容落后,即便转移到城镇中也不具备优势,很难找到合适稳定的工作。无论是在农村的非农就业,还是劳动力转移就业,这些农村职业学校出来的毕业生都无法胜任技术含量高的工作,而工资水平低、要求不高的工作,即便不上职业学校也可以胜任。同时,当前农村的农业产业还不具规模化,农业生产依旧是分散的、现代化程度低的传统农业,家长没有必要进行涉农专业的教育投资。因此,在缺乏投资回报收益的情况下,大多数学生和家长不愿意选择农村职业教育,这是造成农村职业学校生源匮乏的最主要因素。

(二)农村职业教育结构布局不合理

城镇化发展带来了我国经济结构的变动和升级,产业结构、劳动力结构和技术结构都发生了显著变化,职业岗位的需求也变得越来越复杂,对技能和技术的层次要求也日趋高级化。当前农村职业教育主要是初级的职业教育,只能满足初、中级技术工人的培养,办学层次的局限性和专业设置的落后,不仅无法满足企业对高技能人才的渴望,连转移劳动力顺利就业的需求都难以保障。

1. 受限的升学层次

尽管农村职业教育的首要办学目标是解决就业问题,但是个人的教育选择权和学生的多元化发展也是实现教育公平和民主化应遵从的。从国外职业教育的发展来看,韩国、日本、德国、美国都有职业学校升学的体系。然而,我国20世纪80年代初对于中等职业教育的调整,使中等职业教育成为

"断头教育"。中等职业学校的毕业生很难升入高一级的学校深造,而这种终极教育的形式,使一些希望继续学习的学生不愿选择中等职业教育,即便被录取了也不愿意去职业学校接受教育。难以升学的困境,导致农村职业学校学生难以获得多元化的教育选择,也就更加影响学生对中等职业教育选择的热情。

2. 落后的专业设置

近年来我国沿海城市出现了大面积的"民工荒"问题,问题的核心就在于新型产业结构和技术的升级与我国城镇就业人口中的劳动力技术等级存在偏差。以慈溪市为例,截至2014年,初级技工71422人,约占67.6%;中级技工28354人,约占26.8%;高级以上技工5953人,包括技师262人、高级技师20人,约占5.6%。① 但与快速发展的经济相比,尤其是从产业转型升级的要求来看,劳动者的技术等级偏低,还存在着不容忽视的问题。我国正处于产业结构的调整时期,对一线的工程技术岗位需求较大。而据课题组实际调查显示,农村职业学校开设比较普遍的科目都是易于培训,并对硬件设施没有较高要求的计算机、餐饮和设计等专业。职业学校的专业设置与市场需求不挂钩的后果就是,学生可能花了大量的时间和金钱在学习一门与自己就业无关的科目,浪费了宝贵的教育资源并且无法满足学生最基本的就业需求。

此外,很多农村职业学校的教学内容与当地社会经济发展需求不一致,教学内容无法满足现代化农业发展需要。农民对职业教育的要求在于实用性和可操作性,农民最关注的农业技术,要符合"名、特、优、新"的标准。同时,农民也更为关注那些新技术、新工艺、新品种、新的经营管理技术和新的现代化农业生产设备,而农村职业教育在这一方面仍远远不能满足农民的需求,使得就地城镇化的目标难以实现。

3. 单一的培养模式

目前农村的职业中学所招收的学生大部分是初中毕业生,而作为农村主体的成年劳动者却没有涵盖在内。调查发现,在农村劳动人口中,接受过

---

① 慈溪市社科院社会研究室. 技能型人才队伍建设现状及对策研究:以慈溪市为例[EB/OL]. (2014-8-25)[2016-6-12]. http://ss.cixi.gov.cn/art/2014/8/25/art_52450_1130368.html.

短期培训的占20%,接受过初级技能培训的占3.4%,接受过中等职业技术教育的占0.13%,没有接受过技术培训的占76.4%。[①]

由于我国城镇化进程的发展,城乡二元经济结构促使农民选择外出打工来补贴家用。因此,在不少地方出现了农民工兼业的状况,有的是家庭中的男性外出打工,留守的老人和妇女从事农业生产;或是在农闲时外出打工农忙时回乡从事农业生产。而现有的农村职业学校规范化的培养方式与农民的实际状况不相适应,正规的农村职业教育学制一般在两年以上,且有固定的学习时间,而农忙时节农民根本没有时间接受职业教育。受农村目前农业生产规模和农业生产力水平的限制,农民对农业技术的需求随意性较强,规范化的培养方式缺乏灵活性。相比较农村职业学校的规范性,农民更愿意接受民间学徒式培训。

(三)农村职业教育外部支持不够

农村职业教育具有公共产品的属性,它能够通过发挥社会公共价值的作用,促进社会稳定和社会公平。尤其是地处落后偏远地区的农村职业教育,更需要政府大量的资金投资和扶持。目前,由于我国农村职业教育管理制度较为混乱,供需市场之间存在错位,政府的投入力度又不够,严重制约了农村职业教育的进一步发展。

1. 多头管理的纷争

教育部门、劳动部门和经济部门是目前我国县域职教资源管理的三大部门,而多头管理的后果就是,在实际运行过程中,资源被分隔成了块状,缺乏统筹管理,整体上处于一种无序的状态。但是从各部门的角度来看,又都是相对完整的。这样造成的资源分割,使得分属于不同部门的职业学校在办学方向上差异较大,在学校的结构布局方面会产生重复设置,混乱交叉,对职业教育资源是一种极大的浪费。

除了资源管理的分割以外,农村职业学校与农村社会职业教育部门也处于分隔状态。虽处同一地域却各行其是,不能发挥资源的最大效用。如农村职业教育体系在办学机构上发展比较完善,但是却缺乏专门的教师和实训基地;农业技术推广部门在专业教师和实训基地方面占优势,但是没有

---

① 朱容皋.关于新型农民培训与农村职业教育问题[J].职教论坛,2010(5):26-27.

完善的培训机构。而其他一些社会组织,培训机构完善,但是教学机构、师资和实训场地比较缺乏。管理分散的后果就是各个部门各自为政,根据自身需求和性质来开展培训教育工作,致使培训出来的人才都在某些方面有所欠缺。农业科技的推广由农业局来管,教育局负责扫盲,农业广播电视学校主要是进行学历教育,而农业函授大学又主要集中在专项技术教育上,这种管理体制致使农民无法受到完整的职业教育或培训。

农村职业教育多头管理、资源分散的状况,导致农村职业教育体系呈现条块状,难以形成各部门间的统一协调发展,无法进行合理的教育资源配置,严重阻碍了农村职业教育的发展。

2. 供需市场的错位

我国的培训机构和职业学校以及企业之间也存在着沟通不畅的问题。缺乏统一的劳动力市场,导致就业信息和需求缺乏有效地传播和接收,而培训机构和学校方面也缺乏对市场所需人才的预测和了解,这就使得农村职业教育和培训对人才的培养有一定的滞后性,所培养出来的劳动力无法进行有效的转移。

从需求方来看,我国的就业形势在数量和结构上都处于一个较为严峻的状态。到2020年,中国需要提供的就业岗位将会从现在的7.5亿增加到8亿以上,而所有的发达国家可以提供的就业岗位加起来才仅有4.3亿个,中国"当之无愧地成为全球就业压力最大的国家。[①] 除了数量压力之外,劳动力需求结构的变化更令人头疼。一方面,第三产业的发展提供了大量的新增就业岗位,需要大量的劳动力;另一方面,第二产业中一般技工已经饱和,而高级技工仍然非常匮乏。例如,目前行业需求缺口最为严重的是数控领域操作人员,其次是汽车维修和护理人员。

而从供需方来看,我国农村职业学校规模较小,且地处较为偏僻落后的地区,很难掌握到最新而又准确的信息。另外,许多职业学校对就业市场的信息不够重视,甚至完全不考虑市场反馈的信息。对需求市场信息的缺乏,导致农村职业教育做出盲目决策,致使职业教育的资源配置错位,同时造成了人才结构与市场需求严重失衡的恶劣状况。

总体来看,供求双方在劳动力的数量和质量方面都处于失衡状态,而目

---

① 石玉. 中国职业教育:压力下的美好前景[J]. 中关村,2005(12):86-89.

前我国大部分县域都没有针对职业教育的服务机构。农村职业学校只能依靠民间组织或是网络信息来解决学生的就业问题,而这些信息很多都是不准确甚至是虚假的、盲目的,依据这些信息做出判断可能对农村职业学校造成严重的打击。

3. 政府责任的缺失

对农村人力资源的开发需要依靠农村职业教育,需要国家提供公共服务作为支撑。尽管近年来我国对于职业教育的重视程度正逐年增加,但是同普通教育相比,比重仍然偏低。农民进行职业培训的观念并没有得到重视,缺少针对农村劳动力的职业培训机构,并且农民参加培训的成本较高。同时,由于我国东中西部教育资源分配不均,西部落后地区政府的财政支持投入更加缺乏。

职业教育与普通教育投资相比,国际上有一个通行的标准,即职业教育与普通教育的教育成本比例是 2.48∶1。[①] 这是因为职业教育需要大量的实训基地和实验设备以供学习者进行实际的动手操作,这些实训基地的建设和实验设备的配备需要大量的资金支持。而农村职业学校缺乏足够的资金和场地来进行厂房或实习基地建设,主要资金只够用来维持学校的基本设施和日常开支。据《国家教育经费统计年鉴》(2012)来看,中等职业学校的生均预算教育经费支出在 13674.84 元,实际教育经费支出在 22734.33 元,普通高中预算在 9978.4 元,实际在 16854.9 元。预算比在 1.37∶1 左右,而实际的比在 1.34∶1 左右,与国际标准相差接近一倍。以投资普通教育的方式来进行职业教育的投资,直接影响到实验设备的购置和实习基地的建设。如果实习问题无法解决,那么职业教育也就只能是纸上谈兵,起不到培养受教育者实践操作能力的作用。

在 2012 年的教育经费统计年鉴中,国家对中等职业学校的基本建设拨款有 3653764 元,对普通高中的基本建设拨款为 5133901 元,对职业高中拨款 1319834 元,但是分到农村的职业高中只有 209778 元,只是一个零头。如果从基本建设拨款的比例来看,中等专业学校仅占 2.5% 左右,职业高中占 2.1%,技工学校也只占 2% 左右。经费的支出部分占最大比例的是个人福

[①] 张力跃. 我国农村职业教育困境研究:从社会结构与农民子女职业教育选择的关系视角[D]. 长春:东北师范大学,2008:109.

利的支出,包括工资、补助、助学金等。

缺乏设施设备和实训基地使得农村职业学校的学生实际操作能力较差,据中国社会科学院的调查,大部分职业学校的学生表示自己缺乏实践的机会。在学校实训基地方面,有 54.54% 的学生表示自己没有去过实训基地,有 45.4% 的学生在实训基地实习过,其中校内实训基地的占四分之三,在企业和单位实习过的学生仅占 20%。[1]

政府缺乏足够的资金投入是导致农村职业学校的学生实践机会缺失的主要原因,这导致职业教育毕业生从根本上来说与普通学校的毕业生没有太大的差别,并且在知识掌握和素质能力上都不能与普通学校学生相比拟。由于没有实践技能,农村职业学校的毕业生难以找到一份合适的工作。就业优势的缺失,使农村职业教育不具备市场竞争力,也就无法办成让学生家长们满意和信赖的农村职业教育。

三、发达国家城镇化进程中职业教育发展的特点

国外并没有农村职业教育的说法,对于农村职业教育的定义主要是农业职业学校,在农村劳动力转移方面承担培训的主要是城市中的教育和培训机构。因为我国的农村职业教育涉及农民培训和劳动力转移的双重任务,所以通过对国外一些涉及劳动力转移的职业教育进行研究和探讨,以便更好地借鉴发达国家城镇化过程中职业教育发展的经验。

(一)以经济发展助推职业教育的发展

职业教育是与经济关系最为密切的一种教育,西方发达国家的职业技术教育是依照市场的机制运作的,其职业教育体系与经济发展紧密联系,国家经济的快速发展带动了职业教育的发展。为了满足经济结构和产业结构的升级要求,职业教育更被人们所重视。针对农村等比较落后的地区,英国在城镇化的进程中建设"中心村",并用综合性的政策规划调整,使乡村成为经济发展的中心。美国政府通过建设郊区的方法,为城乡增添了一层过渡

---

[1] 中国社会科学院国情调研课题. 中国职业教育:发展与挑战[J]. 职业技术教育,2007(21):18-49.

区,通过完备的农民教育和农业培训系统,完成城乡统筹的建设。日本的"市町村"大合并运动中,将一部分企业转移至农村,并在农村发展一批核心产业,这使当地的职业教育快速发展,就近对农民进行培训并促其实现非农就业。

另外,职业教育作为一种以就业、转业为目标的专门教育,经济和产业结构的变化时刻影响着就业市场和社会对技术人才的需求。因此职业教育的专业设置和课程内容均需与市场的变化和社会需求相接轨,如荷兰的职业教育就是完全从市场出发,根据市场需求设置学校、专业和课程,进行对口培训。澳大利亚将职业教育体系建立在对市场的调查和分析上。英国的斯帕索特农学院根据市场需要开设了一些非传统的培训课程,如家庭花卉和火鸡的养殖。在日本,产业和家庭生活变化的需要,是其开设专业的依据,接受职业教育的学生实习中生产的商品即是市场上所需要的商品。

(二)以法律法规提升职业教育的保障力

在19世纪,美国和德国就以立法的形式确立了职业技术教育的社会地位和作用。1991年美国通过颁布《帕金斯法案》来增加政府对职业教育的投资,1994年《从学校到工作》的法案,提出了在高中阶段接受学校职业教育以及企业培训,在三年学习后可获得高中文凭以及职业技能证书。从世界职业技术教育发展最好的德国来看,1997年政府制定了《职业技术教育改革计划》,并在之后出台了各种配套的相关法律。2005年新《职业技术教育法》的颁布,为职业技术教育的改革和发展提供了一个具有灵活性的框架,其中对于各机构和部门的责任、权利和义务都有严格的规定。[1] 从世界范围来看,近二十年来,西方国家也都表现出了对职业教育的重视,1982年欧盟委员会要求成员国通过适合的方式保障劳动力进入市场前的职前培训。1995年,《教育与培训白皮书》强调加强教育机构与企业间的紧密联系。职业教育的立法和各种政策的出台,是职业教育发展的最大保障力。纵观发达国家的职业教育发展经验,可以发现,国家以政权的力量进行立法是保障职业教育发展最基本的手段。

---

[1] 石伟平.职业教育发展与变革比较研究[M].上海:上海教育出版社,2006:113.

(三)以改革管理统筹职业教育资源

职业教育的管理体制问题并不是中国独有的制约因素,在世界范围内,教育主管部门与其他部门之间的矛盾一直存在。从德国来看,1950年德国职业技术教育由教育部门转移至经济部门,以满足企业的经济需求。1954年,主管权又移交劳动与职业训练部。在职业教育思潮发生改变后,1957年又将其重新移回了教育部。从法国来看,1872年进行徒工训练的迪德尔学校在六年后归于教育部和工商部共同管辖,用以获得两方的补助。但之后两方因预算和培养目标产生了分歧,在1920年,政府又将其重新归于教育部管辖。

针对这种多部门交叉管理的现象,澳大利亚将教育部门和劳动部门合并起来解决问题,以联邦就业、教育和培训部来实施对职业教育的管理,将职业教育、培训和就业等工作统筹在一起。英国的解决方案则更为大胆,在1986年由就业部负责管辖国家职业资格证书制度。之后政府规定了职业资格和普通文凭的互通政策,而这一政策侵犯了教育部的利益,因此引起了两部门之间对于职业培训和资格证书认证的争夺。1997年,英国政府以两部合并的方式来解决这一问题,而在四年后,政府用教育与技能部取代了原有的教育与就业部,教育和就业终于得到了合并,并能进行统一的统筹和管理。两部的合并,将教育和就业紧密联系在了一起,教育负责生产,就业则对教育产品进行使用和消费,这就使英国的职业教育形成了一条完整的从产品到消费的产业链,彻底解决了管理冲突的问题,并充分地将供需市场的资源协调利用起来。

(四)以完善的资格证书制度平衡供需市场

职业教育的评估主要依靠的是职业资格证书制度,它制约着职业教育的课程设置,将职业学校即供需方和劳动力市场即需求方联系在一起。德国"双元制"的成功,在很大程度上取决于其完善的职业资格证书制度。"双元制"毕业生获得行业举办的职业资格证书考试的通过率在85%左右。而如果这些学生想要获得就业资格的话,先要进行三年的工作实践,同时也要继续接受职业教育,才有资格申请资格认证考试。20世纪90年代以来,职业教育的迅速发展也使得西方国家纷纷开始完善职业资格证书制度和考核标准。

英国实施就业部和教育部合并的管理体制,它所提出的职业资格证书制度也是为人称道的。1985年,英国通过建立专门的部门来分析研究职业技术教育的发展状况。90年代,英国创立了普通国家职业资格制度(GN-VQ),确立了国家统一的职业资格,将熟练工人到专业人员一共划分成了五个等级。1991年,英国工业同盟针对培训目标提出未来的展望:在1996年要有一半的劳动者获得国家资格证书;到2000年要有一半的劳动者要获得三级或以上的资格。[1]

(五)以形式多样的教育和培训保障职业教育大众化

在西方国家中,接受职业教育和培训的方式多种多样,美国通过综合大学的科目选修来完成中等职业教育的职业课程教育。德国的"双元制",由政府和企业共同办学,学校承担理论教学,企业承担实践教学。澳大利亚由行业培训咨询机构制定出能力标准,由学校和培训机构对照实施。在1992年世界银行发布的有关职业教育和培训的报告中,提出了职业教育和培训的九种形式:传统的学徒训练、常规学徒训练、企业培训、部门培训机构、与项目相关的培训、中等职业学校、综合性学校、多样化中等学校和职业学校。

对于农民的培训各国也有专门的负责机构,如美国的农业部推广局,法国的农业部,韩国的农村振兴厅指导局和农民教育院。同时,他们也有很多农民培训机构,如培训中心、农村青年俱乐部、农业函授学校等。而且许多国家也有一些社会性的组织和团体从事对农民的职业教育和培训,例如法国、丹麦和日本的农民协会。私人企业有时也会因为自己的利益需求展开对农民的培训。而针对这些培训,也有专门的相应证书制度与其进行对应。英国与农民职业教育培训相关的证书有17种,意大利有技术工人证书和技术能手证书。

四、我国城镇化背景下农村职业教育发展对策

在解决农村剩余劳动力的问题上,仅仅依靠向城镇转移是不可取的,著

---

[1] 石伟平.职业教育发展与变革比较研究[M].上海:上海教育出版社,2006:125.

名的"三农"问题学者李昌平就提出了这样一个问题,"发达国家只有10%的农民,如果中国要达到这个数目,至少会有8亿农民要进行转移,假如我们将8亿农民转化为城镇中月收入只有数百元的农民工,8亿农民变成了8亿低保户,那又会是怎样的局面呢?不减少农民,农民问题则更严重;农民转变成农民工,工人问题就更严重。"[①]事实上这个问题的核心就在于庞大的农村剩余劳动力该如何安置。西方一些发达国家通过工业化和把农民纳入非农产业和服务业的做法显然对于我国的国情来说并不适合。同时,拉丁美洲城镇化中出现的问题也为我们敲响了警钟,大量的劳动力转移超出了城镇的承受能力,出现了住房拥挤、交通堵塞、环境污染、失业严重、社会治安差和大面积贫民窟等"城市病"。因此,通过农村职业教育提高农村转移劳动力的素质,推动他们就业并成功融入城镇。推动中小城镇的发展,以及农业现代化,形成科技园、产业园,促进农村向中小城镇转化,将大部分劳动力就近转移安置是农村职业教育需要承担的使命。

(一)以人本驱动促进农村职业教育的功能定位

近年来,我国经济发展呈现出突飞猛进的趋势,但是由于城乡二元经济结构的长期存在,我国农村和城镇的社会经济发展差距越来越大,已经严重影响到了整个社会的和谐稳定,阻碍了农村经济的进一步发展。此时,农村职业教育应当担负起应有的责任,发挥其应有的作用。国家和社会各界不得不重新思考城镇化背景下农村职业教育的价值取向问题,以人本驱动来促进农村职业教育功能的准确定位。

1. 转变人们轻视农村职业教育的思想

人通过就业来获得报酬,用以维持个人的生存和发展。从国内外的发展经验来看,没有哪个国家是只通过普及高等教育来解决公民的就业和生活需要的。因此职业教育和培训在国际范围内都承担着相当艰巨的任务。由于我国农村地区长期存在着"万般皆下品,唯有读书高"的传统观念以及重学历、轻技能的思想,导致人们对职业教育持轻视的态度。[②]一项针对西

---

① 李昌平.大气候[M].西安:陕西人民出版社,2009:291.
② 彭尚平,张涛,曹宁.农村剩余劳动力转移背景下农村职业教育的发展[J].教育与职业,2012(14):5-8.

部农村学生的专题调研发现:学生中愿意选择中职的仅有22.7%,希望升入高中继续学习的高达70%。[①] 从这一数据就可以看出群众看待职业教育尤其是农村职业教育的态度——轻视或是逃避。但是职业教育是面向大众的教育,它必须是为人最基本的生存和发展而服务的,必须以人为本。

农村职业教育作为职业教育的重要组成部分,并未受到人们应有的重视。城镇化背景下,中国亿万最弱势的农民群体,由于各种原因没能接受农村职业教育,即便少数接受过农村职业教育的农村劳动力,其目的也是为了早日逃离农村,走向城镇。现存的大多农村职业学校和培训机构,其目标定位也是"离农"的教育思想,大办脱离农村的职业教育。但是从长远利益来看,这种教育思想不利于农村社会经济的长期发展,只会拉大城镇和农村的差距,使农村经济发展陷入一种恶性循环,无法自拔。因此,国家和社会应当努力转变人们轻视职业教育的思想,并且明确现阶段农村职业教育的目标定位,推动农村社会和经济的进一步发展。

2. 发挥农村职业教育促进城镇化的功能

比较农村职业教育和农村普通教育,从以人为本的角度来看,农村职业教育发展的动力优势在于旺盛的人力资源供给和培养人才与市场需求的契合。长期以来,农民希望自己的子女通过教育向社会上层流动的意愿强烈,尽管我国对职业教育鄙薄的传统思想仍占据上风,但是农村职业教育的发展也有自身积极和有利的一面。这一有利的环境是建立在劳动力通过接受农村职业教育可以获得比未接受培训或只接受过职前培训的劳动力有更符合条件的专业技能,能够胜任企业的要求。如果显示出在就业方面的优势,并有良好的市场信息回馈,农村职业教育就更具竞争力。而随着国家大环境的变化,尤其是在大学生就业难、劳动力市场的资格准入制度更加规范,技术工人待遇上升的情况下,农民会更为积极地选择农村职业教育。

从农村职业教育和城镇职业教育的关系来看,对于职业教育的城乡划分是基于二元结构的状态。农村职业教育是面向农村居民的,这就包括了农民、新生农民、转移劳动力和新生劳动力。它不仅仅是为了农村的经济发展,同时也兼顾了为城市的经济发展服务的职责。在城镇化提出了城乡统

[①] 洪俊.农村职教的结构性缺失与"面向农村"职教体系的构建[J].东北师大学报(哲学社会科学版),2013(4):168-171.

筹发展的要求之时，城乡职业教育的协调发展也需要我们关注。

对于农村来说，在城乡收入差异之下，更多的新生劳动力愿意向城镇流动，农民的兼业化现象严重。据2014年国家的统计显示，农村从事农业就业的主要人员是妇女和老人。城镇化浪潮下"谁来养活中国"成为最现实的问题。因此"留农"教育是目前农村职业教育的首要目标，由于农村职业教育以中等职业教育的形式为主，因此培养新型农民是最为现实的目标。另外需要注意的是，这不能说明农村职业教育的培养目标只是培养种田的人，只是教授种植技术。它所培养的应该是职业农民，这其中还包括了农业的经营、管理、技术和服务等一系列环节，培养出来的人才除农业劳动者外还应有农村的企业管理者、农村管理者、私营企业主等。

对于城镇来说，城镇化的发展需要大量的劳动力，但未经过良好培训的劳动力涌入城镇，会超出城镇本可以承受的范围，直接在城镇中形成二元经济结构，出现城中村，甚至出现"棚户区"，这对于城镇社会的稳定，社会公平以及社会环境都造成了极大的消极影响。"化地不化人"是农村新生代农民工面临的最大问题。他们区别于以往农民工那种"候鸟式"的流动，则更倾向于"筑巢式"的流动，他们希望可以融入城镇，像城里人一样生活、工作，这对农村职业教育提出了更为复杂多样的要求。由于地处经济落后的农村，农村职业教育没有条件提供和城镇发展类似的职业教育规模和形式。第二、三产业落后和缺乏企业支持的情况，使农村职业教育难以培养出符合城镇产业条件的技术工人。此外，农村职业教育还需要承担对劳动力的公民教育，包括普适性的基本能力教育、生活教育和生态教育等。因此，在对转移劳动力的教育方面，农村职业教育需要和城镇的职业教育相联合，统筹使用职业教育资源。同时，农村职业教育要注重对转移劳动力在文化素质和生活适应能力方面的培养。在我国城镇化发展的新阶段，农村地区的第二、三产业会逐步发展，农村的周边城镇将得以开发，户籍和社会保障等以往阻碍农民流动的因素会被逐步解决的情况下，农村职业教育将有一个崭新的生存发展环境。以周边的中小城镇企业为依托，培养符合需求的技术人才，促进转移劳动力的就地城镇化，将成为农村职业教育未来发展的主要目标。

3. 完善有利于农村职业教育毕业生就业的相关制度

2013年的全国人才工作会议指出，"要以落实人才发展规划为主线，坚持服务发展、人才优先，为全面建成小康社会提供有力的人才支撑。要充发挥各行各业积极性、主动性和创造性,形成人才工作的合力,开创人人皆可成才,人人尽展其才的生动局面"。因此,要坚持以人为本,尊重受教育者的需要,使农村职业教育真正成为一个可以为受教育者带来实惠,着眼于受教育者的发展和生活的教育。

为了更好地发展农村职业教育,实现农村职业教育"为农"的目标定位,国家应积极构建有利于农村职业教育毕业生就业的相关制度。首先是为农村留住人才,当地政府可以和农村中小企业联手合作,减少企业的税收用以增加农村职业教育毕业生的福利待遇,吸引更多的毕业生留在农村,服务当地。当然目前在城镇化迅速发展的背景下,国家也应该尊重农民的选择,制定一些农村职业教育毕业生在城镇立足的补助政策,努力帮助拥有一技之长的毕业生在城镇工作和生活。

(二)以产业驱动推动农村职业教育的结构布局

农村职业教育的发展需要与社会和个人的需求紧密相连,农村职业教育培养出的高技术技能劳动力必须符合国家的基本利益。在城镇化成为国家发展重点任务的今天,如何更好地以农村职业教育推动我国城镇化的发展,应该是政策决策者们优先要考虑的问题。

1. 通过促进不发达地区的经济来推动农村职业教育的发展

职业教育对于经济发展的促进作用是毋庸置疑的,但同时只有经济发展到一定程度之后,它才能对职业教育提出要求,才有可能使职业教育实现对它的促进作用。根据对我国贫困地区进行的研究来看,经济发展水平落后的地区由于没有发达的第二、三产业,因此对于劳动力的技能需求也不是很高,在这样的状况下,职业教育也就很难有好的发展。目前,我国很多农村地区经济发展滞后,农业未形成产业化,第二、三产业不发达,缺乏对人才的需求,同时也没有能力吸纳职业学校毕业生。从全国范围来看,我国东部、中部、西部的农村职业教育发展差距较大,无论是在生源、基础设施、师资水平和资金投入上都存在着很大的不平衡。

从社会的角度来看,一个稳定的社会结构应该呈现出橄榄形,即两头小中间大的形态。但在经济不发达的状况下,这种形态是无法形成的。根据发达国家的经验,这种形态形成的基础是发达的工业化和信息化。中间阶层往往是由大量从事第二、三产业的技术工人构成,这种形态对于社会具有稳固的作用。社会中的绝大多数人群处于经济较富裕的状态，两端的贫富人群数量不大，中间人群既可以支撑社会发展，又可以帮助底层人群，使社会结构稳固，而要实现这样一个稳定的社会结构，就必然需要大力发展经济，提高生产率，增加技术工人的数量。

城镇化发展过程中的最大问题就是城乡差距拉大。同时，过多的劳动力向大型城市转移使城市出现了一种饱和的状态。以北京为例，交通堵塞是北京最为严重的问题之一，而为了缓解这种状况，2008年7月，北京地铁十号线开通，2013年3月，北京地铁十号线客流达155万人次，创历史纪录。究其原因，地铁的开通带来了交通的便捷，而交通的便捷又催生了地铁沿线居住人口的增加，反而人流量加大。[①] 北京是我国的政治中心，经济发达，当一个城市属于经济政治中心时，它必然会带来人口的聚集，而人口的过度聚集则会给城市带来难以承受的压力。欠发达的地方出现空心，变成空心村，经济发达的地方又出现过度城镇化的迹象，唯一的解决方案就是城乡一体化。国外的城乡一体化往往采用外移工业，由企业带动农村社会发展，以都市圈带动周边农村等，无一例外是要通过经济促进来完成城镇化。因此，在我国农村大力发展第二、三产业，根据地方特色，形成不同的产业园和工业园，大力开发旅游业和服务业，这不仅是促进农村就地城镇化的方式，更是促进农村职业教育发展的方式。特色地区产业化的开发，一方面，使农村劳动力可以实现就近转移；另一方面，使农村职业教育的培训有了经济和企业的依托。

2. 建立有地区特色和农村特色的农村职业学校

"三农"问题是我国近年来的工作关键，建设新农村和实现农业现代化首先就要做好新型农民的培训工作。农民的素质关系着农业生产力的发展，关系着农民的收入，关系着农村社会的发展。位于经济落后地区的农村职业教育，因为靠近生源地，所以其培训对象主要就是当地的农民。同时，由于资源和设施的限制，以及与输送地城镇的距离较远，农村职业教育为发挥自身优势，同时保障当地的农业发展，应该以培育新型农民为主要的培养目标。在这一过程中，农村职业教育需要以适合的形式来适应农民的需求。

对农民的职业教育需要以政府为主导，以调配不同机构间的优势职业

[①] 罗丹阳.地铁客流破纪录 10 号线人最多[N].北京青年报，2013-3-03.

教育资源。农业部的农民科技培训中心应是培训的主导,具体由各级培训中心负责。农业院校和农业科学研究所,以及农业技术的推广机构为技术的传播、更新、研发等提供支持。企业和民间的服务组织为培训的补充机构,建立起一个从中央到地方,省、市、县、乡之间相互连接的农民职业教育培训体系。

农村职业教育应以学校的形式培养新生代的农民,以培训的形式面向广大的成年农民。农民培训的对象应该包括农村妇女,农村的基层管理人员以及农民组织经营人员和管理人员,农民企业家和青壮年农民。农民职业教育培训以"五大工程"为依托,培养不同的人才来满足不同的地方需求。其中"绿色证书工程"主要培训从事农业生产的农民;"跨世纪青年农民科技培训工程"是针对农村的新生代劳动力;"新型农民创业培植工程"是从前两个培训中挑选适合的学员,将其培养成产业化的农场主和农民企业家;"农村富余劳动力转移就业培训工程"主要是对那些从事农业生产多余出来的农民经过培训,让他们进入第二、三产业;"农业远程培训工程"主要为农民提供有关农业的专业技术知识和服务。

农村职业教育提供的知识和技能,既要满足农民的需要,又要符合绿色农业生产的要求,还要进行新技术和新品种的推广。在绿色农业方面,要培养农民的环保意识和食品安全意识;在产业化规模经营方面,要培养农民的经营知识,以及市场经济、管理的知识和技能;同时,要注意培养农民的法律意识和职业道德,为建设新农村提供高素质的新型农民。

农村职业教育应该按照地区的特色来设置专业课程和培训项目。我国农村地区城镇化的发展规划中,农业产业结构正发生变化,而优势农产品的产业带也正逐渐形成。从全国范围来看,东部地区和大、中型城镇等经济发达的地区要大力发展产业经济,发展高科技农业,利用各口岸大力发展优势农产品出口,建成一批以高科技农业为依托的农业产业园区。在城乡结合部建立开发一些农家乐、城镇农业园、特色农业园和农业公园等。在中部地区,要以提高农产品生产率为主,优化生产方式,培育并推广产出率高的新品种,提高农产品的质量。同时,要注意对农民集约化生产的培训以及经营管理知识的培训。对于西部等经济较为落后的地区,要注意对环境的保护,在不适合进行耕地种植的地区,开发新型的林业果业和畜牧业,退耕还林还草,要注意对农民进行特色农业和生态农业的培训。

从地区范围来看,根据2003年农业部颁布的《优势农产品区域布局规划》,把其中的13种优势农产品已划出41个优势产业带,在这些地区农村职业教育要注意发展这些地区的特色,加强对这些地区的农民科技培训,努力做到优势农产品自给自足,对一些有生产优势的农产品,如专用小麦、专用玉米、高油大豆、"双低"油菜、"双高"甘蔗等进行产业化生产加工和市场化销售。① 在这些地区的职业教育培训主要是针对降低农产品的生产成本,提高产品质量,形成完整的生产销售一体化的产业链降低交易成本,从而提高农民收入。在出口方面,我国已经超越了加拿大成为美国农产品的最大出口市场,而我国有出口优势的农产品主要是蔬菜、水果、畜产品、水产品等。从中国农村统计年鉴来看,具有出口优势的地区主要集中在环渤海地区和珠三角地区,以省份来看,山东省最高,其次是广东和江苏等。这些地方开展农村职业教育要注意对农产品的生产、加工、运输、存储、销售等环节的培训,加强对绿色农业方面的培训。近年来,我国的农产品出口屡次遇到国际上的"绿色壁垒",主要问题在于生产时的农药化肥使用、加工时的质量认证、销售时的包装标签认可等。这些问题的产生源于我国农产品生产加工企业、农户等农产品生产加工者并未使用农业标准化生产技术,加工、运输、存储、销售等环节监管不严。因此,这些地区的农村职业教育需要对农民和企业加工人员进行农业标准化生产的培训,加强绿色产品生产技术的宣传和推广。另外,我国农产品的出口还需加强对我国农产品加工业的结构升级。我国农产品加工工艺仍十分粗糙,达不到工业化的生产要求。这就要求这些地区的农村职业教育注意对农民进行技术培养,研发推广精细的农产品加工机械,培养农业的产业工人。另外,对于一些中国独有的特色农产品也需进行开发,如富硒农产品、特色甘薯、特色果蔬、特色鲜枣、灵芝等。对于具有传统优势的大蒜、草莓、蜂蜜、豌豆和茶叶等,加强包装和宣传,打造知名品牌。

3. 构建城乡联动和产业特色的转移劳动力培训体系

城镇化,不仅要改变城乡二元结构的格局,也要改变城镇内的二元结构。同时,城镇化要以人为本,不能单纯地以经济的城镇化作为城镇化的目

---

① 中国城市发展报告编委会. 中国城市发展报告(2009)[R]. 北京:中国城市出版社,2010:6.

标,核心是人的城镇化。为了促进农民工的"融城"能力,国家在农村地区实行的"五大工程"中的"农村剩余劳动力转移就业培训工程"就是专门针对农村劳动力转移来进行培训,以促使其成功就业。但是就现状而言效果有限,主要问题就在于城乡二元结构导致的城乡职业教育资源分配失调。城市的职业教育具有良好的教育资源,同时距离输入地较近,有着信息和资源的优势。而农村的职业教育位于生源地,缺乏信息和资源,且作为输入地的城镇往往又不愿意承担农民工的培训。但事实上,农民工转移入城镇后就成了城镇社会中的一部分,农民工的素质和生活状况将对城镇社会整体的质量和状况造成影响。农民工的安置问题是需要城乡联手协作才可解决的。

农村职业学校的优势就是靠近劳动力输出地,而最大的问题就是距输入地太远,单独承担劳动力转移培训的任务会产生培训与需求不相符,因此,农村职业学校需要与城镇职业学校互通合作。即农村职业学校承担农民工进城前的职前培训和教育,城市职业学校承担农民工进城后的继续教育和培训。城镇的职业学校需要和农村职业学校共享教育资源,城镇职业学校的师资和设备具有优势,同时距离输入地较近,便于和企业联系在企业中进行实习,一些发展良好的城镇职业学校还具备自己的实训基地。另外,城镇的职业学校靠近劳动市场,企业等用人单位信息更容易了解获取,城乡职业学校可以互动连通以订单等方式进行联合培养,由农村职业教育在输出地对劳动力进行一些基本的能力培训,提升劳动力的文化素质和基本素质,然后通过与城镇职业学校的互通,将转移劳动力输送到城镇利用其资源进行实习培训,以解决培训质量较低的问题。

从长远的发展来看,农民工的培训不可能是一蹴而就的。在城镇化发展的过程中,由于环境需求以及产业结构和技能结构的升级,都要求农民工在城镇中参与企业或职业学校提供的继续培训。而农民工为了融入城市,也需要进行相关综合素质以及其他内容的学习,这些都对城乡职业教育的互通提出了要求。另外出于对终身学习的要求,农村职业教育可以和成人教育相沟通,从而实现职业教育的大众化。

城镇化的快速发展使人口和产业在城市中聚集,城镇环境污染问题日趋严重。据2013年1月的新闻报道显示,全国有33个城市的雾霾监测点空气污染指数超过了300,最严重地区的指数甚至超过了500,空气指数爆表。

这也引起了我国政府的广泛重视,雾霾现象日趋严重的原因在于汽车尾气的排放、工业排放污染、建筑时产生的粉尘以及冬季取暖的烧煤排放物。针对这一问题,解决的主要方式在于对产业结构和能源结构的调整。从汽车产业来看,最迟在2013年柴油车要实行国四的排放标准,在2018年要全面实施国五的排放标准。这就对汽车产业的技术升级提出了更高的要求。新型排放标准的实施对汽车的发动机和变速箱技术要求更高,同时对进行车辆装配的生产线工人也提出了适应新车型和新技术的要求。另外,排放标准还对石油加工企业有着直接的影响。国四的生产标准要求每升车用油中硫含量低于50毫克,国五要低于10毫克。这对我国的炼油企业提出了技术改造的迫切需要,也需要企业中的技术工人熟悉新的生产设备和生产方式。从其他工业来看,各省市目前都在整治污染严重的企业,要求其进行整改,对污染严重的企业进行拆除。而这些企业中的工人如何适应新技术,被拆除企业的工人如何进行再就业都是需要考虑的问题。在技术结构更新速度加快的今天,农村职业教育培训如何保证转移劳动力能够适应技术的变革,如何能够在发生结构性失业的情况下,使受教育者快速地转换工作重新就业,都是农村职业教育在设置课程和确定培训内容时需要考虑的问题。因此对于农村职业教育来说,将主要的课程和培训内容聚焦于对基本职业能力的培养,由城镇的职业教育或企业培训来承担具体的培训任务,甚至包括在产业结构升级后增加对新技术培训的相关内容是较为合适的。

由于城镇的企业污染治理管理严格,一些企业将污染性大的工厂转移到农村,尽管在表面上带来了农村经济的发展,但是同时也对农村的环境造成了极大的污染和破坏。在2014年的两会上,李克强总理在政府工作报告中提出"要出重拳强化污染防治,坚决向污染宣战,要将环保治污的重心倾向农村"的要求,这就说明,农村职业教育在对就近转移的劳动力进行培训时,也需要对技术的革新有一个超前的预测,并在培训中有所体现。尽量和城镇职业教育教授培训的技术技能水平靠拢,以应对产业的升级和技术结构的变动。

从国家区域产业优势布局来看,我国东部地区高新技术产业、资金技术密集型产业聚集,享有一定的优势。因此,在针对东部的转移劳动力培训时要注意开展新技术和一些新兴产业的培训,加大对信息产业的培训。石化、钢铁等重化工业布局,对运输有着较高条件,主要集中在沿海和沿江地区,这些地区的农村职业教育应依据优势开设相关的石化、钢铁加工、机械等培训课程。能源工业等将向西部转移,而我国基础原材料工业也多数位于西部地区,在这些地区的农村职业教育要依托这些优势企业进行针对性的劳动力培训,在中西部地区形成制造业的人才集聚中心。中部地区要加强传统工业产业向现代新型工业产业转型,根据地区特色和资源优势发展创新优势的支柱型产业。西部地区要保持与中东部地区的联系,以新型的工业化道路为基础,积极开发优势资源,大力发展旅游业等第三产业。而农村职业教育需要根据各个地区、省市的特色产业发展,以此调整自己的培养结构、课程设置和专业布局,具有针对性的,有的放矢的为东、中、西部的城镇化发展服务。

(三)以制度驱动保障农村职业教育发展的规范化

教育要以人为本,要满足学生的不同需要,而农村职业教育作为一个面向弱势群体的教育,基于社会公平和教育公平的考虑,政府应该为其提供一些政策上的支持,从而保障农村职业教育在一个有利的环境下更好更快地发展。同时,在政策上的倾斜可以促使农村职业教育缩小与城镇职业教育的质量差距。

1. 建立政府主导下的农村职业教育体系

从教育选择的角度出发,在教育机会不能满足全体适龄人口的情况下,一定会有部分群体的教育选择受到限制。在教育选择上,个体可以对不同的教育类型进行选择,同时,还可以对是否受教育进行选择。但是当教育类型中的选择受到阻碍时,是否继续受教育就变成了唯一的选择。目前我国的农村职业教育的发展面临横向的普职流动问题,纵向的对口升学问题,流通不畅造成了职业教育发展的体系失衡。

目前,我国中等职业教育学生升学主要是通过对口升学的渠道。1999年,国家以通过"3+X"考试的方式来使中专学生升入高职专科学校。2000年和2001年,允许中专毕业生通过考试升入本科。在这种情况下,一些中职学校以升读高职为目标,同时高校扩招使一些高校将专科教育交给中职学校办理,既影响了教学的质量,也挤占了学位资源。为规范这一情况,教育部规定了中等职业学校学生升入高等职业学校的机会在5%以内。而在普职流动方面,一般有三种方式:普通高中与职业高中学生一样参加高考;

普通高中与职业高中在一、二年级开设一样课程,按一定标准流动;开办综合高中。但是很多情况下,普职之间的流动仍是单向的,多是普通高中向职业高中流动,而这是由于职业学校的教育水平和缺少流动机会决定的。这些情况凸显了我国农村职业教育目前呈现出终极教育的现状,学生缺乏进入高等院校的机会,且职业学校的课程与高考或成人高考差别明显,学生缺乏可以进行深入学习的机会。如提供进入国家行政机关机会的公务员考试,其内容和科目设置也与农村职业教育的学生所学相差甚远,而这些学生所具有的专业知识也毫无用武之地。另外,从职业教育的发展体系和结构来看,农村职业教育所培养人才的技能水平无法填补社会发展中的高技能人才缺口,规范对口升学问题不应设定学生升学数量来解决,而应通过规范整个流程和考核方式来解决。高等职业教育以培养技术性和应用型的人才为培养目标,是与中等职业教育相衔接的,因此保障两者间向上流通渠道的顺畅是发展职业教育的应有之意。

在发达国家,高等教育大众化已是教育发展的一个必然的趋势,而大力创办高等职业教育学校则是实现高等教育大众化最常用的方法之一。如美国的地方性大学、德国的职业学院、法国以为地方经济服务为主的技术学院和职业学校等。我国曾经提出的对高等专科学校、职业大学和成人高校进行改革,以中等专业学校与高校联合办理高职班为补充的"三改一补"方式,也是我国为实现高等教育大众化所提供的一种解决的思路。结合这种思路,我们可以通过使普通高校创办二级学院,部分有条件的成人高校改革为高职学院。通过中职学校选送优秀毕业生的方式以及五年制中高职衔接模式培养高职人才。中等职业教育应该起到一个承上启下的作用,它需要对初中毕业生进行最为基础的就业培训,使他们通过在中职学校的学习具有最基本的职业技能。同时,它也需要为培养出更高层次的技术人才提供后备力量,它需要满足就业与升学两方面的需要,它是职业教育的一个阶段,而不能是终结的教育。

升学程序不规范是导致政府出台政策限制中等职业教育升学人数的主要原因之一。解决升学问题不能只通过强制措施限定人数来解决,而应该规范考评的标准和条件。就业准入制度和职业资格证书制度是国际上公认的用来解决职业教育考评问题的基本方法,通过完善职业资格证书体系,不仅可以解决就业市场中对于劳动力技能水平素质的衡量,也能实现与普通教育的互通。

在国际上,凡是职业教育发展情况较好的国家,都有一套完善的职业资格证书的制度。而我国职业教育证书资格制度起步较晚,整体还不太规范。职业资格证书与学历不等值,是导致我国劳动力市场出现盲目追求高学历的主要原因。企业无法通过一个指标来衡量应聘者的技术能力,因此只能凭借着学历证书来做一个基本的考评。一些企业通过雇佣低素质的廉价劳动力来完成低水平的生产,这除了影响城镇化的产业结构升级,也会造成环境的污染和资源的浪费,而劳动力的低收入也会影响到社会稳定和公平。在国际上职业资格证书的认证是由不同部门管理的,而根据职业资格证书认证管理的不同也会有不同的划分标准,从而形成不同的职业资格证书模式,主要模式有基于职业、基于能力和基于教育三种。职业资格证书管理模式的一大问题就是管理部门之间的冲突,国际上为解决这一问题提出了统一模式、分权模式和中间模式的三种管理方式。我国农村职业教育中也涉及多头管理的问题,而我国的职业资格证书体系也有"证出多门"的困扰,因此我们需要借鉴国外成熟的职业资格证书体系来对我国的证书体系加以指导修订。

以英国为例,职业资格证书的管辖属于就业部,当职业资格和普通文凭互通的政策出台后,教育部觉得自己的利益受损,因而与就业部在职业培训和资格证书认证上产生了竞争。政府为解决这一问题,将就业部与教育部合并,形成了由政府统一管理的资格证书体系,也就形成了一种"普通中等教育证书、高级水平普通教育证书以及初级学位和高级学位的学术型资格证书的框架,被并于一个体系内",[①]建立了一个由低到高的完善的职业资格证书体系,且实现了职业资格证书与学历证书等值。德国的职业资格证书体系是由不同类型的职业教育来完成的,不同水平的培训所获得的职业资格证书有自己完整的体系,同时不同的教育培训部门也有不同的划分等级标准。德国职业资格证书体系的复杂情况是与德国职业教育体系的发展相一致的,由于德国职业教育体系发展虽复杂但都较为完善,即便是这样一个复杂的体系也能良好地运转,这都归因于政府通过法律政策来进行调控和规范。拥有怎样的证书可以进入怎样的市场,这种具体化的市场准入制度值得我们借鉴学习。另外,荷兰建立的资格证书体系是德国和英国的折中,中等职业教育有一个完整规范的框架,同时,高等专业教育则是并入高等教育的部分中,有自己的标准开发程序。

---

① 石伟平.比较职业技术教育[M].上海:华东师范大学出版社,2001:73.

从我国的发展现状来说，首先，要将以资格证书准入制度规范劳动市场作为建立完整资格证书体系的基础；其次，要使资格证书涵盖更多的内容和职业，要与新兴职业兴起速度同步，拓宽职业证书的覆盖面；最后，必须要有一个国家统一的标准，职业资格证书的颁发和认证要规范化。同时，出于对我国国情特殊性的考虑，由于地区经济水平和教育资源之间差异较大的现实，资格证书的等级间要留出一定的弹性空间，但这个空间的范围和度的把握，需要国家进行一个宏观上的总体调控和规范。另外，要实现职业资格证书和学历证书等值，将职业资格证书的等级程度与学历证书的等级相连通，以此来满足职业教育与普通教育的横向以及纵向方面的发展流通需要，为每一位接受职业教育的人留有发展的足够空间。

2. 建立农村职业教育成本补偿机制

在经费投入上，国家应重视职业教育成本高于普通教育成本的事实，并应进行相应的补偿。从经济角度讲，职业教育具有私人和公共的双重属性，是一种准公共产品。首先，职业教育是一种弱势教育，选择职业教育的人大部分都是收入较低的底层阶级。且农村职业教育，由于地处经济相对落后的地区，发展条件有限，这就需要政府对其进行基本支撑性的扶持，保障农村职业教育具有基本的生存条件。而根据受益和投入主体一致性的原则，由于农村职业教育可以促进产业结构升级和提高农村转移劳动力的素质，并且还具有消除教育差别，促进社会稳定公平等作用，因此，作为受益者的地方政府应该成为农村职业教育的投资主体。农村职业教育有成本高、收益率较低的特性，农村职业教育的受益者包括农民、企业和政府。从分摊成本的量来看，成本的主要承担者不能是身为弱势群体的受教育者。而以企业来说，农村职业教育与企业距离较远，并且培养出的人才与企业需求可能会有差距，企业出于自身利益方面的考虑，不愿意主动承担这笔风险成本，那么政府就应该在农村职业教育发展中作为成本承担的主体。政府还可以根据实际情况，提出各种优惠政策来鼓励企业的积极参与，吸引企业主动提供资金、场地等实训设施帮助农村职业教育的进一步发展。因此，国家应该成为职业教育办学的投资主渠道，职业教育的投入要单独预算，并对职业发展做出连续性的规划，以便使职业教育拥有一个持续的政策和资金保障。

为了维护职业教育健康有序的发展，为农村职业教育的发展提供一个良好的环境，消除诸如户籍、就业、认识等方面的制度性障碍，加快对户籍制度的改革,放宽城乡流通,弱化身份对职业分化和权力分配的影响;树立正确的教育观和职业观,使文凭成为接受教育类型和程度的证书,与职业资格证书等值;对传统的就业制度和人事制度实行改革,构建一个规范的劳动市场体系,推进信息化的劳动市场建立;进行分配制度方面的改革,使收入排序规范化合法化,完善对一些职业的收入监督机制,对一些岗位的工资实行透明化。在公共资源的配置方面,对于一些在先赋性条件不占优的弱势群体上,国家要进行一些政策上的倾斜,从而达到竞争中整体上的一种公平状态,促使公共资源分配更加公平有效,要使各个地方、各个阶层的人都能够共同享受公共资源,使公共资源覆盖面广泛而合理。

总之,要营造一个公平公正、规范合理、多元开放的农村职业教育发展环境,还要对一些不平等的制度政策进行调整和变更,使社会流动更加合理、和谐,社会竞争更加公平、公正,使社会成员可以在各个方面各展其才,各显其能,各选所需,各得其所。

发展农村职业教育是城镇化的应有之义,同时,城镇化也对农村职业教育提出了更高的要求。面对新形势发展的迫切需要,在剖析我国农村职业教育存在的问题和借鉴发达国家农村职业教育发展的先进经验的基础之上,提出了城镇化背景下农村职业教育发展的思路。农村职业教育只有遵循城镇化的发展规律,适应经济发展方式,才能获得长足的发展。另外,农村新成长劳动力作为新农村建设和推进现代农业发展的主要参与者,也是我国农村职业教育应该给予关注和关怀的一个特殊群体。

第四章　我国农村新成长劳动力职业培训研究

农业作为我国国民经济的基础,没有农村的稳定就没有全国的稳定,没有农民的小康就没有全国的小康,没有农业的现代化就没有整个国民经济的现代化。2016年10月17日,国务院发布了《国务院关于印发全国农业现代化规划(2016—2020年)的通知》,指出"农业的根本出路在于现代化,农业现代化是国家现代化的基础和支撑。"[1]因此,在社会主义新农村建设的进程中,紧密围绕全面建成小康社会与构建和谐社会的目标要求,强化农业基础地位,推进农村一二三产业协调融合发展,加快农业现代化步伐,大力促进现代农业的可持续发展。

农业的现代化发展必须依靠农民,农村新成长劳动力作为农村发展和未来新型职业农民的后起之秀,主要指来自农村地区的初高中毕业生,即"两后生"。"两后生"作为发展现代农业的主力军和支柱,其素质是决定农村未来发展的关键要素。1999年国家颁布了《关于积极推进劳动预备制度加快提高劳动者素质的意见》,提出在全国范围内普遍建立和推行针对农村新成长劳动力的新型培训制度,即劳动预备制培训。该培训是国家为了提高青年劳动者素质,为新农村建设培养劳动后备军。经过1-2年的学习期结束并考核合格后,获得相应的职业资格,参与到农业生产发展当中,并成为现代农业生产需要的新型职业农民。然而,尽管农村新成长劳动力的职业技能培训取得了一定的成绩,但目前我国农村人口进行职业技能培训的重点主要是成年农民,而对从事农业生产发展的新成长劳动力的职业培训涉及较少。但是,"两后生"由于"年轻"和"初次择业就业"的特征,缺少农业生产经验,缺乏勤劳吃苦的精神,这种特殊的境遇使"两后生"穿梭游荡在

---

[1] 国务院关于印发全国农业现代化规划(2016—2020年)的通知[EB/OL].(2016-10-20)[2016-10-21]. http://www.gov.cn/zhengce/content/2016-10/20/content_5122217.htm.

农村和城市之间,变成了农村中"熟悉的陌生人",城市里"无归宿的过客"。《国务院关于印发全国农业现代化规划(2016—2020年)的通知》提出将新型职业农民培育纳入国家教育培训发展规划。因此,加强农村新成长劳动力的职业技能培训,加快构建新型职业农民队伍,成了推进农业现代化必须解决的议题。

本章首先探讨了"两后生"劳动预备制培训的本体性和工具性意义,以此论证政府加强"两后生"劳动预备制培训的重要性和必要性,在对目前我国"两后生"劳动预备制培训现状分析的基础上,深入剖析存在的问题。基于此,结合发达国家的先进经验,并结合我国的具体国情,提出面向现代农业生产的"两后生"职业技能培训的对策。

一、农村新成长劳动力培训的意义

农村新成长劳动力是指农村户籍人口达到劳动年龄、初次就业的人员,[①]其主要由两部分人群组成,一是义务教育阶段内的辍学生和未能继续升学的初中、高中毕业生,准备从事农业生产或非农生产的人员;二是农村籍退伍参军人员。本文的研究对象为前者,并且是面向农业生产的新成长劳动力,其通常被称为农村"两后生"。

目前,我国农村新成长劳动力大多是接受过教育的年轻人,其知识结构较为完整,具备一定的学习能力,对于新生事物的接受能力也远远高于他们的祖辈和父辈,成为社会主义新农村建设的新鲜血液。然而,由于新成长劳动力缺乏农业生产技能的训练,尚不能完全依靠现代化的生产经营理念开展农业生产。因此,无论是对于新成长劳动力个人职业农民的生涯成长,还是农村精神文明传承和经济发展,实施预备制培训都具有非常重要的本体性意义和工具性意义。

(一)本体性意义

在新农村建设和大力发展现代农业的时代背景下,新成长劳动力作为

---

① 邓江年.农村新成长劳动力:构成、特征与政策含义[J].广东社会科学,2012(4):54–60.

劳动预备制培训的对象，目的是坚持农民主体地位，实现农民的职业化和现代化，让农民成为农业现代化的受益者。新成长劳动力劳动预备制培训的本体性意义，使受教育者个性得到发展，从而发挥个人独特的社会价值，实现个人的自我价值和社会价值。

1. 保障受教育权和就业权

相比较而言，农村"两后生"在社会中往往处于比较尴尬的位置。一是在同龄人面前，"两后生"文化教育水平较低，在竞争中处于劣势；二是和老一辈的传统农民相比，"两后生"虽有一定的文化基础，但是缺少农业生产经验，缺乏勤劳吃苦的精神。这种特殊的境遇使"两后生"穿梭游荡在农村和城市之间，变成了农村中"熟悉的陌生人"，城市里"无归宿的过客"。如果"两后生"辍学或初高中毕业后直接进入劳动市场，由于自身条件的限制，必然会产生就业挫败感，个人身心受到打击，更有甚者成为危害社会发展的不良诱因。基于此，针对"两后生"的劳动预备制培训政策的出台，成为农民教育培训的一个重要组成部分。受教育权是每个公民应该享受的权利，"两后生"作为农村劳动力的特殊群体，国家和社会应该给予重视，为其创造多种形式的学习条件，提供学习机会，保护其身心健康发展。因此，劳动预备制培训作为补充，不仅是"两后生"义务教育的延续，更是保护其就业权的体现。同时，为了解决农村低收入家庭子女就学难的问题，让"两后生"平等地接受职业培训，保障受教育权和获得谋生的职位，2010年中央一号文件指出，逐步实现农村新成长劳动力免费劳动预备制培训。2012年3月28日，农业部发布《2012年国家支持粮食增产农民增收的政策措施》，明确提到2012年将围绕农业发展方式转变和新农村建设的需要，面向农业产前、产中和产后服务以及农村社会管理领域的从业人员开展培训，政府全额补贴，农民免费参训。

劳动预备制培训也渗透着终身教育的理念。朗格朗在《终身教育引论》中指出"教育和训练的过程并不随着学校学习的结束而结束，而是应该贯穿于生命的全过程"[①]，他认为教育应该贯穿于人的一生。对于农村新成长劳动力来说，初高中毕业或辍学意味着结束了学校形式的教育，要想进一步充

---

① 保罗·朗格朗.终身教育引论[M].周南照，陈树清，译.北京：中国对外翻译出版社，1985：10.

实自己并获得谋生的职业技能,劳动预备制培训无疑是一种很好的选择,而且,也为职后继续教育和培训提供了可能。作为现代农业发展的后备军,农村新成长劳动力只有树立终身学习的理念,在现代农业生产的实践中不断更新自己的知识储备,学习新的技能技术,才能跟上时代的步伐,成长为一名新型职业农民。

2. 提高职业素质

职业素质是劳动者对职业了解和职业适应能力的一种综合表现,主要表现在职业兴趣、职业能力、职业个性和职业情况等方面。[1] 在诸多因素中,职业素质的高低成为制约我国新成长劳动力劳动成果产出的关键。近年来,我国劳动就业市场已进入年轻劳动力供给阶段,而"两后生"作为我国农村劳动力的后起之秀,已经成为新农村建设的主力军。但是,新成长劳动力由于具有"年轻"和"初次择业就业"的特征,[2]缺乏基本的职业素养,就业波动大,职业个性以自我为中心,这成为阻碍个人职业发展的因素之一。因此,劳动预备制培训,作为职业教育的一种形式,一方面是塑造人格和培养人才的过程,有助于引导"两后生"树立正确的价值观,强化个人道德修养,健全自我人格;另一方面,劳动预备制培训是以实践教育为主,能够通过实践教学帮助提高"两后生"的职业技能,并通过一定的职业指导,增强"两后生"的就业能力。

人力资本理论强调,通过对生产者进行教育、职业培训等方面的投资,有助于促进劳动者生产知识的增长,提高生产技能和生产效率。针对农村新成长劳动力的劳动预备制培训不仅有效地防止了农村潜在劳动力的流失,同时,新成长劳动力作为现代农业发展的潜在资源,通过职业培训提高了其职业素质,使"两后生"能够直接由潜在的劳动力转变为现实劳动力,使个体由自然人成长为职业人。

3. 实现个人价值

农民作为社会存在中的一个群体,与其他群体同样享有社会文明成果的权利。在基本生存问题解决的基础上,农民也必然需要谋取个人的发展

---

[1] 方华.基于可持续发展的高职学生职业素养养成[J].现代教育管理,2013(9):93-96.
[2] 邓江年.农村新成长劳动力:构成、特征与政策含义[J].广东社会科学,2012(4):54-60.

和实现自我价值。随着时代的进步和文明的发展,农民比以往任何时期都拥有不断向前发展的主观愿望。尤其是新成长劳动力作为一个新兴群体,更加渴望自我价值的实现和认可,但由于自身条件和社会环境的种种限制,阻碍了其自我发展的可能。在构建社会主义新农村的大背景下,劳动预备制培训成为新的有效手段,来保障新成长劳动力自我价值的实现和超越。劳动预备制培训具有中介转化作用,为"两后生"提供专业技术知识的教育服务,使其获得谋生的技能,进而在工作中获得自我满足感和幸福感,通过自我的努力实现个人价值和社会价值最大化。

美国哈佛大学心理学教授霍华德·加德纳认为,每个人都可能具备语言智力、逻辑智力、数学智力、视觉空间智力、音乐智力、动觉智力(身体运动)、内在智力(内省智力)和人际交往智力等智力形式中的一种或多种,不同的人在不同的智力方面有所擅长,形成了多类型、多层次的实用人才。农业生产多种多样,对于准备从事农业生产的新成长劳动力来说,劳动预备制培训就是一种符合个体多样化的教育形式。"两后生"可根据自身特点与兴趣选择培训内容,使培训适应个体的独特性要求,实现个体的就业目标。在人类社会发展中,无论是从经济、政治还是军事、文化的角度而言,最终都需要通过人的发展来实现。人的发展和自我价值的实现最终要依靠教育和培训的力量。因此教育和培训在人力资源开发和管理中显得尤为重要。正如马克思所言,教育不仅是提高社会生产力的一种方法,也是造就人全面发展的唯一办法。因此,农村新成长劳动力接受培训是实现个人发展的必然要求。

(二)工具性意义

劳动预备制培训不仅是为了农民,更是为了回归服务"三农"的本质,通过培养新型职业农民,传播农村精神文明,推进农业供给侧结构性改革,促进农民增收、现代农业可持续发展和新农村经济建设,成了新时期新成长劳动力劳动预备制培训工具性意义的根本所在。

1. 农村精神文明的载体

中国地域辽阔,农村地区是我国国土的重要组成部分,承载着重要的精神文明,既体现了中华民族的民族特质,又包含地域特色。农村的繁荣不可能建立在匮乏的精神文明基础之上,科技越发达,社会物质文明程度越高,对人的综合素质要求也越高。以陕西省韩城市的党家村为例,党家村以其独特的四合院建筑群著称,被称为"民居瑰宝""东方人类居住村寨的活化石"。党家村的四合院建筑群貌似一致,但仔细看来又各有千秋,形成了独特的建筑文化。受中国传统文化的影响,这座人口稀少但古香古色的村寨仍保留着与世无争而又热情好客的朴实品质。中国幅员辽阔,造就了从南到北、从东到西的不同地域文化特色,随着社会主义新农村建设的推进,农业功能也不断扩展,农村地区依据当地天然的绿水青山、田园风光资源,发展生态休闲农业,建设魅力村庄和森林景区,展示本地浓厚的乡土文化。

职业培训则作为农村传统文化保护和传承的最佳方式之一,通过教育将古民居的特色传承给下一代,使文化得以传承;在遵循乡村自身发展规律的基础上,通过开展职业教育和培训,加强农村人居环境整治和美丽宜居乡村建设,体现农村特点,注重乡土味道,保留乡村风貌,努力建设农民幸福家园,[1]使博大精深的文明繁衍生息。农村新成长劳动力由于年龄较小,对本地传统文化习俗缺乏了解,但作为农村文明的主要传承者,他们更需要通过职业培训增加对农村文明的了解,增进感情,加强对故乡的热爱。劳动预备制培训不仅帮助"两后生"获得农业生产的实用技能,同时,乡村基础文物的保护、传统手工劳动和精神文化的传承也将是劳动预备制培训强调的重点。通过职业培训,不仅增强"两后生"建设家乡和文明传承的责任感,同时加强了对重要农业文化遗产的发掘、保护、传承和利用,也使历史文明村和传统村落的格局、历史风貌得到保护。

2. 转变经济增长方式的途径

实现农村经济增长主要有两种方式,一种是外延式增长,另一种是内涵式增长。外延式增长主要依靠增加土地投入的面积,以及单位土地上劳动力和资金的投入。[2] 但随着成年劳动力向城市的大量转移,农村可依靠的劳动力逐渐减少,且老一辈农民老龄化严重,因此,通过投入大量劳动力的方式已难以实现农村经济的快速增长。内涵式增长主要是依靠提高农民的科

---

[1] 中共中央国务院. 关于落实发展新理念加快农业现代化实现全面小康目标的若干 [EB/OL]. (2016 – 1 – 27)[2016 – 6 – 1]. http://www.gov.cn/zhengce/2016 – 01/27/content_5036698.htm.

[2] 朱启臻. 中国农民职业技术教育研究[M]. 北京:中国农业出版社,2003:2.

学文化素质和农产品的科技附加值来实现经济和收入的增长。① 内涵式增长成为农村经济发展新的增长方式,它主要依靠对农民进行职业教育与培训来实现。农村新成长劳动力具备基础的文化知识,有一定的学习能力,接受新知识、新技术的速度也较快。因此,对新成长劳动力的职业培训是实现农村经济内涵式增长的主要途径。

农村社会经济的发展制约着我国总体经济的发展,从一定程度上而言,没有农业的现代化就没有中国的现代化,农村的经济增长方式不发生转变,中国的经济增长也将缓慢不前。因此,加强劳动预备制培训,为农业建设培养实用技术人才意义重大。"没有年轻一代的教育与生产劳动的结合,未来社会的理想是不能想象的,无论是脱离生产劳动的教育和教学,或是没有同时进行教学和教育的生产劳动,都不能达到现代技术水平和科学知识现状所要求的高度。"②教育与生产劳动相结合是职业教育的本质特色,新的知识技术只有被农民接受之后才能转化为生产力。劳动预备制培训就是要使新成长劳动力在进入劳动市场之前,对所要从事的职业和行业有所了解。例如,在德国的"双元制"农民培训中,培训机构会联系各农场主的家庭农场、合作社场地供学员实习,帮助学生熟练掌握现代农业的生产技术,为就业做好充分的准备。通过劳动预备制培训,将丰富的劳动力资源转化成农村宝贵的人力资源,并最终改变农村经济增长的方式,推动农业的现代化进程。

3. 就地城镇化建设的要求

"就地城镇化"是指农村人口在原有的居住地,包括自然村、行政村等组成的新社区,通过发展生产、完善基础设施、提高自身素质等方式,在原村落基础上而形成的城镇。经过数十年的社会主义经济建设,中国涌现出成千上万个就地城镇化的典型,比如江苏省的华西村、山东省的南山村等。就地城镇化一方面解决了城市饱和的就业问题,使大量的劳动力返回农村,积极投入到新农村建设;另一方面,就地城镇化作为新型城镇化的一种方式,坚持以小城镇、小城市为主体,有利于吸纳新成长劳动力和城市劳动力向农村或者小城镇聚拢,可以缓解农民工背井离乡的工作压力,抚慰思乡之情。因此,就地城镇化成为农村"留住"农民的有效方式之一,也为新农村建设带来

---

① 程伟.农民职业教育的若干问题研究[D].西安:西北农林科技大学,2008:31.
② 华东师大教育系.列宁论教育[M].北京:人民教育出版社,1999:26-27.

了更加充足的劳动力。"两后生"作为农村劳动力的主体和支柱,正处于人生发展的黄金时期,就地城镇化和新农村建设恰好成为施展个人才华的舞台。所以,通过劳动预备制培训,提高"两后生"的综合农业生产技能,增强农村的吸引力,使越来越多的新成长劳动力愿意留在农村。

二、农村新成长劳动力培训的概况分析

农村劳动力转移培训是城镇化进程中的必然现象,推进农村劳动力培训是统筹城乡协调发展的重大举措,是贯彻和落实全面建成小康社会的重要体现。在推进农业现代化进程的关键时期,新成长劳动力的职业训练和就业培训尤为重要。

(一)农村新成长劳动力劳动预备制培训

近年来,我国政府开始重视农村新成长劳动力培训问题,相继出台了一系列的法律法规,并积极开展了培训工作。在中央统一方针政策的指导下,地方各级政府积极开展了本省市的预备制培训,制定出适应现代农业和新农村建设需要的新成长劳动力培训方案,根据本地区经济产业结构,确定凸显地方特色的培训内容,并取得了一定的成效。

1. 劳动预备制培训

自1999年起,劳动预备制作为一项新型就业培训制度,在全国普遍建立和推行。劳动预备制度是国家为了提高青年劳动者素质,为城市和农村发展培养劳动后备军。学习期结束并考核合格后,获得相应的职业资格,在国家政策的指导下,进入劳动力市场。劳动预备制培训的主要对象是城镇未能继续升学的初高中毕业生、农村未能继续升学并准备从事非农产业工作或进城务工的初高中毕业生。[1] 从广义上而言,劳动预备制的对象还包括从事农业生产的农村初、高中毕业生。

为了加强劳动预备制培训的推行,国家相继颁布了一系列法律法规对

---

[1] 劳动保障部、教育部等六部门.关于积极推进劳动预备制度加快提高劳动者素质的意见的通知.[EB/OL](1999-6-7)[2012-3-1]http://www.moa.gov.cn/fwllm/qgxxlb/hn/201107/t20110726_2069717.htm.

其做出指示和要求。2000年4月7日,劳动和社会保障部发布了《关于印发劳动预备制培训实施办法的通知》,对劳动预备制的培训对象,机构认定,专业设置,培训招生,培训期限,培训内容,培训形式,培训证书,培训经费,就业服务等方面均作了详细规定。2009年,为深入贯彻人社部、财政部《关于实施特别职业培训计划的通知》,各省也制定了关于组织"两后生"参加劳动预备制培训的通知,并积极开展了培训工作等。2010年10月25日,国务院颁布了《国务院关于加强职业培训促进就业的意见》,第四条指出对农村转移就业劳动者和城镇登记失业人员,要重点开展初级技能培训,使其掌握就业的一技之长;对城乡未继续升学的应届初高中毕业生等新成长劳动力,鼓励其参加1—2个学期的劳动预备制培训,提升技能水平和就业能力。

同时,国家为了减轻"两后生"家庭经济负担和增强职业培训的吸引力,采取免费培训制度。2010年2月10日,人力资源和社会保障部等部委联合下发《关于进一步实施特别职业培训计划的通知》,要求对参加劳动预备制培训的"两后生"给予培训费补贴,逐步实施农村新成长劳动力的免费预备制培训。例如,甘肃省扶贫办在全国较早地实施贫困家庭"两后生"学费减免政策,开展技能培训工程,并将"两后生"注册成商标。2009年,甘肃省扶贫办、省教育厅联合组建"两后生"劳动预备制技能培养项目,其中130所学校和劳务培训中心共同承办劳动预备制培训任务。这些接受中等职业教育的"两后生",可同时享受两年共计6000元的各种资助与补贴,分别是每生每两年共2500元的扶贫培训资助政策,每生每年1500元、连续两年共3000元的国家贫困生资助政策,以及省政府出台的2009年新招学生每生500元的学费减免政策。[①]

2. 农村新成长劳动力劳动预备制培训的现状

"两后生"作为农村新生力量的劳动力资源,由于缺乏劳动技能且素质不高,严重延缓了新农村建设的进程。劳动预备制培训作为理论与实践相结合的职业培训,遵循"先培训,后就业"的原则,以技能训练为本位,成为农村新成长劳动力职业培训的重要形式和手段。

然而,目前关于农村新成长劳动力的劳动预备制培训的法律法规比较少,仅有的几项法规政策也没有做出明确的指示和要求。例如,2010年2月

---

① 我省今年将培训"两后生"6万名[N].甘肃日报,2010-7-20.

10日,人力资源和社会保障部等部委联合下发《关于进一步实施特别职业培训计划的通知》,指出鼓励对未能继续升学的农村初高中毕业生(两后生)参加劳动预备制培训,学习时间为6—12个月(1—2个学期),提升技能水平和就业能力。要求各地人力资源社会保障部门和有关部门联合采取有力措施,指导技工学院扩大劳动预备制招生规模,加大校企合作,围绕当地产业结构调整后对职业技能人才的需求,强化定向培训和技能实训。可以看出,国家站在经济宏观发展的战略视角,对来自农村地区的新成长劳动力的职业培训时间、培训主体、培训形式做出了一定的要求,然而并没有强调面向农村的"两后生"培训的特殊性和具体培训模式,只是要求各地可依据各自的实际情况,另行制定培训办法。

基于此,各省市根据国家相关政策的要求,纷纷依据各地"两后生"特点和经济发展的需要,对准备从事农业生产劳动的初高中毕业的"两后生",制定了相应的培训办法。一般而言,"两后生"劳动预备制培训由当地办学条件优越的职业学校、就业训练中心、技工学校等职业机构开展,采取全日制的学习方式,专业和课程设置重点围绕当地经济产业布局的需要,教学方式灵活多样,主要采取集中学习、远程学习、田间学习和流动学习,学习场所不再仅仅局限于课堂,而且延伸到田间地头、农博会、农业研究所、示范户等地。1—2个学期培训结束后,"两后生"经过职业技能鉴定后可获得国家认可的职业资格证书。例如,河南省依靠省级以上的重点技工院校承办劳动预备制培训,按照专业单独编班,采取脱产学习方式进行时长一个学期的免费培训,开设果蔬花卉生产技术、农业机械维护与应用畜牧兽医、农业经营与贸易等专业。2011年上半年,河南省共93.5万人参加了各类职业技能培训,其中,农村劳动力转移技能就业培训38万人,新成长劳动力劳动预备制培训8.5万人,失业人员再就业培训21.7万人,创业技能培训4.7万人,企业在岗职工岗位技能培训20.6万人。[①]

尽管各省市在国家政策的指导下,依据本地区的经济产业布局,积极开展"两后生"的劳动预备制培训,但是各省市也是摸着石头过河,不断地探

---

① 中华人民共和国劳动保障部、教育部等六部门.关于积极推进劳动预备制度加快提高劳动者素质的意见的通知.[EB/OL](1999 - 6 - 7)[2012 - 3 - 1] http://www.moa.gov.cn/fwllm/qgxxlb/hn/201107/t20110726_2069717.htm.

索。通过劳动预备制培训,与现代农业生产经营方式接轨,改善了农村地区的劳动力结构,加快新农村建设,缩小了城乡差距。同时,由于传统小农意识的根深蒂固,面向农村的劳动预备制培训依然存在着急需解决的问题。

(二)农村新成长劳动力劳动预备制培训存在的问题

劳动预备制培训在农村劳动力就业和再就业方面做出了巨大的贡献,也为新农村建设培养了大批新生力量。然而,由于各种因素的综合影响,面向农村的新成长劳动力劳动预备制培训仍然存在一些亟待解决的问题,主要集中于以下方面。

1. 对培训认识不足

由于深受中国传统思想的影响,农村新成长劳动力往往比较安于现状,追求安稳,对于未知的事物有较强的抵触情绪。"两后生"对于职业技能培训的认识不足主要体现在两个方面。

一方面,"两后生"对自己即将成为农民身份的认同情况不一。他们对未来所从事职业的认识,将直接影响到他们对接受职业培训的态度和行为。长期以来,由于我国城乡二元经济结构的影响,身份成为区别社会群体地位的标识之一,这在一定程度上对人们的职业价值观产生了深刻影响。近年来,国家不断强调重视农业的基础地位,却忽略对农业生产中的核心群体——农民的关照,没有给予农民与农业同等地位的身份待遇。新成长劳动力作为老一辈农民的子弟,他们也经历了作为农民而受到的不平等的待遇。久而久之,这种被轻视的心理也会使得他们对于农民身份产生质疑,缺乏职业认同感,必然会影响职业培训的效果。

另一方面,农村新成长劳动力的劳动预备制培训不仅包括基础生产技术的学习,还包括先进的农业生产、经营、管理的技术和理念,并最终将这些技术和理念应用到具体的农业生产和管理当中。对新成长劳动力而言,获得最丰硕的收成和最大的效益是他们进行农业生产投入的根本目标,也是其生存的基础。然而,在实际的农业生产过程中,每一项最新生产技术的使用必然是受益和风险并存。由于深受地域封闭和传统思想的影响,大部分新成长劳动力倾向于选择比较成熟的生产方式,不愿意冒险进行尝试和承担风险,对于新技术具有很强的风险规避心理。但是,新技术的应用到成熟并取得较高的收益将是一个比较漫长的过程,而且有许多的不可控因素,新成长劳动力对于新生产技术的排斥心理,也必然使劳动预备制培训的效果大打折扣。

2. 培训内容设置不合理

培训内容作为培训目标实施的载体,是人才培养质量的影响因素之一。目前,我国"两后生"的培训内容主要存在三方面的问题。

一是培训内容没有凸显农业特色。面对现代农业发展和新农村建设的需要,农村新成长劳动力主要是服务于农村的经济建设,所以需要明确的是,"两后生"的劳动预备制培训面向的是农村,基于此,培训内容的设置应该紧密围绕当地经济发展的需要。目前,随着社会和科学技术的进步,针对"两后生"的培训形式也越来越多元化,但是,培训内容却逐渐趋同。就农村发展而言,种植业、养殖业、畜牧业是比较普遍而且是大规模生产的农业,各个地区的培训也主要以这几种农业需求为中心,但并没有根据当地的特色农业,有针对性地培养农村实用人才。据统计,虽然每年参与职业培训的学员在不断增加,但因为培训内容的局限性,无法满足现代化农业生产的需要。目前,全国各地区根据自己独特的地理环境,形成了独具特色的农业经济产业链。例如,山东省章丘市的各个乡镇依靠当地优良的土壤、光照等自然环境,大量种植大葱,并且形成一定的生产规模,成为山东省著名特产之一,并为全国大葱种植积累了丰富的经验。章丘大葱虽然品质优异,但是由于外销不畅,每年有大量大葱囤积,严重制约了大葱的产业化发展,也直接对农民的经济收入造成不利的影响。在政府部门的努力下,章丘市大力发展以大葱为中心的特色品牌农业,挖掘大葱的使用和营养价值,做活大葱产业,利用互联网、合并销售等方式拓展输出渠道。同时,建立大葱生产示范区,加强规范化管理,进一步提升产品质量和市场竞争力。但是,据了解,在该市所拥有的三所中等职业学校中,均没有大葱种植这一专业,也没有任何针对大葱种植、管理、销售等相关的职业培训项目,相反,却开设了很多有关语言培训、农用机械维护、车床制造、电工等培训班,几乎完全忽视了大葱特色种植农业对人才的需求。因此,缺乏对市场动态变化的了解,盲目地开设与现实发展不相适应的专业和课程,必然会导致培训内容与市场需求的不匹配。

二是职业道德教育内容欠缺。职业道德是一个人在职场生存的根本和基础,2015年8月20日,教育部印发了《教育部关于深化职业教育教学改革全面提高人才培养质量的若干意见》,明确提出要坚持把德育放在首位,把提高学生职业技能和培养职业精神高度融合,积极探索有效的方式和途径,形成常态和长效的职业精神培养机制,重视崇尚劳动、敬业守信、创新务实等精神的培养。[①] 农村新成长劳动力较早地离开学校进入社会,心智发展不成熟,还处于比较危险的年龄期,因此,养成科学的道德观和树立正确的职业观非常重要。然而在实际的劳动预备制培训中,无论是教学目标还是课程设置,都强调学生职业技能的掌握,忽视爱国主义教育、正确的择业观教育、遵纪守法教育、职业精神教育、艰苦奋斗精神教育、团队精神教育等职业道德教育。所以,对"两后生"而言,他们还比较缺乏对事物好坏的辨别能力,易受他人的影响,如果有关职业道德教育的内容被忽视,或者教师不以身作则,那么"两后生"在未来的新农村建设中,难以正视个人的农民身份,无法克服艰苦的农业工作环境,必将无法实现个人职业生涯的长远发展。

三是在培训方式上缺乏创新。农村新成长劳动力是年龄较小的"90后"初高中毕业生,他们正处于青春期,个性比较鲜明,喜欢追求新鲜事物,在很大程度上比较排斥传统的填鸭式教学方式。目前,我国"两后生"劳动预备制培训的机构由于办学水平比较低,教学基础设备不完善,教师的教学主要是以课堂为中心,以传统的讲授法为主,这在一定程度影响了"两后生"学习的积极性。再加之培训内容与实际生活的脱离,在一定程度更加难以保证学习质量。因此,面对农村新成长劳动力这个特殊群体,职业培训的实施一定要综合考虑多方面的因素。对农民进行职业培训,就要想农民之所想,急农民之所急,采取能够真正吸引受培训者的方式。

3. "双师型"培训教师不足

目前,全国开展劳动预备制培训的机构主要是一些中等职业技术学校、就业训练中心,然而由于没有严格的考核和准入制度,所以这些定点培训机构的办学条件、教学设施、专业设置、"双师型"教师没有任何保证,参差不齐,导致整体培训效率不高。"双师型"教师是培养高素质实用技术人才的关键,为了实现培养新型农民的目标,更应该对培训教师提出更高的要求,不仅具备基础和专业理论知识,还应具备指导学生实践活动的能力。没有这样一支高素质

---

① 教育部.关于深化职业教育教学改革全面提高人才培养质量的若干意见[EB/OL].(2015-7-29)[2016-6-1]. http://www.moe.gov.cn/srcsite/A07/moe_953/201508/t20150817_200583.html.

的"双师型"教师队伍,培养目标就难以实现,其人才培养质量也难以保证。目前,我国农民培训中缺少真正了解农村基层情况的"双师型"的教师,导致教师在培训中以文化知识为主,实用技术为辅;培训的理论性强,实用性较差,语言偏书面化,农民难以理解和接受;培训内容严重滞后,不能把握农村和农民脉搏,不能紧密联系农村基层的实际,不适应农民发展需要,与农民的现实需要不合拍,因此培训对农民的吸引力较弱。目前,我国现有的技术培训师资主要分布在三大系统:一是农业正规教育系统,包括大学、职业技术学院及农业中专的教师,有将近9万人;二是各级农业广播电视学校系统,有师资力量4万人;三是农业技术推广系统,能够从事技术培训工作的约有40万人。过去主要的问题是力量分散,不能形成合力。即使把这些力量全部动员起来,也只有不到60万人。与有2.4亿农户和4.9亿的农村劳动力这两个数字相比,现有的"双师型"教师依然难以满足培训的需要。①

4.法律法规制度不健全

目前与农村职业教育相关的法律只有《教育法》《职业教育法》《民办教育促进法》《教师法》等,而实施农村新成长劳动力的劳动预备制培训方面目前仍没有专门的法律法规,仅有的只是政府各部门下发的相关政策文件,如1999年劳动保障部、教育部、人事部、国家计委、国家经贸委、国家工商局联合颁布《关于积极推进劳动预备制度加快提高劳动者素质的意见的通知》,2009年人社部下发的《关于实施特别职业培训计划的通知》,2010年人社部下发的《关于进一步实施特别职业培训计划的通知》,2010年发布中央一号文件《中共中央、国务院关于加大统筹城乡发展力度进一步夯实农业农村发展基础的若干意见》,2010年颁布《国家中长期教育改革和发展纲要(2010—2020年)》,2011年教育部、农业部、科技部、财政部、林业部等九部委颁布《教育部等九部门关于加快发展面向农村的职业教育的意见》,2016年发布中央一号文件《关于落实发展新理念加快农业现代化实现全面小康目标的若干意见》等。现有的这些政策文件,不乏关于农民培训的单项规定和号召,但大多没有提供明确的可参照的操作流程,文件内容脱离实际培训需求,难以给予有针对性的指导,相应的激励措施实施困难,久而久之,这些

---

① 郑伯坤.城市化与都市化农业背景下的农民终身职业教育研究[M].北京:中国农业大学出版社,2009:125.

宏观层面的政策逐渐失去了感召力和可操作性。

由于缺乏完备的法律法规保障，国家和政府对于劳动预备制培训的管理难以做到权责明确。从培训的种类和主体来看，教育部门主要通过乡镇职教中心、各类职教学校等农村职业教育机构进行农民扫盲教育和各种技能培训；农业部门主要利用农业广播电视学校和各种职业培训工程，结合农业生产的实用技术来开展农民培训；此外，有关行政部门和城镇各用人单位等进行一些行业、岗位的培训。这些培训机构相对分散，不具规模，往往受利益驱动，培训方案一般不按照农民真正的需求来制定，培训流于形式，因此严重影响了农村新成长劳动力参与培训的积极性和有效性。

农村新成长劳动力培训没有形成一个完整有序、一体化的培训体系，基本上是由国家做出决策，之后由劳动与社会保障部、农业部、教育部、科技部、建设部、财政部等有关职能部门共同管理，这就造成了各部门间条块分割、各自为政的管理格局。由于政出多门，相互协调频繁及机构功能重叠，造成了大量的资源浪费，在教育资源布局、配置、专业与课程设置、资金运用、监管以及教育机构考评等方面都很难确立统一的标准和原则，从而制约了劳动预备制培训的进一步发展。

5. 经费投入较少

目前，国家尽管投入大量的财力支持职业教育的发展，相比较而言，针对"两后生"的财政投入比例偏低。首先，国家对农村普通教育与职业教育的资金投入不均，不仅偏向于对普通教育的投资，且职业教育投入总量不足。例如，在普通教育财政投入方面，2007—2008 年全国新增 470 亿元完善农村义务教育经费保障机制，2008 年中央财政共投入农村中小学免费教科书资金 172.8 亿元，同时中央财政投入资金支持化解农村义务教育"普九"债务试点工作，等等。在职业教育方面，2006 年，中央财政投入 1 亿元的专项资金支持"新型农民科技培训工程"，按每村 1 万元的标准给予培训补助。① 2008 年中央财政对农民补贴支出 1335.9 亿元，农民培训经费 16 亿

---

① 中华人民共和国财政部. 2000—2007 年农村税费改革和农村综合改革投入情况[EB/OL]. (2008 - 6 - 12)[2016 - 7 - 18]. http://finance.stockstar.com/SS2010032230609118.shtml.

元。① 但经费在具体实施过程中很难真正落到实处,导致用于农民培训以及农村新成长劳动力培训的经费依然不足,这使得培训机构将维持自己生存的资金压力转移到了学生和家长身上,通过提高学费来维持经营。随之而来的沉重的培训费用,则使得大多数学生和家长对培训望而却步,另寻其他途径获得就业的机会。

其次,外援资金和社会资本引进十分有限。由于缺乏一定的激励和奖励机制,国家没有农民培训的配套措施,致使部分企业和行业参与农民培训的积极性和热情较低。近年来,虽然社会资本已经开始积极投入农民培训活动,但是在农民培训的资金总额中所占的比例非常小,这部分资金还有待进一步挖掘。造成这种状况的原因主要是:其一,国家激励政策不足,使社会资本处于观望状态。国家对农民培训的优惠政策目前主要处于理论研究阶段,没有正式向企业等社会力量传达政策优惠的信息,使社会资本对农民培训尚存疑虑。其二,社会资本受市场机制的影响,参与农民培训的回报率比较低。从根本上说,社会资本是受市场调节的,而当前社会资本参与农民培训率低的现象,表现为农民培训回报率低。但是,农民培训作为事关农业和农村发展的首要问题,影响到整个社会的繁荣和发展,需要而且应该得到社会的大力支持。② 基于此,伴随着乡镇企业的逐渐增加,越来越多的农民进入乡镇企业。目前,尽管有很多企业自愿出资支持农民培训,但与进入企业工作的农民数量相比,企业投入的资金仍远远不能满足培训的需要,而且由于不确定性因素的影响,更加限制了企业资金的投入。

三、促进农村新成长劳动力培训的制度建设

职业培训既可以使新成长劳动力获得实用型技能,发展农村经济,又可以推动劳动力转移,促进就业,成为提高农村劳动力再生产和建设新农村的关键。中国是一个人口大国,其中又以农村人口居多,而新成长劳动力作为其中的主要力量,劳动预备制培训成为新成长劳动力就业的重要举措,对我

---

① 中华人民共和国财政部.中央财政拨付农业综合开发资金1.61亿元用于优势特色种养示范项目建设[EB/OL].(2008-8-19)[2016-7-15].http://news.hexun.com/2008-08-19/108223973.html.

② 叶敏.农民培训的资金来源与调控政策研究[D].湘潭:湘潭大学,2007:16-17.

国国民的整体素质的提高意义重大。世界发达国家普遍注重对农民的职业培训,像美国的"三位一体"策略,德国的"双元制",日本和韩国分工管理农民职业培训,法国免费提供农民职业培训等。我国的劳动预备制培训还不够成熟,可以在借鉴国外农民职业培训的基础上,从我国具体实际出发,从国家制度建设方面入手,逐步完善和发展农村新成长劳动力的农业生产技能培训,着力构建机会公平、服务平等的培训新体制,让农民活得更有尊严和更加体面。

(一)加强"新型职业农民"身份认定

农村新成长劳动力对职业培训的态度是影响劳动预备制培训效果的重要因素。社会心理学的研究证明,人们在认知的基础上形成自己的态度,进而做出行为决策。[①] 农村新成长劳动力对自身农民身份缺乏认同,对劳动预备制培训提出了更高的要求和挑战。近年来,国家为了加快农村、农业发展,解决"谁来种地、怎样种好地"的问题,提出了新型职业农民战略,着力培养一批有文化、懂技术、会经营的新型职业农民,成为我国农民成长和发展的道路取向。不同于传统意识观念对农民的定位,新型农民不再被认为是社会地位和身份低下的象征,而是与社会其他行业领域一样,享有平等的社会地位。基于社会行业的分工,类似于其他行业,新型农民也需要一定的准入制度。所以,只有接受职业培训并且掌握农业生产技能的农民才可以获得相应的资格证书,成为新型职业农民。2015年6月12日,国家颁布了《农业部关于统筹开展新型职业农民和农民使用人才认定工作的通知》,对新型职业农民的认定办法、认定标准、认定程序、证书发放、管理服务做出了具体的规定和指示。陕西省作为建设国家级新型职业农民培育试点省份,通过"一主多元"(一主以各级农业广播电视学校为主体,多元是各类农业科研院校和农业推广机构)的培育体系,培育了一批职业农民。到2014年,陕西省已认定首批高级职业农民84人,并发放了资格认定证书。[②] 截至2016年6月30日,陕西省已经认定职业农民27735人,其中高级508人、中级3678

[①] 雷明.农民对职业技术教育的态度研究[D].西安:西北农林科技大学.2013:32.
[②] 陕西启动万名新型职业农民培育计划.[EB/OL](2014-5-12)[2016-9-10] http://finance.ifeng.com/a/20140512/12310071_0.shtml.

人、初级 23549 人。① 通过认定工作,提高了农村新成长劳动力的自我身份认同,而且培养和壮大了农村实用技术人才的队伍。同时,根据农村经济发展的需要,新型农民可以分为生产经营型、专业技能型、专业服务型,充分发挥每个人的兴趣和特长,满足个人自我价值的实现。

因此,通过对新型职业农民身份的认定,在一定程度上可以增强农村新成长劳动力的身份认同,激励他们对家乡的热爱之情,激发投身家乡建设的热情,进而改善"两后生"对于农民身份的认识,增强参与培训的积极性,提高职业技能培训的效率。在新农村建设中,他们应努力成长为农村经济发展的示范带头人和广大新成长劳动力的优秀代表,并从农业生产中获得幸福感和成就感,最终实现个人的社会价值。

(二)完善相关的政策与法规

前文提到自 1999 年劳动预备制培训推行至今,发展已日趋成熟,为国家建设输送了大量劳动力资源,但对于面向农村的新成长劳动力培训一直没有制定具体的培训方案和得到应有的重视。政府作为实施农民职业教育的主体,应当以立法的形式保障培训的实施,营造全民参与职业培训的氛围。通过完善相应的政策法规为农村新成长劳动力的劳动预备制培训提供制度保障,以法律的形式对培训机构、培训内容、培训形式、培训教师等做出具体的规定和要求,避免太过笼统与可操作性不强的规定,加强对劳动预备制培训的指导性作用和规范性作用,这不仅是对"两后生"劳动预备制培训实行有效管理的手段,也是促进我国职业培训发展的有力保障。

日本作为世界上职业教育和培训比较发达的国家之一,无论是政府、教育学界还是一般百姓都将职业教育视为立国之本,教育学家不仅进行了大量的理论研究,并且积极投身职业教育实践。日本高度重视职业教育的一个方面是通过制定法律法规来促进职业教育的健康发展,关于农民职业培训,日本也制定了相应的法律法规来保证培训的质量,主要体现在《农业改良促进法》。该法律要求,各地方必须设立农业技术普及培训机构,也被称为地域农业改良普及中心。专门的改良普及员要对各地的农民负责,指导

---

① 陕西已认证新型职业农民 27735 人,职业道德也为考核项.[EB/OL](2016 - 7 - 4)[2016 - 9 - 10] http://xian.qq.com/a/20160704/006386.htm.

农民的农业生产、农村产业开发等。从日本的《农业改良促进法》可以看出，法律既要有统领性，又要给各地留足伸缩余地；既要坚持法制化又要坚持法治本土化。

我国有学者曾提出农业职业教育单独立法的建议，认为在中国只有将农业职业教育进行独立立法，才能使农村职业教育得到真正的发展。虽然我国已有《职业教育法》作为职业教育的基本大法，但是总体而言操作性不强。而且，我国农村地区地大物博，在地理分布上很不平衡，农村用地使用情况多样，有农、林、牧、渔等多种形式。因此，地理环境的特殊性对于人才培养也提出了不同的要求，太过笼统的法律法规难以适应大部分地区职业培训的需求。在德国，农民职业培训由联邦政府——州政府——农业协会——培训机构构成。其中，联邦政府主要制定有关农业职业培训方面的宏观政策；州设立的农业部则负责主管农业职业培训的管理工作；而农业协会既承担了部分行政职能，也需要从事一些经营性的服务工作，州农业部负责相应的审核工作，即审核农场的培训资格、培训教师的资格，培训合同的管理，考试的实施，以及职业资格证书的发放等，各机构相互配合又各司其职，农民培训在德国职业教育中发挥了不可替代的作用。

因此，要完善有关农民职业培训的政策法规，可以在借鉴国际经验的基础上结合我国的实际情况，将农村职业教育的有关内容在教育和职业教育以及农业类法律中进行强调，并通过进一步完善针对农村职业教育和农业教育的相关政策和规定，在逐步成熟的基础上，将农村职业教育进行单独立法。[①]

（三）完善资金投入保障制度

一个国家的职业教育资金投入体制，直接影响着职业教育的发展水平。在我国，教育的资金来源一直是以国家的财政投入为主。然而，由于职业教育成本高、收入回报周期长等特点，需要更多的资金支持，但是目前国家的资金支持力度远远不能满足职业教育发展的需求。相较而言，国家用于职业学校教育的资金投入要高于职业培训，而对于农村地区职业培训的资金

---

① 唐志彬，石伟平. 比较视野中的农村职业教育政策选择[J]. 中国职业技术教育，2010(27)：53-57.

投入就更加不足,农村地区的职业培训还没有纳入国家的财政预算。① 虽然国家推行了农村新成长劳动力的免费预备制培训,但能够享受到该类免费培训的新成长劳动力数量较少,不足以满足农村新成长劳动力的培训需求。基于国家资金投入不足的现状,我们应该通过"多渠道"和"保基础"的形式强化新成长劳动力的培训资金投入保障制度。

"多渠道"指拓宽劳动预备制培训的资金来源渠道。德国在职业教育与培训方面取得了可喜的成绩,其中一个非常重要原因在于德国将农民培训费用列入了国家财政预算,农村职业教育经费全部由各州的政府负责拨款,而农民培训的经费则由农场主承担,这样就有两个主体对农村职业教育负责。在职业教育同样发达的澳大利亚,其学徒培训和实习培训所需要的费用主要由三方负责,国家承担大部分费用,其余分别由企业和学徒自己负责。对于家庭贫困的学徒,可以通过申请国家补贴代替自己应该缴纳的一部分费用。可以看出,德国和澳大利亚的职业培训都以国家资金投入为主,同时吸纳企业参与到职业培训当中。职业教育资金投入是职业教育发展的重要的资金来源,因此,对我们而言,在国家资金投入有限的情况下,应该拓宽资金投入渠道,吸引更多的社会资源参与到农村职业培训,例如,鼓励企业资金投入和加大扶持力度。企业作为与职业教育接触最紧密的组织,双方的互动合作牵制着一个国家职业教育发展的水平。企业作为参与职业教育办学的主要力量之一,应该加大对职业学校资金和设备投入的支持力度,同时,学校为企业提供对口的人才,储备人才资源。这不仅可以为企业提供源源不断的人才,而且这也是企业履行社会责任、回馈社会的最好方式。乡镇企业作为地方经济发展的支柱,同时也是新成长劳动力转移就业的主要阵地,应该主动承担起"两后生"的职业技能培训任务,同时,应该在资金投入方面广泛支持"两后生"的技能培训。相反,国家也可以通过免税政策、社会宣传等方式减轻企业负担,扩大企业的社会影响力,从而形成企业与职业培训之间的良性互动。

"保基础"是指进一步完善现有的农村新成长劳动力培训的资金保障制度。确立完善职业培训资金投入的制度保障,不仅是为了职业培训的有效

---

① 杜霓裳.农村职业教育纳入义务教育体系的财政预算可行性分析[J].中国职业技术教育,2012(10):63-70.

实施,而且也是筹措培训经费的必要手段,在借鉴发达国家职业培训财政投入的基础上,我们可以从以下五个方面完善我国目前"两后生"劳动预备制培训的资金投入问题。第一,注重职业培训资金投入的公平性。针对目前东西部、城乡之间经济发展的差异性和不平衡性,国家在职业培训的资金投入方面应该既要重视公平,又要强调平等。资金投入比例适度地向落后偏远的地方倾斜,以更加优惠的税收政策吸纳企业参与到职业培训;相反,对于发达地区办学条件优厚的职业学校和"两后生"培训,应该鼓励他们依靠自我创收和外围支持来扩充经费来源,不断提升办学质量。同时,鼓励各区域之间"两后生"职业技能培训的合作,充分利用教学资源,节省经费开支。第二,政府可以尝试启动"农村新成长劳动力培训工程",设立农村新成长劳动力培训专项资金,使新成长的农民培训经费在公共财政中成为刚性支出。第三,在农村地区设立新成长劳动力培训资金管理的专门机构,并且该机构权利的实施也要在阳光下运行,对培训资金的来源、投向进行监督,从而为"两后生"劳动预备制培训资金使用情况建立有力的保护屏障。第四,在培训费用缴纳方面,职业培训结构可以采取先培训后交费的方式,这样既可以缓解家庭困难"两后生"的经济负担,同时提高参与职业技能培训的热情和积极性。最后,实施必要的信贷支持制度,针对当前农村新成长劳动力培训资金有限、培训机构办学条件差等亟待改善的现实问题,应调动当地农业银行等给予必要的信贷支持。

(四)加强"双师型"教师队伍建设

关于农村新成长劳动力培训的"双师型"教师的队伍建设,可以从以下四个方面着手进行。一是聘请高等院校和农业技术推广中心具备农业生产理论和实践知识的专家为"两后生"提供职业技能培训,有效解决"双师型"培训教师短缺的问题。例如,相关农业科技大学的教师通过课堂授课的形式,从施肥、树体管理、病虫害防治、壮果等方面讲解关于果树种植的知识。针对农业技术推广中心的高级农艺师而言,主要通过田间地头等形式开展实践技能知识的教学,帮助学生将理论知识运用于实践。二是鼓励各级各类职业学校涉农专业的教师参与到"两后生"职业技能培训工作,并纳入本校工作考核,并实行奖励惩罚机制,提高教学效率。同时,支持教师到校外涉农专业职业培训机构兼职任教,或从事志愿者服务工作,并给予一定的奖励支持。三是建立涉农专业"双师型"教师的岗位培训制度,构建岗前培训、在职培训、职后培训的一体化培训体系,加强此类教师的专业化发展。四是建立涉农专业培训师资库,加强涉农专业培训教师队伍的人才储备,争取建立一支素质优良、结构合理、数量充足,以专职教师为骨干和兼职人员为补充的教学和管理队伍,加快我国新型职业农民的培养。

(五)构建一体化的培训体系

我国参与农民培训的机构很多,但还没有形成协调统一的培训体系。为了解决这些问题,农业和农村经济发展的总体规划要求统一领导、统筹规划,将目前分散的、闲置的、低效益运转的教育培训资源有机地统一起来,合理整合,优化配置,使其发挥最大的社会效益及经济效益。单向的农村新成长劳动力的职业培训具有较大的局限性,一方面,农村的职业教育资源有限,专业、课程、教学、实训基地等存在较大缺口;另一方面,农村职业培训对市场需求的敏感度较低,培养的人才滞后于市场需求。要最大限度地克服这种弊端,最好的办法是建立"村—乡(镇)—县"一体化的农村新成长劳动力职业培训体系。

一方面,设立由国务院牵头的协调机构,构建全国支持的农村新成长劳动力培训工作体制,把农民培训列入国家中长期发展规划和国民教育总体框架中。这一框架应和参与农民培训的各部门规划中的农民培训支持计划相衔接、配套,特别是把农民素质的提高作为基层政府的主要工作任务。各级地方政府应做到明确各部门职责和职能,保证从上到下各级培训机制的畅通,形成统筹协调的运行机制,着力营造全社会真正重视农村新成长劳动力培训的良好氛围。

另一方面,在"村—乡(镇)—县"体系中,县级职业教育中心是统筹与管理全县范围内农村职业教育机构与资源的总体机构,在实施农村新成长劳动力的培训时,县域职业教育中心拥有自己独特的优势,它既可以结合本县的农业经济特色开设实用性强的培训辅导班,也可以统筹各乡镇的职业培训资源。培训以短期培训为主,并适当辅助以中长期培训,聘请当地农业技术专家进行有针对性的教学,帮助学员掌握农业生产的农业知识、技术和经营管理理念。下设部分是基于县城的中职学校,每个学校对口支持乡镇劳动预备制培训点,在各个乡镇培训点开展培训活动,既可以利用各中职学校的师资优势和教学设备，也可以紧密围绕当地特色进行职业培训。各个村组设立的农业技术推广点以及职业教育与培训联系点，主要利用其与农民更接近的优势，为上一级机构提供相关培训服务需求的相关信息，并能在适当的时候，提供部分基础的农业技术推广服务。①

(六)拓展职业培训发展路径

我国的职业培训一般是由行业和政府的相关职能部门主导进行的，而农村职业教育的培训方式一直沿用讲授式的培训方法，在形式、内容、体制等方面难以满足广大农民对实用性技术的需要。所以，农村新成长劳动力的劳动预备制培训应摆脱过去传统的培训模式，拓展职业培训发展路径。

首先，丰富职业培训的内容。在培训内容上，应该因地制宜，多征求农民的意见。在美国，农业研究者提出农业生产具有很强的地域性，为了更好地发展农业、为农业服务，必须有针对性地进行科学研究，必须结合各地生产中的具体情况提供科研服务。因此，农业试验站成为科研与生存相结合的机构，通过农业科学研究解决农业生产中的难题。1987年，美国国会通过哈奇法案(Hatch Act)，继续以出售公用土地的方式来支持实验研究，通过在各州普遍建立农业试验站的方式来辅助推广赠地学院对农业发展提供的科研服务。农业试验站还设立分站、实验农场及各种研究中心、研究室，在从事农业科研的同时帮助解答农民的各种问题。德国的农民职业技术教育培训内容也非常丰富，涉及面广，包括新品种、新技术推广应用，农村环境的保护、土地资源的开发利用，农产品的加工运输、储存、销售、经营管理和成本核算等。因此，对我们而言，应该积极开展农村新成长劳动力的思想道德、科学文化、职业道德、心理健康、法律知识等方面的教育，在此基础上侧重于农业生产技能知识的教育，帮助新成长劳动力快速进入职业农民的角色，提高农业生产技能，实现个人价值。

其次，探索多样化的培训方式。在培训方式上，县地级政府要充分利用已有的资源，实施多种形式的培训方式，鼓励农民采取"半农半读"等方式就

---

① 唐志彬,石伟平. 比较视野中的农村职业教育政策选择[J]. 中国职业技术教育,2010(27):53-57.

近接受职业教育。特别是要积极开展农村新成长劳动力的就业培训以及创业培训,制定开放的、弹性的学习制度,实施与农业生产同步发展的教学进度,为当地的农业生产发挥实际效用。培训的具体方式可以有以下几种。

一是参与式培训。参与式培训是指政府或培训机构组织技术人员深入农村,在农业生产季节,在田间地头、农业工厂基地为农民讲解和示范先进农业工具的使用和新生产技术知识等。这种具体形式可以分为两种:其一,定期组织讲座或者课堂活动教学,培训对象是从事农业生产的新成长劳动力,技术指导人员或专家与参加培训的人员进行面对面交流。[①] 培训内容紧密围绕当地农业生产所需的知识,诸如种植、灌溉、施肥、修剪、灭草、防虫、治病、抗灾等,结合当地农村经济发展特色进行。[②] 其二,直接在现场开展培训,即在田间地头示范讲解。主要解决当地生产实践和工作中出现的问题与新技术的使用和推广中的难题。

二是农业能手带动式培训。这种带动式的培训方式主要是针对有创业愿望、综合素质相对较高的农村劳动力,旨在为农村培养一批具有生产、经营、管理能力的新型职业农民,再通过这些农业科技示范带头人、乡镇企业带头人、科技致富能手的影响和带动,帮助一个村、一个乡、一个镇的农民共同富裕。2016年10月20日,国务院发布的《国务院关于印发全国农业现代化规划(2016—2020年)的通知》文件中提出,"加大农村实用人才带头人、现代青年农场主、农村青年创业致富'领头雁'和新型经营主体带头人培训力度,到'十三五'末,实现新型经营主体带头人轮训一遍。"这对于培训的内容要求较高,不只是简单地传授一门实用生产技术,而是根据农业现代化、产业化的发展要求和农业经济结构调整的需要设置相应的专业课程,提高农村劳动力的整体素质,开展现代农业科技知识、市场经济知识、法律知识等农村生产需要的实用技术知识的培训学习,使农村新成长劳动力最终达到新型职业农民的素质标准。

三是项目带动式培训。该培训主要是依据当地农业产业建设项目和农业科技项目,在乡镇企业的配合之下,共同开展的关于农产品和农业实用技

[①] 王一群.地方高职参与农民培训的实证研究[J].中国职业技术教育,2011(27):73-75,90.

[②] 陈华宁.新时期我国农民职业教育发展研究[D].南京:东南大学,2009:42.

术推广的培训。促进农村一二三产业的有机融合,以产品为依托,发展农业产业经济链,开展共同生产、营销。培训的形式以现场指导、广播电视、参观考察等多样化的方式和途径进行,并提供产、供、销一体化的综合服务培训。[①] 在培训内容上,注重突出知识技术更新能力、信息捕捉能力、适应市场能力的培养。

第三,运用信息技术服务"两后生"的职业技能培训。在时代发展的新形势下,农村的新成长劳动力接受新信息和掌握新技术的能力也随之提高,对新科技产品如电脑、智能化手机有很强的学习能力,他们能够很快掌握新技术、应用新产品来丰富和提高自己的生活。因此,通过互联网、数字电视等渠道,加强"两后生"学习资源对农村、边远、贫困、民族地区的辐射。在此基础上,推进信息化与农业的深度融合,加快实施"互联网+"现代农业行动。

(七)提高新成长劳动力的创业能力

农村新成长劳动力接受劳动预备制培训的动力首先是获得经济收入,其次才是自身能力的发展。根据马斯洛的需求层次理论,个体只有满足了基本的需求之后才会去追求更高层次的需求。因此,劳动预备制培训应考虑到新成长劳动力最紧迫的需求,发挥职业培训的经济功能。有学者对农村职业教育经济功能的发挥机制做了分析,首先,职业教育以劳动力为载体,通过劳动力培训,把农业生产中所需的知识、技能转移到劳动力身上。然后,劳动力通过创业机制,根据当地的经济特点,自己创造"工作岗位"实现就业。最后,劳动力在自己创造的工作岗位上,充分应用在职业学校所学的知识与技能,进行生产、经营等活动,产生出经济效益,实现职业技术教育的经济功能。[②] 但农村无论是就业机会还是就业岗位都远远少于城市,在这种情况下,农村的劳动力需要自己"创造"工作岗位。

劳动预备制培训的对象是农村"两后生",他们对于新事物的接受能力较强,思想较为活跃,可以通过对他们的创业培训,带动农村剩余劳动力的

---

① 胡艳辉. 河北省新型农民培训模式研究[J]. 安徽农业科学, 2011(10): 6280 - 6281、6297.

② 石伟平,徐国庆. 创业培训才是当前我国农村职教的重点与出路:对当前我国农村职教问题与对策的浅析[J]. 华东师范大学学报(教育科学版), 1994(4): 33 - 38.

就业或者创业。对农村新成长劳动力的创业培训可以从以下四个方面进行：一是建立创业就业服务平台，强化创业市场信息发布、创业知识和技能培训、创业过程指导等多项服务工作。二是加大政府对农民的创业投资引导基金，中小企业的专项资金要按照规定给予农村新成长劳动力支持。三是完善农村新成长劳动力信贷支持政策，强化开发性金融对现代农业发展的支持，通过减免利息的政策鼓励广大农民办理贷款业务，并且给予一定的定额补贴，扩大农民创业资金来源，消除创业的经济压力。四是有效引导新成长劳动力创办家庭农场，强化土地流转，采用现代化的技术工具进行农业生产，扩大现代农业的生产经营规模，提高生产效率，让农民成为农业现代化的真正参与者和受益者。

在全民建成小康社会和社会主义新农村建设的背景下，农村各项改革全面展开，以城带乡、以工促农为农村发展带来了机遇和持续的牵引力，技术产业革命变革为农业转型升级注入了强劲的驱动力。面向农村的新成长劳动力作为农村经济发展的支柱，为新农村的建设注入了新鲜活力。在经济发展的新常态下，培育有文化、懂技术、会经营、高素质的新型职业农民，是实现个人社会价值，提供经济收入，缩小城乡差距，加快现代农业生产，促进农村社会经济发展的重要途径，具有重要的本体性和工具性意义。然而，随着新型城镇化进程不断加快推进，农民群体进一步分化，面对农民是"走出去"还是"留下来"的两难问题，回归本质成为农村职业教育在时代变革中的重大任务之一。

第五章　我国农村职业教育的发展及城市化倾向

农村、农民、农业问题,是中国社会发展的主要问题。伴随着社会经济的不断发展和进步,而农村社会却出现了凋敝衰败的景象。农民群体开始分化,农业生产面临严峻挑战。在具有自我封闭性特征的广大农村地区,农民迫切需要通过职业教育培训来改变自身的命运,提高自己的生活质量和经济社会地位。在农村建设面临"空心村"、农村居民面对"走出去"和"留下来"的困惑、农业生产进行现代化转变时,大力发展农村职业教育是解决问题的最佳途径,它是农民谋求生存和发展的必然选择,也是提高农村劳动力素质、发展农村经济、促进农业社会变革、建成农村小康社会的必由之路。

"三农"问题是近年来党和国家最为关注的重大问题之一,也是改革开放以来我国社会发展的重大理论与实践课题,它是关系着党和人民事业发展的全局性和根本性问题。农业丰则基础强,农民富则国家盛,农村稳则社会安。全面建成小康社会,最艰巨、最繁重的任务在农村。加快推进现代化,必须妥善处理工农城乡关系。[①] 为适应党和政府提出的推进农业现代化、加快新农村建设的要求,发展职业教育、提高农民的科学文化技术素质非常重要。尤其是近十多年来,中央连续出台关于农村、农业、农民问题的"一号文件",展现了"三农"问题在国家整体发展格局中的地位和作用。而农村职业教育作为主要服务"三农"的教育活动,在解决"三农"问题、建设社会主义新农村过程中具有不可替代的意义与价值。农村职业教育必须从根本上为解决"三农"问题服务,切合"三农"的实际。但当前我国农村职业教育出现了明显的城市化倾向,严重制约了新时期农村职业教育应有功能的发挥。农民接受职业教育和培训,首先是为了生存,同时,农民通过教育和培训获得精神上的满足。农民不只想着离开家乡往城里流动,他们也希

---

① 中共中央国务院关于推进社会主义新农村建设的若干意见[EB/OL].(2006-2-22)[2016-5-14].http://www.yjbys.com/news/345414.html.

望把自己的家乡建设得更好,农民对职业教育的需求有内在的价值尺度。农村职业教育在为向城市输送劳动力的同时,更主要的是切实考虑农民的利益,服务那些祖祖辈辈生活在广大农村地区的农民群体。

本章通过对农村职业教育的现状和城市化倾向的分析,期冀树立正确的农村职业教育观,厘清农村职业教育的价值定位,以期构建适应农村实际、满足农民需要的农村职业教育体系,彰显出农村职业教育的特色,为有效解决"三农"问题,推动新农村建设提供智力支持。

一、我国农村职业教育的发展历程

我国农村职业技术教育的历史源远流长。在中华人民共和国成立之前,农村职业教育经历了一个漫长的萌芽、孕育、发展的过程。中华人民共和国成立之后,党和政府推行了一系列发展农村职业教育的政策,经历了为农村经济的恢复培养人才、为全面建设农村社会培养人才和培养新型农村劳动者的变迁。从纵的角度来看,我国农村职业教育经历了以下的发展历史。

(一)萌芽和发展时期(1949年以前)

中国最早的职业教育可以追溯到商朝。在商朝手工业奴隶劳动的作坊中,孕育了学徒制的职业教育形式。学徒制即师傅把技艺传授给徒弟,师徒之间的手艺技能传承是在实际的操作中进行。此后,学徒制便成为我国民间职业教育的主要形式。目前在我国农村地区,还广泛存在着这种教育形式。经过长时间的缓慢发展,到了唐朝,"学校"形式的职业教育开始出现,当时中央设立了不同类型的"学校",官方对这些"学校"的管理很重视,对入学资格、招收名额、学习年限、教学内容、教师编制等都有详细规定。至元朝时,此类"学校"其中的一股演变为"社学"。"社学"在教授传统知识的同时,设立了农业职业教育课程,这比欧洲农业学校早了四百多年。明朝末年,工场手工业出现,促进了职业教育的发展。

清朝末年,"西学东渐",现代学制传播到我国。1898年,康有为倡导了震撼全国的"维新运动",以实业学堂、实业讲习学堂和实业教员学堂为主要内容的实业教育开始发展。虽然不久之后维新变法宣告失败,但是民众已经认可了办学堂的思想。1901年,清政府设立了农务学堂,发展农业教育,新式的农业教育机构在政府的推动下陆续出现。1904年张百熙、荣庆制定了《奏定学堂章程》,即"癸卯学制",这是我国第一个付诸实施的学制。这部学制确立了实业教育在整个教育体系中的地位,初步形成了以农业教育为主的农村职业教育体系。同时期出现了专门的农业实业学堂,如杭州太守林迪臣开办的桑蚕学馆等。

辛亥革命之后,政权更迭,战乱频发,经济发展停滞,社会动荡,农村职业教育举步维艰。为了促进民族资本主义的发展,南京临时政府和北洋政府着手制定有利于职业教育发展的法律规范。1922年11月,中华民国北洋政府以大总统令颁布的《学校系统改革案》中规定了学制系统,即新学制。该法案对各级学校修业年限进行了规定,其中中等教育共六年,分初高两级,各为三年。初级中学施行普通教育,可单设,亦可根据地方需要,兼设各种职业科。高级中学分为普通、农、工、商、师范、家事等科。新学制主要是采用美国的"六三三制",表明中国现代教育制度由军国民教育转向了平民教育,对农村职业教育给予极大的关注。在这一时期,出现了一批优秀的知识分子,如民国时期著名的农村职业教育家黄炎培,他认为中国教育与社会职业分工、与生产劳动脱离,不切实际,不能解决实际问题。教育家陈嘉庚在厦门集美开办职业教育学校,为了在商战中提高中国的竞争力,他开设了农林科,后来发展为农业技术专门学校。1921年中国共产党成立后,提出在中国实施新民主主义教育的纲领,积极创办各种新式学校,出现了各种工农补习学校。革命根据地时期,农村经济比较落后,又在战争条件下,学校设办极不稳定,办学十分困难。革命根据地都地处偏远农村,那里的经济与文化十分落后,发展职业教育的基础十分薄弱,因此,办学方式比较灵活,通常以短训班为主,在专业上有具体的区分。许多职业学校利用旧祠堂、庙宇、会馆,或借用民房作校舍,群众献工献料,利用饭桌、条凳当作课桌椅,或有师生劳动建校。总体来说,中华人民共和国成立之前的职业教育发展十分缓慢,不能满足当时我国生产力和经济发展的需要。

(二)重建和徘徊时期(1949—1978)

1949年10月1日,中华人民共和国成立,我国农村职业教育的发展进入了一个崭新的阶段。中华人民共和国成立后,国家对旧时中等教育进行了彻底地改造,重新建立起社会主义性质的教育体系。首先是接管原有的职业学校。一方面,全面接管国民党遗留下来的各级公立学校;另一方面,对中国人办的私立学校,采取区别对待的方式接管。然后就是对职业学校进行整顿。政务院在1951年发布了《关于改革学制的决定》,对职业教育原有学制进行改革,使农民的干部学校在学校体系中占有一席之地。"一五"计划期间,我国进入大规模建设时期,培养技术工人已成为当务之急。为适应大规模经济建设的需要,发展了上千所中等专业学校和技工学校,这一时期是建国后我国职业教育发展的一个重要阶段,农村职业教育也得到了健康正常的发展。中央大力倡导两种类型的学校,民办农业中学和半工(农)半读学校。"二五"计划期间,由于急于求成的心态和发展教育的经验缺乏,再加上地方教育权的扩大,导致各地职业教育盲目发展,到1962年,学校数和在校生数成倍数增长,超出了国民经济的承受能力。为此,教育部门开始对职业教育规模进行压缩,但是,又出现压缩过猛的现象。1963年,中共中央在《关于讨论试行全日制中小学工作条例草案和对当前中小学教育工作几个问题的指示》中,提出普通教育与职业教育一起发展的方针。同年,中共中央、国务院批准的《第二次城市工作会议纪要》中指出:职业教育应主要面向农村,积极培养为农业服务的农艺、林业、畜牧、渔业、农机、医药卫生、统计、供销等方面的人才,为城市青年学生下乡上山创造条件。[①]

"文化大革命"的十年动荡,严重摧残了我国的经济发展。在"文革"十年中,许多教师受到打击和迫害,造成大量中专学校停办,半工半读学校、职业学校也被停办。在对职业教育的破坏中,农村职业教育遭到毁灭性的打击。在十一届三中全会将工作重点转移到经济建设上之后,我国农村职业教育才进入了一个全新的时期。

(三)恢复和探索时期(1978—1999)

"文化大革命"结束以后,我国进入一个新的历史时期,拨乱反正,对外开放,开始探索具有中国特色的社会主义道路。自实行改革开放以来,农村社会生产力得到极大解放。农村经济结构的调整和城镇化的进程,要求农

[①] 中共中央文献研究室编.建国以来重要文献选编(17)[G].北京:中央文献出版社,1997:303.

村职业教育不仅要为农村培养农业技术专门人才,也要培养懂得现代农业管理和经营的新型农民。

1983年,中共中央、国务院在《关于加强和改革农村学校教育若干问题的通知》中,要求"各地根据本地区的实际需要与可能,统筹规划,有步骤地增加一批农业高中和其他职业学校,力争到1990年,农村各类职业技术学校在校生数达到或略超过普通高中"。[1] 1985年,中共中央下发的《关于教育体制改革的决定》明确指出,发展职业教育要以中等职业教育为重点,同时积极发展高等职业教育,逐步建立起一个从初级到高级、行业配套、结构合理又能与普通教育相互沟通的职业教育体系。在正规学校外,明确了短训班的地位。要在全党和全社会进行教育,树立"行行光荣、行行有作为"的观念,树立努力提升自己的各方面素质适应将来可能的行业需要的观念,实行灵活可行的劳动培训制度,遵循"先接受技能培训,再参加工作"的原则。在以后的招聘活动中,必须首先从各种职业技术学校毕业生中择优录取。力争在五年左右,使大多数地区的各类高中阶段的职业技术学校招生数相当于普通高中的招生数,扭转目前中等教育结构不合理的状况。至20世纪七八十年代,全国中等职业学校有4700多所,在校生共130万人,仅占高中教育阶段总人数的6.1%[2]经过数十年的努力,各地职业教育发展成绩显著,到80年代末,基本改变了中等教育结构单一的局面。

在20世纪80年代,农村职业教育不仅在规模上得到了大力发展,而且建立了相对比较完善的职业教育体系,但与普通教育相比,还存在着明显不足。同时期的农村职业教育面临着几大困境:首先,落后的职业教育现状无法满足已发展的农村社会经济和快速发展的市场的需要;其次,农村地区的经济相对来说十分落后,职业教育也处于初级阶段,无法在农村经济和社会生活中发挥作用。在艰难中,职业教育也取得了较大进步,如建立了高等职业教育体系,发展了三类高职:高等职业技术师范学院、短期职业大学、技术专科学校。1985年国家批准上海试办五年制技术专科学校,同时建立了中等职业教育体系,包括技工学校、职业中学等,其中初等职业学校主要设立

---

[1] 国家教育委员会政策法规司编.十一届三中全会以来重要教育文献选编[G].北京:教育科学出版社,1992:125.

[2] 黄尧.改革开放三十年职业教育发展回顾及对未来的展望[J].中国职业技术教育,2008(32):5-8.

在农村。这个体系的建立,说明我国自改革开放提出中等职业教育结构改革以来,党和国家采取了一系列措施,取得了十分显著的成绩。自1988年全国推行"燎原计划"以来,我国农村职业教育取得更大发展,以开始时的微弱之势,在全国以"燎原"姿态迅速蔓延开来,我国农村职业教育进入了迅速发展的时期。①

从数量上来看,20世纪80年代末期,农村职业中学已有9173所,比1988年增加了219所;在校生282.3万人,比1988年增长1.0%。② 1990年,全国共有中等职业学校达21000所,在校生585万人;1993年,全国共有中等职业学校将近22000所,在校生达1000万人;1997年,全国共有中等职业学校22000余所,在校生1400万余人。③ 从这三个数据来看,20世纪90年代,农村职业教育的发展是持续的健康的,并且已经达到了相当的规模。在数量上提高的同时,质量上也有很大的飞跃。有了国家政策的支持,一些县级单位建立了职业教育改革的示范基地,同当地传统产业结合,开展独具特色的合作,创造经济效益。各类初、中级职业技术教育和短期实用技术培训在各地区都得到了广泛发展和长足进步。在这一时期出现了职业教育专业硕士点,如华东师范大学开始招收职业教育专业研究生,培养专门的学术研究人员,为实践中的农村职业教育的发展提供理论支持。1990年8月,国家教委印发《省级重点职业中学的标准》,同年评出办学指导思想端正、教学质量高、条件好、对本地区的社会经济有积极带动作用的示范学校206所。这一时期,职业教育法制化建设取得了较大的成绩,1996年《职业教育法》颁布,这是我国第一部职业教育法典,是我国职业教育法制化进程的标志性举措。同时,许多地区建立了职业教育,甚至是农村职业教育研究所,系统研究职业教育现象和职业教育理论。在这一时期,我国农村职业教育得到空前发展,这与改革开放以来我国经济的迅速发展、社会关注度的提高有着密切的关系。

实践经验证明,增加知识技能储备,发展职业技术教育和培训,是促进农民自身提高、发展农业教育的有力举措。尽管在改革开放的最初二十年,

---

① 王国巍.农村职业教育发展问题研究[D].长春:东北师范大学,2007:17.
② 国家教育委员会计划建设司编.《中国教育统计年鉴》(1988－1992)[M].北京:人民教育出版社,1992:138.
③ 和震,崔剑.我国职业教育三十年发展的数量分析[J].职教通讯,2009(4):29－34.

我国职业教育在质和量上有了巨大进步,开始形成一个完整的职业教育体系,但是与普通教育相比,还十分落后,尤其是不能满足那个时期我国轰轰烈烈的经济建设的需要。农村职业教育一直在探索自我发展之路。20世纪90年代末,我国农村职业教育中与农业相关的专业遭遇寒冬,规模持续萎缩。1999年高校扩招,给我国农村职业教育带来新的挑战。

(四)改革和发展时期(1999—)

大规模的高校扩招政策,目的在于提高劳动力水平和知识分子的比重,推动教育改革和经济进步。由于农业自身条件所限,收益较低,涉农专业处于低谷和持续下滑阶段。对于广大农民来说,接受高层次、高质量的普通教育意味着增加在未来竞争中获得理想职业岗位的可能性,而职业教育办学条件不高、层次也处于中下游,自然受到农民的"冷遇"。高校的大规模"扩招"使普通教育呈现出一个极好的发展态势,而职业教育尤其是农村职业教育则遇到了极大的挑战。有一部分办学声誉差、专业设置单一、办学条件不好的学校,在面临挑战的时候,出现了危机,生源急剧减少,有些专业缩减招生或停止招生。而以适应市场需求做出调整的学校,招生数逐年递增,一直是良好的发展态势。这些能够满足市场需求的学校,能够及时调整办学模式和专业设置,即使面临大规模的高校扩招,也能保持较高的在校生人数和就业率。

1999年,《中共中央国务院关于深化教育改革全面推进素质教育的决定》强调指出,要大力发展高等职业教育,调整现有教育体系结构,培养一大批具有必要的理论知识、较强实践能力和农村急需的专门人才进行生产、建设、管理、服务。完善自学考试制度,形成社会化、开放式的教育网络,为适应多层次、多形式的教育需求开辟更为广阔的途径,逐渐完善终身学习体系。职业学院可以采取多种方式招收学生,放宽对学生基础和年龄等的限制;鼓励民间资本与政府合作办学,鼓励建立社区学院;在学生入学之后,可以采取弹性的学习制度。该《决定》的出台,使得职业教育的办学形式更加灵活,多种层次和类型并存。我国农村职业教育呈稳步、健康、持续发展态势,并已达到相当规模。同时期的能力本位职业教育改革在我国各地较大范围内顺利进行,充分说明了我国的农村职业教育研究已经达到了一个相当的水平。

2000年以来,随着农村产业结构的调整,农村职业学校逐渐向第二、第三产业的专业调整,为农村经济的发展提供人力和智力上的支持,同时,调整热门专业和涉农专业之间的关系,积极响应中央农村工作会议精神。随着社会的进步和科技的发展,农业职业技术培训越来越重视科技进步的内容,按照中共中央、国务院提出的"十五"期间建设社会主义新农村,培养有文化、懂技术、会经营的新型农民,提高农民的整体素质的指示精神,彻底改变农村职业技术教育落后的局面。在2005年度教育工作会议上,教育部把"全面加快职业教育的改革和发展"列入了年度工作重点,提出要多渠道增加农村中等职业教育的经费投入,地方要建立健全中等职业学校学生助学制度,可采用教育券、贷学金、助学金、奖学金等办法,对家庭贫困学生提供帮助。职业教育迎来了发展的新机遇。随着建设社会主义新农村理念的出现,农村职业教育面临前所未有的发展新契机。

2008年,教育部办公厅发布《关于中等职业学校面向返乡农民工开展职业教育培训工作的紧急通知》,指出以县级职教中心为主要基地,充分发挥农村成人文化技术学校、普通中学及其他培训机构的作用。在返乡农民工集中的地区,根据需要设立一批中等职业学校,组织返乡农民工接受职业教育培训。中等职业学校面向返乡农民工实施学历教育,根据不同的学历基础,设置具有针对性的不同学制。凡经中等职业学校正式注册录取的返乡农民工,办理入学手续后即取得学籍,并纳入当地年度中等职业学校招生计划和年度招生统计范围。要根据劳动力市场需要和返乡农民工的学习特点,开设专业和课程,突出培养的针对性、实用性和有效性。实行学分制和学分银行制度,允许学员工学交替,分阶段完成学业。学员取得规定学分的,毕业时颁发中等职业教育学历证书。这充分考虑到农民工的群体特点,灵活实用。学分银行制度是政府借鉴国外先进经验,并将之与中国农村实际相结合的创新之举。

2010年,《国家中长期教育改革和发展规划纲要(2010—2020年)》提出把加强职业教育作为服务社会主义新农村建设的重要内容。《纲要》指出,在2015年,中等职业教育在校生人数要由2009年2179万人增长为2250万人;高等职业教育在校生人数要由2009年的1280万人增长为1390万人;在2020年,中等职业教育在校生人数达到2350万人,高等职业教育在校生人数达到1480万人。加强基础教育、职业教育和成人教育统筹,促进农科教结合。强化省、市(地)级政府发展农村职业教育的责任,扩大农村职业教育培训覆盖面,根据需要办好县级职教中心。强化职业教育资源的统筹协调和综合利用,推进城乡、区域合作,增强服务"三农"能力。加强涉农专业建设,加大培养适应农业和农村发展需要的专业人才力度。支持各级各类学校积极参与培养有文化、懂技术、会经营的新型农民,开展进城务工人员、农村劳动力转移培训。逐步实施农村新成长劳动力免费劳动预备制培训。

2011年,教育部等九部门《关于加快发展面向农村的职业教育的意见》,进一步明确了农村职业教育改革发展的重大意义、目标任务及发展策略与重点。《意见》指出,面向农村的职业教育主要是服务农业、农村、农民的职业教育。加快发展面向农村的职业教育,对在工业化、城镇化的深入发展中同步推进农业现代化,推进社会主义新农村建设,推动城乡统筹发展,对建设教育强国和人力资源强国具有重大而深远的意义。农村职业教育要以推动县域经济社会发展为目标,坚持学校教育与技能培训并举、全日制与非全日制并重,大力开发农村人力资源,逐步形成适应县域经济社会发展要求,体现终身教育理念的现代农村职业教育体系。各地区面向农村的职业教育在发展的过程中要以职业设置标准等文件为依据,努力改善农村职业学校办学条件,切实加强农村职业学校实训基地建设、教学信息化和现代化建设。紧密结合县域经济社会发展需求,深化农村职业教育改革创新,改善农村职业教育办学模式,推动"政府主导、行业指导、企业参与"办学,重点办好一批农业职业学校和涉农专业,组建一批农业职业教育集团,以培育农村实用人才带头人和农村生产经营型人才为重点,推进农业现代化的发展。

2012年,《教育部关于加快推进职业教育信息化发展的意见》指出,21世纪,人类已经步入以计算机、多媒体和互联网为标志的信息时代,信息技术的普遍应用有力地推动着全球经济社会的深层变革,要统一思想认识,把信息技术创新应用作为改革和发展职业教育的关键基础和战略支撑;大力发展现代远程职业教育,加快推进多层次互补、多模式共存和多样化发展的现代远程职业教育,逐步形成高度开放共享的职业教育培训网络;支持建成农村和城市社区数字化学习中心,为当地科技文化推广、实用技术培训、成人终身学习提供综合信息服务;多渠道创新远程职业教育培训模式,推动优质信息资源跨区域、跨行业和跨机构远程共享。

2014年,《国务院关于加快发展现代职业教育的决定》指出,我国职业教育事业快速发展,体系建设稳步推进,培养了大批中高级技能型人才,为提高劳动者素质、推动经济社会和促进就业做出了重要贡献。但同时也要看到,当前职业教育还不能完全适应经济社会发展的需要,结构不尽合理。《决定》提出,到2020年要形成适应发展需求、产教深度融合、中职高职衔接、职业教育与普通教育相互沟通,体现终身教育理念,具有中国特色、世界水平的现代职业教育体系。在现代职业教育体系的建设过程中,院校布局和专业设置更加需要适应经济社会需求。调整和完善职业院校区域布局,科学合理设置专业,健全专业随着产业发展动态调整的机制,重点提升面向现代农业、现代服务业等领域的人才培养能力。加大对农村和贫困地区职业教育支持力度,服务国家粮食安全保障体系建设,积极发展现代农业职业教育,建立公益性农民培养培训制度,大力培养新型职业农民。

2016年,中央一号文件《中共中央国务院关于落实发展新理念 加快农业现代化实现全面小康目标的若干意见》指出,现代农业的发展,需要加快培训现代新型职业农民。将职业农民培育纳入国家教育培训发展规划,基本形成职业农民教育培训体系,把职业农民培养成建设现代农业的主导力量。办好农业职业教育,将全日制农业中等职业教育纳入国家资助政策范围。依托高等教育、中等职业教育资源,鼓励农民通过"半农半读"等方式就近就地接受职业教育。开展农业经营主体带头人培育行动,力争在5年内使他们基本都得到培训。加强涉农专业全日制学历教育,支持农业院校办好涉农专业,健全农业广播电视学校体系,定向培养职业农民。引导有志投身现代农业建设的农村青年、返乡农民工、农技推广人员、农村大中专毕业生和退役军人等加入职业农民队伍、优化财政支农资金使用,把一部分资金用于培养职业农民。

农村职业教育的发展在政策制度上有了很好的保障,但在实际发展中,却并不能很好地为"三农"服务,并没有真正成为确保农民利益的有效手段。

二、我国农村职业教育城市化倾向的发展

我国是一个农业大国,农村人口在全国人口结构中占据着相当大的比重。农村地域广阔、农业生产类型多样、社会经济发展水平不齐、人口居住

分散,加强对农村劳动力的教育和培训并不是一件容易的事情。农村职业教育发展的压力与动力共存,危机与机遇同在。要解决其现存的问题,必须对这些问题有一个全面的认识。我国农村地区地域广大,存在着很大的发展水平和特点的差异。虽然职业教育在发展中有它的共性和规律性,但其本质特点是为地域经济和社会发展服务,这决定了我国农村职业教育发展中的地方独特性远大于它的普遍性和共性。本文对我国农村职业教育问题的探讨,着眼于从对个案的研究来认识和分析农村职业教育城市化倾向发展的状况。农村职业教育的城市化倾向问题,从根本上是背离了职业教育为当地经济和社会发展服务的本质。

为了更好地了解当前我国农村职业教育的现状及城市化倾向问题,我们陕西师范大学"面向农村的职业教育定位与功能定向——基于陕西县域农村职业教育发展模式的反思"课题组,于2013年12月前往陕西省X县进行实地调研,希望通过真实的案例来对我国农村职业教育的城市化倾向问题进行探讨。X县地处关中平原,属西安市的一个区县,处于城乡结合地带。全县总人口67.4万,农业人口占到91%。耕地面积42290公顷,年粮食总产量265036吨。除粮食种植外,三大农业特色产业为苗木花卉、蔬菜和猕猴桃。2013年3月该县被评为陕西省现代农业职业教育发展工程示范县。通过对这个县职业教育发展状况的研究,能让我们对农村职业教育的城市化倾向有一个比较真实的认识。

(一)我国县域农村职业教育城市化倾向的现状

教育是社会经济发展的产物,同时又是推动社会经济发展的重要力量。在社会经济发展建设的新时期,农村职业教育的发展与农村社会经济的整体发展以及国家城镇化建设息息相关。了解农村职业教育发展现状,不仅对于促进其长远发展具有深远的理论价值,而且对于促进我国新农村建设、农业现代化发展、农村城镇化建设具有重要的现实意义。

1. 农村职业教育的目标定位

任何一种教育类型和机构,其办学目标和定位是首要问题。目前我国的农村职业教育普遍将目标定位于培养转移劳动力,为城市经济、社会发展培养合格劳动者。陕西X县也体现了这样的特点。依据X县的经济发展特点,职业教育可以依托其三大农业特色产业苗木花卉、蔬菜和猕猴桃,明确自己在本地农业、经济和社会发展中的责任,为果蔬、花卉产业的发展服务。但是,据教育局统计数据,全县三所职业教育机构,共2261名毕业生,80%的毕业生都选择或"被选择"在沿海大中型城市工作,就业形式为合同制,主要进入私企及工厂工作,如与县职教中心建立稳定校企合作关系的沪东中华造船公司,青岛胜代机械有限公司等。职业学校以此来保证就业率。一段时间以来,职业教育研究者在谈到农村职业教育重要性的时候,将大量笔墨放在其对劳动力转移的推动作用,认为农村地区剩余劳动力经过职业培训,便达到了现代化工厂的技工操作水平。X县职业教育中心的目标定位,一方面提高了农村职业学校的就业率,解决了新成长劳动力的工作;另一方面,缓解了沿海企业的"用工荒"。然而,农村职业教育除了为城市经济社会发展培养合格劳动者外,还应将培养有文化、懂技术、会经营的新型农民作为主要目标。农村职业教育必须为农村的健康可持续发展服务,必须考虑到农民自身的发展和农民与农业与土地结合在一起的发展。只有这样,才能确保长久的发展,才能真正满足现代化农村和新时代农民的需要。

现行体制下,农村职业教育目标定位存在严重的"离农"现象,主要为城市输送合格的劳动者,忽视了农村转型对新型农民的需要,一味迎合学生、家长的急功近利思想和传统的择业观念,将学生送入城市的制造业流水线上。另外,还存在将职业学校作为普通教育升学的桥梁的现象。农村中职技校办学目标应该是"富农"的教育,但在现实生活中却成了"离农"的教育。因此,职业教育功能没有得到真正发挥。

农村职业教育的目标定位应与农村经济发展水平、区域特征、农民需求相适应,除为城市经济、社会发展培养合格劳动者外,应将培养有文化、懂技术、会经营的新型农民作为主要目标。

2. 农村职业教育的服务对象

当前农村职业教育的服务对象主要是初中、高中毕业生和准备到城市务工并具有一定知识技能基础的劳动力。X县职教中心除全日制课程外,还建立了现代远程教育服务平台。形成以职教中心为龙头、乡镇成人文化技术学校为骨干、村级农民文化技术学校为基础的三级职业教育培训网络。但是,在学校正常的教学活动中,现代远程教育服务平台和职业教育培训网络都没有发挥其应有的作用。学校涉农课程和培训都没有与农民真正地联系起来,基本处于闲置状态。由于政府对农业的关注力度逐年加大,在政策的指导之下,陕西省各地的农村职业学校都有不同形式、层次的涉农专业课程和工程,然而,其服务对象还是初中、高中毕业生和准备到城市务工的转移劳动力。

农村职业教育,尤其是"劳动力转移说",主要把注意力放在初中、高中毕业生和准备到城市务工的转移劳动力上,那些真正的农民并没有包括在内。现实中,农民的文化知识水平非常有限,以 X 县的农民为例,大多数农民仅仅是小学文化程度,很难对现有形式的培训产生兴趣,即使有兴趣,培训起的作用也很有限。要使农村职业教育真正造福所于农民,必须扩大培训的对象范围。如果把那些真正需要培训的人员排除在外,那么农村职业教育就失去了它应有的作用和意义,也会造成人力和物力资源的浪费,偏离了党的政策的初衷。农业教育的对象是农民,不是学生。福斯特认为"没有必要让学校在校生成为农业教育的对象",他的理由是:"如果一个来自农村的孩子其求学目的是为了离开乡村的话,那么任何学校中的农业课程对他来说是毫无意义的"①也就是说,我们的农村职业教育事业,服务对象应该是农民,目标是发展农村经济,这才是农业课程的意义所在。农村职业教育应该更多地关注已经成年的农民和新成长的劳动力,而不仅仅是那些初中、高中毕业生的学历教育。

3. 农村职业教育的存在形态

目前我国农村的职业教育主要以学校形态为主,各级农村职业学校通过专业设置,课程设置,制定严格的教学计划,通过一定年限的全日制学习培养学生。这种形式并不符合农民和新成长劳动力的需要,对于他们来说,短期的技术培训和实践指导更有利于受训者掌握实用技术和生产必需的知识。借鉴发达国家的经验,它们多采用灵活的课程体系,如澳大利亚的模块课程和美国的社区学院,会根据农业的最新技术和农民的个体需要,制定相应的培训计划。福斯特指出,"农业教育的主要任务是新技术、新作物的推广和应用,以及当地市场信息和生产新知识的传播。这一任务可以通过大众媒介、直接的推广计划或'成功农民示范计划'等方式来实施。高校的农学系和农学院,也可在农业科技成果的开发、应用和推广中发挥重要作

---

① 石伟平.比较职业教育[M].上海:华东师范大学出版社,2010:247.

用"。①

X县共有学校410所,其中职业中学3所。职业学校学生共5214人,90%以上都是全日制在校学生。受历史原因和社会经济体制的制约,我国职业技术教育课程是典型的学科体系的形式,具有一定的封闭性特点,缺少灵活性和开放性。世界先进水平的技能和新知识新理论很难较快地进入到该学科体系,影响了学生知识水平的提升和技能与社会的接轨,致使学生走出学校进入社会后,需要较长的时间适应新的发展。因此,在现实的劳动力市场上,职业学校培养出来的学生往往得不到重视。很多用人单位权衡之后,可能宁愿选择一个普通高中的毕业生,而不愿选择职业学校的学生。这是学校形态的职业教育不能满足社会需要,不能很好培养社会所需要人才的反映。

农村职业教育者需要认真思考办学形式主要采取学校形态还是培训？即,是依据严格的教学计划,通过一定年限的系统学习培养学生,还是主要通过短期培训和实践指导确保受训者掌握实用技术和生产必须的知识。

4. 农村职业教育的专业设置

X县职业教育按照市场导向开设专业,以增强自身的发展活力。县职教中心"紧跟市场",开设的专业有电子电器维修与应用、模具制造技术、农业机械实用与维护、焊接技术应用、学前教育、电子装配、数控技术、普通车工、农村经济综合管理、电子商务、动漫设计与制作。涉农专业仅有两个:农业机械实用与维护、农村经济综合管理,其就业方向基本在机械维修厂、国家农业经济开发区、农业博览园,较少回到当地农村直接从事农业生产活动。非农专业的就业集中在天津、上海、重庆、西安等地各大企业与公司。其中,学前教育专业也致力于为北京、珠海、西安各大幼儿园培养师资。由此可见,农村职业学校的专业设置在紧跟市场时,主要为大城市输送人才。当前职业学校开设的专业都是与工业或者服务业、手工业有关,真正的涉农专业非常少,或者名存实亡,不能切实地和农业结合起来。农村职业教育的专业设置与城市类似,没有体现农村社会和经济发展特点,与农村实际脱节。农村的第二、三产业正在蓬勃发展,需要大批专门人才,现存职业学校的专业设置无法满足当地经济社会发展的需要。例如,X县是全国最大的

---

① 石伟平.比较职业教育[M].上海:华东师范大学出版社,2010:247.

猕猴桃生产基地,而且绿色蔬菜基地建设比较成熟、现代农业建设不断推进、旅游资源正在挖掘,对于相关领域人才的培养成为农业产业经济进一步发展的关键,但该县职业教育在专业设置的过程中却并没有足够关注本地区经济发展的需要和特点。

农村中等职业学校为了寻求生存,一方面,利用"对口升学"来招学生,所设专业都是对口升学院校的专业要求,课程设置以文化课为主。另一方面,设置专业时一味追求热门专业,例如,计算机、旅游管理、数控和学前教育专业。专业设置主要考虑城市的需要,盲目迎合学生城市就业的意愿,而不考虑自身办学的实力,导致质量不能保证。

5. 农村职业教育的师资现状

师资队伍是农村职业教育发展的关键所在。师资的数量、结构、受教育背景和资格、培训等成为决定农村职业教育质量的关键。X县职业教育中心师资队伍由专业带头人、骨干教师、"双师型"教师三部分构成,学校有专业带头人8人、骨干教师15人、"双师型"教师20人。其中,15人是研究生学历、28人是本科学历,职称全部为中级,技能水平方面27人是高级工、11人为高级技师、5人技师、4人技工。师资队伍质量水平不断提升,教师队伍结构不断完善。例如,在特色专业中,电子电器应用与维修专业现有专任教师15人,外聘教师6人,均为行业兼职教师,并针对不同类型的教师制定了相应的培养方案。对于专业带头人的培养,主要实行企业顶岗实习、承担企业项目等培训方式,提升专业带头人的专业技能水平;通过进修学习,提高专业带头人的理论水平和管理水平,成效明显。骨干教师培养不断创新机制,实行教师下企业实践、参与产品一体化开发、参与校外培训进修和聘请专家到校培训等培养方式。提高骨干教师的教育教学水平和专业理论及技能水平;通过参加公开课、示范课、说课竞赛和学历进修,提高骨干教师的课堂教学水平。学校在"双师型"教师队伍建设上,实施教师进企业顶岗实习、校内拜师和聘请专家到学校培训等培养方式,努力提高教师的教育教学水平和专业技能水平。兼职教师队伍的建设通过学校与企业行业进行合作,学校派教师进入企业实践的同时引进行业企业优秀技术人员到学校上技能实训课,同时,学校通过招聘等方式引进行业技术专家到学校任教。建立了兼职教师人才库,为专业的实训课教学储备了大量的企业技术人才,并形成了兼职教师的考核制度。

职业教育的特殊性,要求职业教育学校的教师以"双师型"教师为主,教师既具有理论教学才能,又具有专业技能教学能力。由于农村职业学校受到各种条件的限制,专业教师多以聘任制为主,或者通过在岗学习和外出培训等形式培养"双师型"教师。因此,教师业务水平往往无法满足学校发展的要求。而培养面向农村职业教育的教师,在资格认定、聘任、职务晋升、管理方面,也应考虑农村职业教育的特殊性。

(二)我国农村职业教育城市化倾向的特点

通过对我国农村职业教育现状的分析,可以发现,中华人民共和国成立以来,农村职业教育事业在党和政府的高度关注下,取得了突飞猛进的发展,但是随着改革的深入和社会经济的整体发展,以及农村社会的分化,农村职业教育的定位与发展的城市化倾向十分突出,主要表现在以下三个方面。

1. 农村职业教育目标定位"离农"

现代社会是开放性的社会,流动性是其主要的特点,流动迁徙也是现代社会中人的基本权利。随着城市化建设进程的加快、新兴产业的出现以及社会流动性的不断增加。"离开农村、争取更好的生存发展空间"成为大多数农村青壮年的心理需求。[1] 我国新型城镇化建设目标要求到2020年,常住人口城镇化率达到60%左右,户籍人口城镇化率达到45%左右。[2] 在国家政策导向与人们心理期待一致的作用下,农村职业教育不断以满足这种需求作为自身生存与发展的动力与目标。

农村职业教育城市化倾向不断发展、强化,目标定位在"离农"的方向上愈走愈远,呈现出城市中心价值观主导下的农村职业教育发展定位。农村职业教育的发展并未与农村经济建设密切结合,发展主要以"城市取向"为价值主导。在这样的价值预设下,农村价值在比照中被视为较低阶层的价值特性。[3] 或者从城市发展的角度,仅仅把农村各级职业技术学校当成为城

---

[1] 周晔.城乡一体化视角下农村职业教育的培养目标[J].教育与职业,2009(23):15-18.
[2] 国家新型城镇化规划(2014-2020年)[EB/OL].(2014-3-16)[2016-5-20].http://ghs.ndrc.gov.cn/zttp/tjzgczh/ghzc/201403/t20140317_602854.html.
[3] 李学容.警惕农村教育的城市化倾向:对农村教育城市化的审思[J].内蒙古师范大学学报,2013(6):1-3.

市培养初级劳动者的培训场所。根据2015年X县职教中心的资料,毕业生基本去向为上海、西安、天津、重庆、珠海、宝鸡等各大城市企业或公司,涉农专业学生的毕业去向也集中在国家农业经济开发区。进入大城市工作是农村职业学校毕业生的主要就业方向。其次,升学也是农村职业学校毕业生的主要选择。农村职业学校毕业生真正进入当地各产业工作的比例并不高,这与当前我国人口流动的主要趋势以及国家建设的城镇布局策略相互印证。但是,在农村地区,进行新农村建设,培养有文化、懂技术、会经营的新型农民,大力推进农业现代化建设也是新型城镇化建设的一大战略布局。农村职业学校在推动农村地区经济发展与建设过程中的作用没有很好地发挥。农村职业教育机构主要以农村职业学校为主,对适龄学生进行的职业教育。农村职业教育的对象并未包含农村现有劳动力结构中成年劳动力,没有考虑到对他们进行职业教育与培训。这说明我国当前农村职业教育的定位及功能定向存在严重问题。

教育,尤其是农村职业教育是实现农村社会流动的主要途径之一,也是促进农村人口有质量、有效率流动的方式。但是,农村职业教育更有着为当地发展服务的功能,而不是把自己的目标完全定位在促进农村人口向城市流动,呈现出明显的远离农村、农民、农业的城市化倾向,这在根本上违背了职业教育的规律,更不利于农村的长远发展。

2. 农村职业教育专业和课程设置"离农"

农村职业教育的发展在城市化倾向价值观念的指导下,其专业设置,课程安排也随之倾斜,呈现出城市化倾向。在升学与城市就业目标的引领下,农村职业教育的专业设置呈现出以城市热门工作岗位为引导,普遍设立计算机、学前教育、旅游管理、机械自动化等专业,忽视农村职业教育办学地区的特色与农民、农业建设的迫切需求,热门专业的过度膨胀与农村经济的发展极不相协调。农村职业学校目标定位的城市化倾向导致许多农村职业学校不顾办学条件,按照城市人才需求确定学校的人才培养目标和专业,造成培养学生水平低且不适宜当地经济社会发展的需求。[1]

X县职业教育中心所开设的11个专业中,涉农专业仅有农业机械实用

---

[1] 徐晔. 城乡一体化背景下农村职业教育发展问题及对策研究:以山东省为例[D]. 济南:山东师范大学,2015:17.

与维护、农村经济综合管理,非农专业9个。专业设置与城市人才需求类型以及农村学生的心理期待息息相关。大量毕业生选择进入城市就业或者升学,就业率较高。据了解,农村职业学校基本与东部沿海城市企业签订有就业合同,涉及电子制造业、服务业、幼儿园等行业和领域,农村职业学校的发展并没有为农业发展提供技术和人才支撑,严重阻碍了所在乡、县经济的发展。由此可见,为城市服务的热门专业是保证毕业生就业率的策略,也是保障农村职业学校很好发展的重要举措。专业设置的城市化倾向也是农村职业学校所认为的"正确"发展选择。

在农村职业教育专业设置城市化倾向的影响下,农村职业教育课程在很大程度上依据该专业学生的未来去向进行设计。升学率较好的专业,在课时安排上重视理论课程轻视实践课程,其课程设计基本与普通教育相同。课程设置的城市化倾向主要表现在:第一,课程理念城市化。农村职业教育的课程理念主要以城市文化来培养适合城市需要的各类型人才。相比之下,乡村文化由于其落后、愚昧而被抛弃。第二,课程目标城市化。农村职业教育以培养接近、适合城市就业与生存的各类型人才为目标。对于农村学生来说,需要改变自身原有文化与行为生活方式及价值观念,"弃农学城"。第三,课程内容城市化。农村职业教育课程内容呈现出规范的知识体系,是城市知识文化的显性存在。而以日常生活、生产等零散经验为主的农村知识体系并未在农村职业教育课程内容中得到体现。第四,课程实施方式城市化。随着信息化的实现以及对课程实施的研究,农村职业教育课程的实施越来越多地采用信息化手段,以及通过合作学习,探究学习等方式进行,涉农专业课程的实施也表现出这种倾向。

农村职业教育专业与课程的城市化倾向,一方面,满足了城市建设需求与农村学生就业生存期待的对接;另一方面,城市知识体系与学科体系对于农村孩子的学习提出了较大的挑战,并促使农村学生不断转变农村行为方式、文化认识、价值观念,不断背离乡土文化。

3.农村职业教育办学模式城市化

依据职业教育原理的知识,一个国家或地区职业教育发展最根本的动力源于两种需要:一种是经济发展的需要,另一种是个人发展的需要。从我国目前农村的现实情况来看,农村学生求学的主要目的就是获得较高的经济报酬。因此,农村学生个体的发展需要同社会经济发展的需要是一致的。

农村职业教育经济功能的发挥首先在于职业教育以劳动力为载体,通过对劳动力进行培训,把农业生产中所需要的知识、技能转移到劳动力身上。然后,劳动力通过创业机制,根据当地的经济特点,自己创造"工作岗位"——创业,实现生产过程中人的因素与物的因素的结合。最后,劳动力在自己所创造的工作岗位上,充分利用自己所学的知识与技能,进行生产、经营等活动,创造经济效益,实现职业教育的经济功能。(如下图)[①]

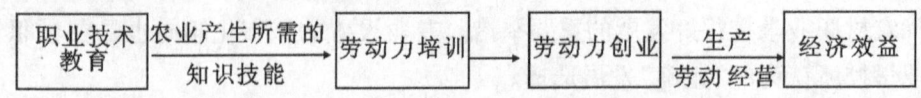

职业技术教育 —农业产生所需的知识技能→ 劳动力培训 → 劳动力创业 —生产劳动经营→ 经济效益

图 5.1　农村职业教育经济功能发挥的机制

从上图可知,农村职业教育经济功能的发挥主要通过一系列相互衔接的环节构成的完整机制来实现。在对劳动力进行培训后,主要通过劳动力创业,而非劳动力就业来实现整个机制的有效运行发挥。在我国的农业生产过程中,本身并没有充足的工作岗位来实现劳动力的充分就业。也就是说,农村职业教育经济功能主要是通过农村劳动力创业来实现的。

我国农村职业教育主要通过职业学校来培养初、中级人才。福斯特极力反对这种学校形态的职业教育,并提出"职业学校谬误论"的观点。他提出,当职业学校被看作是正规学校教育的一部分时,学生的期望与职业学校之间就会存在着很大的差异。此外,职业学校一般偏好采用正规的学科体系的精致教育,与工作具体实践、情景以及受教育者的文化背景差异较大。再次,职业学校的正规学制不能对劳动力市场做出灵活迅速的变化。[②] 因此,就结果而言,职业学校职能是一种谬误。在农村职业教育方面,福斯特主张,没有必要让学校在校生成为农业教育的对象。换言之,农村孩子求学的主要目的就是为了离开农村,进入城市以获得工作与生存,那么,农村职业教育中任何涉农专业的课程对他来说都是无意义的。因此,农业教育的重点对象应该是农民,农村职业教育的主要任务就是向农民推广农业生产的新知识、新技术。在中国城乡二元结构依然存在的情况下,城乡之间教育发展的不平等仍然是阻碍农村地区人口提升自身素质,获得就业技能,实现社会流动的重要因素。但事实上,农村职业教育的存在与发展为农村地区

---

① 石伟平.比较职业技术教育[M].上海:华东师范大学出版社,2010:356.
② 石伟平.比较职业技术教育[M].上海:华东师范大学出版社,2010:244.

人口有效率、有质量流动的实现发挥着不可忽视的作用。因此,农村职业教育不应该办成只注重实现农村人口流动的培训基地,也不应该完全为农村培训农业生产者。这就决定了农村职业教育要以创业培训为重点,实行多功能的学校运行机制。但是目前我国农村职业教育一直是按照城市职业教育的办学规律——"功能单一化"来办学的,使农村职业教育"城市化",这是农村职业教育问题的关键所在。X县职业教育的办学模式主要为学校形态,受教育对象年龄基本处于15—18岁之间,属于适龄学生群体。受教育者毕业去向集中在进入城市工作以及升学。这说明,农村职业教育办学模式的单一化使其未充分承担、兼顾对农村农业从业者群体的职业教育与培训,进而造成了办学功能城市化。

三、我国农村职业教育城市化倾向分析

目前,我国农村职业教育在发展过程中呈现出明显的城市化倾向,即农村职业教育的发展没有与当前农村经济社会发展的现实相适应,而主要迎合了城镇经济发展对人才的需要。农村职业教育发展的城市化倾向是农村职业教育目标定位的价值选择,这与我国当前农村社会经济发展需求差距很大。农村职业教育城市化倾向的原因很多,究其根本,主要在于农村职业教育受到传统发展模式的影响以及在我国社会经济转型过程中自身转型的局限。具体来说,包括以下三个方面。

(一)农村职业教育的传统惯性

"学校本位"办学模式一直是职业教育办学的传统,在封闭、落后的农村地区,这一正规的、主流的办学模式一直被奉为实现人口阶层流动与身份转换的重要途径。在社会经济快速发展与转型时期,城市社会对技术技能型人才的需求与农村人的生活期待互为支持,因而农村地区"学校本位"的职业教育办学模式具有了更加稳固的发展动力与存在基础。

"学校本位"的职业教育思潮也正是在社会经济快速发展时期兴起,并在20世纪50年代到60年代中期兴盛,其产生的背景有:一是新科技革命的推动。第二次世界大战后期的新科技革命极大的改变了人类的生产、生活方式,战后的经济和社会的快速发展迫切需要各级各类的工程技术人员和

熟练的技术工人。职业教育以其培养实用技术人才的特性,被当作是促进社会发展的重要手段。二是经济发展的需要。经济发展需要各级各类职业技能人才,而职业教育是培养第一线的技术和技能人才的重要手段与途径。职业教育,是推动社会生产力发展的强大力量。此外,通过职业教育能够提高劳动者的职业素质和技术水平,通过培养适合经济需要的各级各类人才,为经济的持续和稳定发展提供良好的基础,进而推动经济的发展。① 20世纪50年代至60年代中期,在发展经济学和"人力资源说"的影响下,英国经济学家巴罗夫(T. Balogh)认为:职业教育比普通教育具有更好的投资价值,他主张发展中国家政府为振兴经济就应把投资重点放在发展学校形态的职业教育,兴办职业学校,②即职业教育的主体是正规学制的职业学校,也即通过兴办职业学校,进行"人力储备",掌握现代生产技术,以产生规模效益,在国家的经济发展过程中发挥重要作用。③ 巴洛夫的观点在当时得到了联合国教科文组织、世界银行等国际组织的支持,成为20世纪60年代发展中国家教育与经济发展的指导理论。

针对巴洛夫的职业教育理论,美国教育家福斯特在其著名的《发展规划中的职业学校谬误》(The Vocational School Fallacy in Development Planning)中针对巴洛夫为代表的职业学校主流思想进行了全面批判,并系统阐述了他的职业教育思想,其中许多观点成了当今世界银行指导各国职教发展的政策性文件的核心。福斯特认为,职业学校只能是一种谬误,职业教育的重心则应是非正规的"在职培训",职业技术培训要在非正规教育机构之外进行,发展企业本位的在职培训计划。④ 但是,在中国,"学校本位"的职业教育至今仍是农村职业教育的主体。由学校开设职业教育课程,当学生完成职业课程后再把学生推向市场。虽然职业教育教学中一再倡导能力本位的教学理念,但由于人力、物力等各方面的投入不足,在具体实施过程中大体流

---

① 肖化移. 二战后学校本位职业教育思潮[C]. 教育史研究论文集,2009:796-797.
② 石伟平. 比较职业技术教育[M]. 上海:华东师范大学出版社,2010:332.
③ 吕丽敏. 从巴洛夫与福斯特的论战看我国的农村职业教育的发展[J]. 职教论坛,2008(7):43-46.
④ 周正. 福斯特与巴洛夫论战对我国职业教育发展的启示[J]. 外国教育研究,2006(3):57-62.

于口号、形式而不能真正实施。① 这一现状与中国社会经济发展有着密切关系。在20世纪50年代到60年代中期,中国正处于一个百废待举、百业待兴的大规模发展建设阶段。中华人民共和国的建设发展对大量的技术技能型人才提出了迫切的需求,为适应经济建设发展的需求,中职院校和技工学校数量快速上升。但在1966年至1976年的十年间,农村职业学校的数量锐减,职业教育发展遭遇滑铁卢时期。1978年恢复经济建设后,农村职业教育得到了缓慢复苏,在改革开放政策下,城乡二元户籍制度限制开始松绑,自20世纪90年代开始,大批量农村劳动力不断转移进入城市,农村职业教育正规的学术体系更加强化了农村劳动力轻视农业生产实践的观念,职业学校承担起了促进农村人口流向城市的主要责任。

(二)城市化建设的必然要求

城市化是伴随工业化发展,非农产业在城市聚集、农村人口向城市集中的自然历史过程。在2012年,我国常住人口城市化率为53.7%,户籍人口城市化率只有36%左右,远远低于发达国家80%的平均水平,2014年《国家新型城镇化规划(2014—2020年)》中,明确提出,到2020年,我国常住人口城市化率达到60%左右,户籍人口城市化率达到45%左右,②从以上数据可以看出,2012年我国城市有17.7%左右的农村劳动力参与城市化进程的建设。到2020年,城市居住人口中仍然有15%左右的农村劳动力不属于城市户籍人口。可见,我国城市化的发展还有较大的空间。我国在城镇化建设的过程中,不断吸引大量的农村转移劳动力进入城市,参与城市社会经济的建设与发展过程。自1978年实行改革开放以来,我国城乡二元制度不断弱化,20世纪八九十年代,农村劳动力不断进入城市谋生和工作,积极参与城市建设。新世纪以来,随着城市建设速度的加快,以及农业生产技术的发展,大量农村劳动者从第一产业中解放出来,进入城市谋生就业。据统计,

---

① 罗茜雯.由巴洛夫和福斯特职业教育思想之比较看中国职业教育的发展[J].岳阳职业技术学院学报,2014(2):29-32.
② 新型城镇化规划(2014—2020年)[EB/OL].(2014-3-16)[2016-6-1].http://ghs.ndrc.gov.cn/zttp/tjzgczh/ghzc/201403/t20140317_602854.html

2015年,全国农民工总量27747万人,比2014年增加352万人,增长1.3%。[①] 城市化建设不仅促进建筑业的发展,而且能够有效带动第三产业的开发,极大地扩大了城市就业容量,城市化建设进程的加快就意味着大量农民失去土地、离开土地,农村劳动力的转移成为社会发展的必然要求。

城市化水平的提高,会使更多的农民通过转移就业提高收入,通过市民化的进程不断扩大,促进消费结构不断升级,消费潜力不断释放,这将为经济发展提供持续的动力。近年来,国家层面也不断出台一系列的政策规划,引导并保障农村劳动力的顺利转移。新型城镇化的建设要不断推进农业转移人口享有城镇基本公共服务,要推进符合条件的农业转移人口落户城镇。[②]"十三五"规划中也明确提出,通过加快户籍制度改革,实施居住证制度,促进农业转移人口市民化进程。[③] 推进有能力在城镇稳定就业和生活的农业转移人口举家进城落户,并与城镇居民享有同等权利和义务。优先解决农村学生升学和参军进入城镇的人口、在城镇就业居住五年以上、举家迁徙的农业转移人口、新生代农民工落户的问题。

农村劳动力就业能力是由其教育程度直接决定的,职业教育有助于其拥有更多的职业选择机会,拥有更多的技术和能力,摆脱农业束缚,更好地融入城市,适应城市新的工作岗位。实现无业者有业,有业者乐业。帮助农村劳动力迅速由农民转换成城市居民,顺利实现劳动力合理有序转移。[④] 农村劳动力的顺利转移,取决于劳动力素质是否适合经济社会发展的需要。农村职业教育,作为农村技术技能教育的主要承担者,对农村劳动者进行人力资本投资,提高他们的素质、更新他们的观念,保障农村职业教育学生顺

---

① 2015年国民经济和社会发展统计公报[EB/OL].(2016-9-20)[2016-6-1]. http://www.stats.gov.cn/tjsj/zxfb/201602/t20160229_1323991.html

② 新型城镇化规划(2014-2020年)[EB/OL].(2014-3-16)[2016-6-3]. http://ghs.ndrc.gov.cn/zttp/tjzgczh/ghzc/201403/t20140317_602854.html

③ 中华人民共和国国民经济和社会发展第十三个五年规划纲要[EB/OL].(2016-3-17)[2016-6-3]. http://www.china.com.cn/lianghui/news/2016-03/17/content_38053101.htm

④ 王波.基于剩余劳动力转移的宝鸡市农村职业教育研究[D].西安:西北农林科技大学,2015:14.

利就业,是推动国家城市化进程的主要途径。①

国家出台了一系列有力措施大力发展职业教育,为社会经济发展培养高素质技能型人才,促进社会现代化建设以及农村城镇化、农业现代化的发展。在城市化的建设过程中,为了适应新的发展要求,农村职业学校也在不断调整,农业类专业越来越少,但农村职业教育的挑战不在于盲目减少农业类专业,关键在于如何适应人才需求的变化,更好地为农村剩余劳动力(含适龄学生和失地农民)转移服务。但长期以来,农村教育一直被寄予承担培养"有身份、有地位"的学术型人才的厚望。因此,农村职业教育的发展往往也坚持"两条腿"走路的方针,但无论是普通教育方向,还是职业教育目标,农村职业教育的定位都体现出强烈的"城市趋向"。这一定位,不仅是农村居民对教育的期望,也是农村职业教育自身发展的动力与生存根本要求。农村职业教育学校本位的职业教育往往强调学历教育,忽视非学历培训。另外在人才培养方面,学校本位的职业教育本身存在一定的局限性,主要表现在人才培养效率不高,人才培养的质量难以适应企业的需求。此外,农村职业教育的发展在目标定位、专业设置、课程安排等方面都存在着严重的城市化倾向,偏离了农村职业教育的根本宗旨。

(三)新时期农村职业教育的"离农"转型

21世纪以来,随着市场经济的发展及城镇化建设的加速,中国社会正经历着从传统社会向现代社会、从农业社会向工业社会、从城乡二元分割到城乡统筹发展的现代性转变。社会的转型对我国农村职业教育的发展不断提出新的挑战。党的十八大提出,要坚持走中国特色新型工业化、信息化、城镇化、农业现代化道路。新型城镇化就是坚持以人为本,不断推动城市现代化、农村城镇化,全面提升城镇化的质量和水平。②

农村职业教育的转型是新时期我国城镇化建设的必然要求。新型城镇化的建设不仅包括农村社会经济结构向现代化、城镇化转变的过程,也包括既有城镇的进一步城镇化、现代化、集约化。在新时期,我国农村地区社会

---

① 谈卫兵.城市化进程中农村职业学校职业指导工作的思考[J].职业教育研究,2006(12):57-58.

② 皮江红.经济先发地区农村中等职业教育的转型:以浙江省为例[J].教育发展研究,2014(5):33-35.

经济结构快速变化,非农化特征凸显。随着我国农村城镇化建设进程的加快,农村地区社会化、市场化、工业化和生产力水平不断提高,我国农业社会生产结构不断变迁。据统计,从农民工构成看,2015年本地农民工10863万人,比上年增加289万人,本地农民工占农民工总量的39.2%(注:本地农民工是指在户籍所在乡镇地域以内从业的农民工)。本地农民工从事第二产业的比重为49.9%,其中,从事制造业的比重占27.7%,从事建筑业的比重明显下降,占19.4%。[1] 这在一定程度上说明,我国农村地区经济结构不断变迁,吸引劳动力就业的能力不断扩大。

城镇化的快速发展对我国农村社会结构最主要的影响就是农村人口社会流动性的增加。根据国家统计局抽样调查结果显示,2015年农民工总量为27747万人,比上一年增加352万人,比2011年增加了2469万人。从农民工构成来看,2015年本地农民工10863万人,比上年增加289万人,外出农民工16884万人,比上年增加63万人。[2] 随着经济社会的建设发展,我国农民工数量会不断扩大。城镇化水平每提高一个百分点,意味着要城镇转移约1500万的农村剩余劳动力。由于进城农民工职业培训水平低,缺乏在城市就业的竞争能力,导致农民工进城之后更多在城镇的低端行业就业,工资待遇低,难以实现由农民向市民的身份转换,导致中国约有12个百分点的虚假城市化率。[3] 影响农民工身份转换固然有城乡二元体制方面的原因,但农村职业教育如何承担人口城市化的重任,是一个极大的挑战。首先,城镇化要求农村职业教育进行专业结构改革。城镇化的主要任务是分流农村富余劳动力,促进他们向城镇的第二、三产业转移。农村职业教育的专业结构需要不断满足农村劳动力转移的需要。其次,城镇化要求农村职业教育进行目标调整。从农村城镇化、工业化的发展趋势分析,农村职业教育应根据新的形势和任务,合理调整原有培养目标,从原来的主要以培养当地从事农业生产和家庭经营的"新型农民"转换到兼顾农村剩余劳动力的转移和农

---

[1] 2015年农民工监测调查报告[EB/OL].(2016-4-28)[2016-6-17]. http://news.163.com/16/0428/09/BLNSM4SJ00014JB5.html

[2] 2015年农民工监测调查报告[EB/OL].(2016-4-28)[2016-6-17]. http://news.163.com/16/0428/09/BLNSM4SJ00014JB5.html

[3] 迟福林,殷仲义.城市化时代的转型与改革:城市化与城乡一体化的新趋势、新挑战、新问题[M].北京:华文出版社,2010:186.

村从事农业生产经营的"职业农民"上来。最后,城镇化要求农村职业教育进行办学模式的创新。在"就业难"和"普高热"的影响下,农村职业教育的发展不断偏离职业教育的本质诉求。农村职业教育应积极创新办学模式,促进学历教育与短期培训、学分制与弹性学制的融合,满足农村劳动力多样化的学习意愿。①

新型城镇化的建设不断地对我国的农村职业教育发展提出了挑战,农村职业教育也要发生相应的战略转型,这不仅是城市建设与发展的要求,也是农村城镇化的必然要求。为了适应新时期经济社会发展的要求,我国农村职业教育也进行了一系列的改革。据调查,为了适应陕西省经济建设发展的需要,X县第二职业中学不断进行调整与改革。改革主要集中在:根据毕业生的就业情况,不断扩大热门专业的招生与规模,削减涉农专业的数量,目前学校仅开设有农村电器技术、电子技术应用和计算机应用三个专业。由此可见,新时期我国农村职业教育的转型更多以城市需求为导向,不断脱离农村的发展现实与建设需要。从根本上来说,新时期我国农村职业教育并未准确认识到自身转型的价值与意义,对于转型的定位以及农村职业教育发展的本质诉求也并未有深刻的思考。

四、农村职业教育的本质回归

中华人民共和国成立以来,我国农村职业教育定位于"立足三农,服务三农",为我国农村经济社会的发展做出了巨大贡献。但是,改革开放后,我国由计划经济转变为社会主义市场经济,农民逐步离开农村、农业,到城市务工,农村劳动力的流动程度不断加大。特别是进入21世纪,大量农民工群体转移到城市务工,为我国城镇化的建设发展做出了巨大的贡献。同时,我国大部分的农村职业学校也顺应时代发展趋势,转变培养目标,从为农业、农村服务转变为农村富余劳动力转移以及升学服务。"十六大"以来,中共中央提出统筹城乡发展,特别是"十八大"提出新型城镇化,强调城乡发展一体化,不仅要提高城镇化质量,而且要发展文明、繁荣的现代农村。农村职业教育作为培养有文化、懂技术、会经营的新型农民的教育与服务,是直

---

① 邬志辉.中国农村职业教育的战略转型[J].社会科学战线,2012(5):194-196.

接为农村经济社会发展培养中初级劳动力的教育活动。农村职业教育发展的城市化倾向是一定时期农村职业教育发展的必然选择,为我国城镇化建设以及社会经济的发展起到了积极的作用。但在新时期,农村职业教育的发展目标与功能也必然要进行重新定位,以期与我国社会经济建设的需求相一致。面对农村职业教育存在的问题,社会各个方面需要协调一致、共同研究,合力解决。新时期,大力发展农村职业教育,是有效解决"三农"问题,促进农民增收,促进农业和农村城镇化发展,建设新农村,缓解就业压力的重要途径,也是促进社会经济产业结构升级调整、加快城镇现代化建设进程的必要举措。为了促进我国农村职业教育整体持续良性发展,针对我国农村职业教育发展中存在的问题和制约因素,我国农村职业教育的发展应当在以下方面不断进行调整,实现农村职业教育的本质回归。

(一) 高度重视农村职业教育发展

发展农村职业教育是建设社会主义新农村的需要。建设社会主义新农村是党中央在 2005 年《中共中央关于制定国民经济和社会发展第十一个五年规划的建议》中提出的重大历史任务。2006 年 1 月,中共中央又发布了《关于推进社会主义新农村建设的若干意见》,再次强调了新农村建设的必要性。2007 年 1 月,中共中央、国务院发布的《关于积极发展现代农业扎实推进社会主义新农村建设的若干意见》中明确提出:"发展现代农业是社会主义新农村建设的首要任务,是以科学发展观统领农村工作的必然要求"。2008 年 10 月,党的十七届三中全会审议通过的《中共中央关于推进农村改革发展若干重大问题的决定》,要求把建设社会主义新农村作为战略任务,把走中国特色农业化道路作为基本方向,把加快形成城乡经济社会一体化新格局作为根本要求。2009 年至今,国家每年出台中央一号文件,来推动农业现代化、农民增收、新农村的建设。2012 年,十八大报告中提出,坚持走中国特色的新型工业化、信息化、城镇化、农业现代化道路,促进城镇化和农业现代化相互协调、同步发展。2014 年,《新型城镇化规划(2014—2020 年)》明确提出,有序推动农业转移人口市民化进程,推动城乡发展一体化。2016 年"十三五"规划中明确提出不断推进新型城镇化和农业现代化建设。在新时期,我国城镇化的建设与农业现代化和新农村的建设是统一的、一致的。新型城镇化的建设,必须发挥农村的人力资源优势,大幅度增加人力资源开发投入,全面提高农村劳动力素质,为推动新农村建设、农业现代化发展以及城镇化的建设提供强大的人才智力支持。因此,必须大力发展农村职业教育。农村职业教育服务于新型城镇化建设是党和政府制定的政策方向,不仅是必要的,而且是紧迫的。[①]

新时期,政府、企业、学校和个人都应该重视农村职业教育的发展。从企业、行业角度来说,农村职业教育一般都办在县、乡、村三级行政地域,其所辖内的企业主要是小型企业,规模小、劳动密集、产量低,很少与当地的农村职业学校在人才培养、专业设置、课程开发、顶岗实习等方面进行合作。一般来说,企业在没有明显利益驱动的情况下,很少与农村职业学校进行合作,承担其社会责任。[②] 对于农村职业学校而言,学校发展目标主要以升学和城市就业为主。学校在发展建设的过程中,忽视当地经济、产业发展的特色以及人才需求结构,而一味以升学、城市就业为发展目标,很大程度上导致了农村家长及学生对于农村职业教育认识的错位。农村职业教育作为教育结构的重要组成部分,是培养技术技能型人才的主要机构,是推动教育公平,提升劳动力文化程度与素质文明的重要途径。农村职业教育的发展离不开当地经济产业发展的基础支撑,离不开企业的参与合作培养,更离不开学校自身、农村家长和学生对其的准确定位与正确认识。从政府角度来说,中央和省级政府主要负责农村职业教育的统筹工作,县级政府才是发展农村职业教育的主体,应该对农村职业教育的发展负主要领导责任。农村职业教育的发展,需要各级政府统筹合作,相互协调。一方面,需要不断完善政策支持与法律保障。农村职业教育法律法规的健全,政策支持的完善是政府行为的根本支撑。国家应加强农村职业教育发展环境的改革,健全相应的法律法规,保证农村职业教育的权益及其重要地位。另一方面,县级政府应该全面部署支持县域农村职业教育的具体发展工作,充分认识到农村职业教育对新农村建设、农业现代化、新型城镇化建设的基础性、先导性的重要作用,根据当地三种产业和城镇化推进程度合理利用政策、财政等非直接干预的方式促进农村职业教育发展。此外,政府还需引导、调动社会力量

---

① 李文政.农村职业教育服务于新农村建设的必要性与对策探析[J].继续教育研究,2008(4):39-41.
② 文康.新型城镇化进程中农村职业教育发展研究[D].南昌:东华理工大学,2016:39.

参与农村职业教育的建设发展,形成多元投资体系和全方位的支撑格局。

(二)坚持为农服务的宗旨

《国家中长期教育改革和发展规划纲要(2010—2020年)》提出,发展面向农村的职业教育。2011年10月,教育部等九部门联合印发了《关于加快发展面向农村的职业教育的意见》。言外之意,现实中农村职业教育发展存在不面向农村的倾向,即农村职业教育发展呈现出城市化倾向。农村职业教育发展的城市化倾向与我国经济建设的发展模式不无关系。20世纪90年代,我国经济发展模式从计划经济转向市场经济,城镇化建设速度加快,大量农村剩余劳动力不断转向城市谋生,与此同时,我国高校扩招,一些农村职业教育为了扩大生源,维系自身发展,纷纷加入应试教育行列。农村职业教育出现这一变化是对时代变化的自然反应。农村职业学校适应这一趋势,转变办学方向也是顺势而为、服务大局、寻求生存与发展的积极选择。从主要为当地经济建设服务,完全转向为城市输送劳动力的"就业教育",甚至加入"升学教育"的行列,[①]我国农村职业教育在时代的影响下,其发展目标定位不断显示出城市化倾向。

历史只能说明过去,而未来如何发展才是我们最值得思考的方面。在新型城镇化建设背景下,我国农村职业教育的发展也应该进行重新定位,重新认识农村职业教育发展对于农村发展的意义,坚持为农服务的宗旨。

我国是一个人口大国,70%左右的人生活在农村地区,虽然我们拥有极其庞大的人口资源,但我国的人口素质总体水平较发达国家存在较大的差距,人口的总体受教育年限较短,文化水平较为低下,这对我国当前进行的社会主义新农村的建设带来很大的不利。因此,我们迫切需要将我国的人口资源优势转变成我国的人力资源优势,而要实现这个宏伟的目标,职业教育起着非常重要的作用。[②]在新型城镇化背景下,农村地区的建设与农业现代化的推进与城镇化的建设相互统一。新农村建设、农村城镇化是整个社会必然要经历的历史阶段,在这一过程中,农民问题是农村建设发展的基本

---

① 吴正.培养新型农民是农村职业教育的重要功能[J].教育与职业,2008(36):37-39.
② 沈迪.农村职业教育现状分析及对策[D].武汉:武汉工业学院,2012:9.

问题,促进农村、农业经济的发展,关键在于农民素质的全面提高。农民掌握了知识、提高了素质,才能充分利用先进技术成果,进行规模经营、产业化生产,创新农业生产,才能增强农村经济发展后劲,促进农业、农村经济结构调整,实现农民整体收入的提高。因此,农村职业教育的发展则是有其历史的必然性,农民适应大工业化的生产也将是历史的必然,发展农村职业教育是解决"三农"问题的突破口。我国农村职业教育是国家教育事业的重要组成部分,是为适应我国新农村建设需要和经济社会发展的需要和个人就业的需要而进行的事业,农村职业教育坚持为农服务是农村经济发展和社会建设的必然选择。

新农村建设、农村城镇化的基础是农村经济的发展。在新时期,农村经济发展有两大着力点:一是发展现代农业,实现农业现代化;二是发展非农产业,实现农村产业结构的升级优化。[1] 对于发展现代农业而言,舒尔茨在其著作《改造传统农业》中提出:"改造传统农业是投资问题,其中主要是人力资本投资。"根据人力资本理论,对农村人力资源进行合理的以教育和培训为主的开发,优先发展农村成人教育和职业教育。而发展面向农村的职业教育是对农村劳动力进行的专业化教育,能提升其人力资本水平,使之成为掌握专门领域职业技能的新型农民,[2]服务于农村农业现代化进程。在新型城镇化建设的背景下,农村工业化、城镇化、城乡一体化的建设进程不断加快,对于农村剩余劳动力资源的开发,农村职业教育应当在当地经济产业结构的基础上进行有针对性的培训,促使农村人力资源服务于当地经济发展与农村城镇化的建设,改善传统城镇化过程中"空心村""留守"等农村社会性问题的出现。

(三)建立现代农村职业教育课程体系

职业教育的核心体现在专业教育方面,专业教育的本质体现在合理的课程体系上。课程体系是职业学校建设和发展的最基本的前提条件,是

---

[1] 张胜军,张乐天.新农村建设语境中的农村职业教育[J].教育学术月刊,2010(8):87-89.
[2] 宋华明.推进农村职业教育改革 培养服务新农村建设的新型农民[J].教育理论与实践,2010(36):20-22.

职业教育的起始环节。① 因此,与其他学历教育及培训相比,无论是在教育对象、还是培养目标、课程设置等方面,农村职业教育都具有其独特性。然而,长期以来,农村人口,乃至整个社会都过分依赖学历教育,忽视职业教育。相反,人力资源的市场化配置需要教育类型的多元化,而农村职业教育一味地追求学历教育,必然会导致升学转移的困顿和无奈。② 在新型城镇化建设背景下,促进农村职业教育在农村劳动力资源配置过程中的积极作用,就必然要立足于新型城镇化建设对于职业能力的需求,结合农村职业教育的特点,探索适合农村劳动力资源转移和配置的农村职业教育课程体系。③ 为了适应新世纪农民的多元需求,课程设置要实现农业技术教育和非农产业技术培训相结合,提高农民的就业适应性,同时还需要进行经营管理知识、市场经济知识以及农产品深加工技术、信息技术等方面的培训。有研究者认为,农村职业教育的课程就是面向农村、农业和农民的需要,按照国家的有关法规、政策,确定一定的课程目标,开发一定的课程内容和载体,并通过开展各种形式的教育与培训,培养和造就具有一定科学文化、技术和技能的高素质劳动者,从而推动农村社会经济的发展,推进社会主义新农村建设。④

现代农村职业教育课程体系的建设,首先在课程价值理念上要体现出为农服务。农村职业教育课程价值取向是人们基于对农村职业教育课程总的看法和认识,是制定和选择课程方案以及实施课程时所表现出的一种倾向性。农村职业教育课程的价值取向通过影响农村职业教育课程的培养目标、课程设置的结构、课程建设的内容、实施的手段以及课程评价的方式,进而对整个农村职业教育课程活动进行定向和调控。农村职业教育是立足于为当地经济发展服务的,必须与当地农业产业发展、经济结构和农民技术需求相适应。由此决定了农村职业教育课程必须在反映农

---

① 杨清华.对发展农业职业教育的思考[J].河南农业,2007(3):44-45.
② 潘永东.教育反贫还是教育返贫[N].金融时报,2010-10-25.
③ 康廷虎,肖付平,王耀.农村职业教育的课程思考:基于就业能力理论和社会需求特征分析的研究[J].成人教育,2013(3):60-63.
④ 周予.新时期中国农村职业教育课程价值取向研究[D].石家庄:河北师范大学,2008:6.

业、农村、农民的现实需求的前提下进行设计建设，体现出为农服务的价值取向。在新型城镇化背景下，农村职业教育在培养农村劳动人口的生产知识、技能水平，促进农村剩余劳动力的转移，提升就业能力，促进农业现代化、新农村建设及第二、三产业的发展方面需要承担更多的责任。

其次，农村职业教育课程内容的建设要体现出区域资源特色。农村职业教育的课程内容的开发设置应充分考虑当地的政治、经济、文化发展状况，并与生产方式和生活方式相适应。农村职业教育的课程内容设计应当因地制宜，以各地拥有的资源和优势为基础，以提高农民的收入为中心，充分反映地方和区域特色，真正体现农村职业教育为农业、农村、农民服务的宗旨。此外，在新型城镇化背景下，农村职业教育课程内容的设计要基于"农"，高于"农"，即课程内容不仅要与当地农业生产发展的特色相一致，还需要体现农业深加工、经营等一系列的现代农业生产经营内容。例如，陕西省 X 县的特色产业是猕猴桃种植等果林业，在当地职教中心的课程设计过程中，就要考虑到课程对于猕猴桃等种植业的意义，只有这样的课程，才是农民需要的课程，才能经得起市场的考验，职业教育的路子才会越走越宽。

最后，农村职业教育课程教学方式要灵活、课程评价要多元化。农村职业教育是一种学科体系与实践体系相结合的体系。因此，农村职业教育的教学方式要灵活多样，教学方式的采取与具体课程内容、课程结构相适应，积极采取深入田间、社会、企业等开放的教学方式，使学生的实践能力和综合素质不断提高。农村职业教育的课程评价要依据职业教育的培养目标，做到理论知识与实践能力的考核相结合，以实践能力的考核评价为主。考试方式多元化，要摒弃传统的纸笔为主的测验考核，采用多元化的评价方式相结合，着重考核学生的专业能力和职业素质，突出职教特色。积极引入就业效能标准，突出人才培养的应用性特征。

（四）建立农民技能免费培训制度

在国际范围内，职业教育的公共性受到普遍重视，有些国家甚至将其化为义务教育的范围,实行免费教育。① 在我国,职业教育承担的任务主要是公共服务,是推动经济发展、促进就业、改善民生、解决"三农"问题的重要途径,是缓解劳动力供求结构矛盾的关键环节。在促进经济增长、消除贫困、促进社会公平与减少社会犯罪率等方面发挥着不可替代的公共作用。② 随着社会经济的转型和政府职能的转变,近年来,公共性职业教育日益纳入我国政府公共管理的范围。2009 年,教育部等部门联合发布的《关于中等职业学校农村家庭经济困难学生和涉农专业学生免学费工作的意见》,对于优化教育结构,促进教育公平,提高国民素质,转换人口压力,促进产业结构的调整具有重要的现实意义。职业教育除职业学校教育外,还包括职业培训。职业教育培训所具有的外部性特征及其供给中的"市场失灵"客观上使得政府提供公共性职业教育培训成为必要。发展中国家要想完成经济和技术变革,必须在经济发展中提升自身的生产力水平,这不仅需要物质资本的投入,而且需要大量能够灵活适应职业转换中的工作岗位对于新技术的需求的劳动力。因此,技能型劳动力的培养对于经济发展社会转型具有重要意义。职业培训所具有的社会效益外溢性特点,使得它仅仅依靠企业和个人投资远远不够,政府应当在满足经济发展对于技术的需求和维护社会公平方面发挥重要作用,特别是要帮助社会弱势群体接受教育培训。③

《十三五规划纲要》中提出"开展贫困家庭子女、未升学初高中毕业生、农民工、失业人员和转岗职工免费接受职业培训行动",④一定程度上推动了我国职业教育免费培训制度的建设,但农民以及新成长的农村劳动力作为农村职业教育的主体并没有纳入到国家免费资助的范围。在新型城镇化建设背景下,建立新型农民及其新成长劳动力免费培训制度成为社会经济转型发展的必然要求。城镇化进程的不断加速使大量的人口涌入城市,在促

---

① 李延平. 职业教育公平问题研究[M]. 北京:教育科学出版社,2009:49.
② 和震. 论职业教育的公益性质及其分类[J]. 中国高教研究,2013(2):84-88.
③ 刘福祥. 公共性职业教育培训的有效供给:基于制度分析的视角[D]. 重庆:西南大学,2011:13.
④ 中华人民共和国国民经济和社会发展第十三个五年规划纲要[EB/OL]. (2016-3-17)[2016-6-25]. http://www.china.com.cn/lianghui/news/2016-03/17/content_38053101.htm.

进城镇建设的同时,使得农村不断"空心化",逐渐被遗忘,加速了农村的衰败,进而使城乡差距进一步拉大。因此,加强新农村建设成为政府解决城乡差距的一个重要选择,这就需要为新农村建设培养新型的劳动力。此外,教育的公平性也成为农村职业教育政策制定的必然追求。①

建立新型农民及其新成长劳动力免费创业培训制度,要注意以下几种可能出现的情况:农村地区与城市相比,是一个相对闭塞的聚落模式,民风淳朴,思想观念保守,农民对创业的主动性不足;创业需要的资金谁来保证?创业的一大特点在于"创造""开创",所以要有足够的创新性和先进性,在"万事慢一拍"的农村地区,如何做到"新、快、好"?回答这三个问题,需要政府和农校的默契配合。首先,在心理状态的调整上,可以依靠农校的心理辅导课程和村委会的宣传鼓励,心理状态的辅导是一个长期的过程,包括初期的鼓励支持、中期的理论支撑。心理状态的调整,保证主观能动性的发挥。其次,当地政府要建立一个完整的资金支持制度。仅有理论支撑,无法让农民真正认可创业培训。政府可以从经济、技术上支持农民自主创业。具体的支持细则须考虑地区差异和行业差异,但是都要从农业这一行业的特点出发,围绕着粮食、果林、经济作物生长过程的各个环节展开。最后,在较落后地区保持先进性,要依托先进平台。以 X 县为例,可以由县政府出面,与陕西农林科技大学建立远程合作。依托先进的科技平台,维持农村创业培训课程的科技水平。

(五)突出农村职业教育师资队伍建设

师资队伍建设是关系到农村职业教育发展的重要因素。农村职业教育在提升农民整体素质、促进农村剩余劳动力的转移、推进农村城镇化建设、促进农村经济社会的发展,实现农业现代化方面有着重要的意义。而农村职业教育可持续发展取决于师资队伍的整体水平。当前,我国农村职业教育缺乏一支稳定而又合格的职业教育师资队伍,特别是农村职业教育所亟

---

① 丁留宝. 中等职业教育免费政策:制度设计、问题及化解[J]. 教育学术月刊,2014(3):53-59.

需的,有专业理论水平和实践经验的种植、养殖、农产品加工、机械维修等优秀教师更加缺乏。① 在新型城镇化背景下,促进农村职业教育可持续发展,实现其目标定位与功能定向,建设一支适合社会经济发展需要的高素质的农村职业教育师资队伍成为职业教育发展的必然要求。

农村职业教育师资队伍的建设,首先需要完善相关政策和法规,提高农村职业教育教师的地位。农村职业教育作为我国教育体系的重要组成部分,其教师队伍也是我国师资结构的重要部分。但由于农村职业教育在发展中的不足,导致其师资队伍并没有得到应有的重视。在新型城镇化背景下,农村职业教育对于我国社会经济建设发挥着不可替代的作用,为了保证农村职业教育的健康发展,必然要确立农村职业教育教师应有的地位与权利。政府作为政策、法规和战略的主导者,应当出台有利于农村职业教育教师队伍建设的倾斜政策,确保农村职业教育教师在工资待遇、职称评定、进修学习、社会身份等方面的权利与地位,吸引和鼓励教师,尤其是广大青年教师加入农村职业教育师资队伍,形成政府重视、社会认可、教师乐于选择的有利于农村职业教育发展的良好氛围和社会环境。

其次,推进农村职业教育师资队伍建设的制度改革。良好的制度环境是确保农村职业教育教师队伍建设的有力支撑。第一,建立独立的职业教育专业教师职业资格制度。教师资格制度是一种保证教师队伍健康发展的外在和内在的制度力量。作为外在的制度力量,教师资格是面向所有教师的一项法律约束力制度,是合格教师必须达到的资格要求;作为一种内在制度,教师资格制度是对从事教师职业、致力于职业教育事业发展需要的一种专业性、规范化制度。因此,教师资格制度是一种促进教师改变,寻求自我专业发展,保障职业教育事业持续发展的重要推动力量。② 农村职业教育教师队伍的建设要根据农村社会发展的实际情况与现实需要建立新型的职业资格制度,充分挖掘农村现有的优秀潜在教师人员。第二,完善教师的培训制度。职业教育教师的培训是教师成长的重要途径。对于农村职业教育教

---

① 张学东.对农村职业教育师资队伍建设问题的思考[J].职教论坛,2010(11):82-84.
② 李娜.县级职教中心专业课小时队伍建设的问题与对策研究[D].长春:东北师范大学,2013:36.

师的培训,也就是要加强"双师型"教师的培养。这就需要农村职业教育机构积极加强与地方高校以及企业的联合培养,承担农村职业教育师资的专业培养工作。

最后,优化教师资源配置。农村职业教育教师结构的优化并没有相同的模式和标准,它应因地、因校制宜。地方政府和教育管理部门,应当根据当地经济发展和产业结构调整的需要,本着现实性原则和统筹发展原则,打破部门之间、城乡之间的界限,调整农村职业教育教师队伍的布局结构、优化教师资源配置。农村职业教育机构也应当根据地区发展特色和自身发展需要不断对教师队伍进行调整和建设。值得注意的是,农村职业教育地处农村,应该根据自身特点,积极探索制度创新,调整和改革教学组织形式,加强校际合作,互聘、连聘教师,共享教师资源。另外,要充分考虑农村实际情况,根据农村产业结构的调整,采取灵活多样的途径和方式从生产一线招聘优秀的生产者、实践者充实教师队伍。

农村职业教育的发展,一方面为城市的发展培养服务型人才;另一方面,面向农村,为现代化农业和新农村的建设建立一支有文化、懂技术、会经营的新型职业农民。在城市化的浪潮中,在农村职业教育面临城市化倾向的困境中,重新树立正确的农村职业教育观,构建以促进新农村和现代农业发展为需要、以农民需求为核心的农村职业教育,积极发展农村职业教育体系,彰显出农村职业教育的特色,才是在新时期面向农村的职业教育发展的新使命。

第六章　我国农村职业学校的发展及其定位与功能定向

农村职业学校是农村实施职业教育的主体，它具有主导和辐射作用。在中华人民共和国成立早期的三十多年间，农村职业学校的主体是农业中学。农业中学主要承担着为农村地区的发展培养相关实用技术人才的使命，涉农专业是它最大的特点。在我国城市经济建设快速发展时期，即从改革开放至20世纪90年代，农村职业学校得到快速发展，虽然非常强调"向农性"，但在实际中，随着市场化的发展和城市建设的需要，为城市各行各业输送各类人才的功能在逐渐增强，与第二、三产业相关的专业迅速占据主导地位。在我国新的历史发展时期，即20世纪末至今，农村职业学校在培养新型农民、进城务工人员和农村劳动力转移培训中具有不可替代的作用，回归农村职业学校教育为农村服务的本质。发展面向农村的职业教育，是当前国家发展的重要举措。农村职业学校作为职业教育结构的重要组成部分，其目标定位、对象定位、专业定位和功能定位是发展的关键。在当前社会发展的新形势下，农村职业学校一方面应致力于适龄学生的就业和升学，体现教育的分流功能；另一方面，促进农村剩余劳动力的转移和为当地农民更好地生活提供技术支持。我国农村职业学校在现实的发展中，其教育和培训对象仍然比较单一，主要坚持通过全日制形式对年轻人进行学历教育的狭隘的思想，并未把农村职业教育的另一主要群体——农民作为其关注的对象。当前国家大力倡导新农村发展和城镇化建设，急需职业学校改变原有的状况，把现有农民也纳入自己的服务范围内，对他们进行再教育和技术技能的培训。农民是解决"三农"问题的根本，只有通过教育和培训提高农民的素质，才能更好更快地解决"三农"问题，加快新农村建设的步伐，把农村建设得更加文明，农民才能过上幸福、有尊严的生活。

农村职业学校作为一种教育机构，无论在历史上还是今天，它对我国的教育事业和农村社会的发展都起到了非常重要的作用。在当今新的社会形势下,作为农村职业教育主体的农村职业学校,更要全方位为农民服务,为建设新农村服务,通过提供技术培训,提高农民科学文化水平,提升农作物产量和质量,以改善农民收入状况,保障农民生活质量,促进农村繁荣发展。从当前农村的教育现状来看,农村普通教育的发展状况与城市存在很大差距,不少升学无望的青少年学生流失的现象仍然存在,农村的职业学校必须承担起义务教育后学生继续接受职业教育的责任,把他们培养成新一代的农民。同时,面对国家经济发展的转型和农村城镇化发展,那些失地农民和农村剩余劳动力,也需要通过一定形式的教育和培训,使其可以重新就业,获得生活保障,而农村职业学校以其自身的优势必须承担起时代赋予的责任。从本质上来说,农村职业学校担负的责任是多重的,它的受众群体除年轻人外也应该包括成年农民。

改革开放以来,尤其是进入21世纪,"三农"问题是我们党和国家最为关注的议题,这个问题的解决,涉及我国社会的进步与和谐,涉及大多数老百姓生活的幸福,也是我国社会主义制度优越性的主要体现。在新农村建设的背景下,农村职业教育被认为是解决"三农"问题的关键。而在农村职业教育中,农村职业学校教育常常是人们最为关注的领域。通过文献研究和调查的方法,展示我国当前农村职业学校的状况,探讨新时期农村职业学校的定位与功能定向问题,有助于促进农村职业学校更好地完成时代赋予它的使命。

一、农村职业学校的重要性及功能

现阶段的农村职业学校作为农村职业教育的重要组成部分,是培养和造就新型农民的主要途径,也是转移农村剩余劳动力的有效手段。农村职业学校作为农村职业教育的重要教育机构,在推进城镇化建设和社会主义新农村建设的背景下,它的定位与功能定向是农村职业学校紧跟时代步伐、实现健康发展首先要解决的问题。农村职业学校定位是否合理、是否坚持正确的价值取向,不仅关系到其自身的发展,更是关系到它对国家和农民需要的反应和满足能力。从根本上来讲,农村职业学校自身的生存和发展,它在城镇化建设和新农村建设中功能的发挥程度,都取决于农村职业学校定位与功能定向的科学性和合理性。

在新的时代背景和发展阶段下,大力发展农村职业学校,既是国家促进农村发展的客观要求,也是农民自我发展、实现自我价值的内在需求。随着城镇化建设步伐的加快,农民传统的谋生方式和生活方式逐渐被改变,这对他们来说是一种全新的挑战,而应对这种挑战的有效途径就是进行教育和培训。农村职业学校相比较来说,是最为成熟和可利用的组织机构。通过教育和培训,提高农民适应变化的能力。这种能力对新成长农民和现有农民以及社会而言都是最根本的力量,这就要求农村职业学校必须切实明确自己的目标定位和功能,以确保实现党和国家所期望的农村全面、和谐、健康、创新发展的战略。

(一)农村职业学校

1. 农村职业学校的概念

概念是科学认识的前提和基本要素。什么是农村职业学校?农村职业学校的主体包括什么?农村职业学校的价值取向是"离农"还是"向农"?农村职业学校的教育内容和教育形式分别是什么?目前,还没有学者对农村职业学校做出具体明确的概念界定,我们在借鉴"农村职业教育"和"职业学校"概念的基础上,结合本课题组的研究,提出了我国农村职业学校的概念。从广义的角度而言,农村职业学校是指县及县以下农村地区的教育机构,其教育对象包括农村地区适龄学生(初中毕业生),目标是升学或成长为新劳动力的就业教育;也包括农村青壮年农民,目标是服务于农村发展或培养城市第二、三产业的实用技术人才。农村职业学校的教育内容包括城市各种岗位所需要的职业技能知识,以及现代农业生产经营管理的科学技术。从狭义的角度来说,农村职业学校主要面向"三农",通过开展各种形式的农民培训工作,为农村培养各种类型的农业技术人才,其目的是提升农民素质、提高就业能力和促进农村社会和谐稳定,为当地社会经济和人的个性发展服务。

2. 农村职业学校的形式

基于以上关于农村职业学校的认识,根据教育目标的不同,农村职业学校的办学形式分为两种,一是全日制学校职业教育,二是各类机构实施的职业培训。其中,农村职业学校的教育形式以学校职业教育为主体,职业培训为补充。二者在培训对象、教学内容、管理主体和组织运作方式等方面有着明显的不同。全日制学校职业教育一般指初等和中等层次的学历教育,学校类型有职业高中、普通中专等,受教育对象一般是来自农村地区的适龄学生;职业培训的实施机构通常是政府、学校或者企业,教育对象指成年农民,以获得某种职业资格证书为目的,培训期限短,任务明确。

(二)农村职业学校的地位

1.在学校教育体系中的地位

农村职业学校是学校教育体系的重要组成部分,与农村的普通教育相对应,承担着为农村发展培养人才的重要责任,在新时期,就是为农村城镇化发展和全面建设新农村培养人才。农村职业学校教育是在普通教育基础上的教育,更加体现了面向农村、农业、农民的本体价值。农村职业学校的本质功能和规定性,是为农村地区的发展提供高质量的人才。农村职业学校的目的,是通过教育增进人的知识、品德和能力,形成健全人格,促进人的全面发展。农村职业学校教育的根本目的和终极目标都是为了造就人、发展人,使受教育者个性得以展现,生活质量得到提高。也就是说,农村职业学校为农村劳动者个性的发展和对未来生活的享受提供终身的教育关怀。

农村职业教育作为一种教育类型,与普通中等教育共同构成我国的中等教育,是高中阶段教育的重要组成部分。农村职业学校与普通高中互相补充,为农民子弟提供了一条适合个人发展的接受教育的途径,一定程度上满足了农民子弟自我价值实现的需求。普通高中教育主要以升学为主,主要为更高层次的教育培养和输送人才,农村职业教育以就业为导向,是为农村社会经济发展和城镇化建设培养实用技术人才。不同的办学宗旨和培养目标,丰富了我国中等教育的类型,可以满足不同学生职业道路发展的需求,同时,也体现了教育公平,即为不同兴趣、爱好、处境、层次能力的人提供适合的教育。

2.在职业教育体系中的地位

职业教育按照办学区域可划分为城镇职业教育和农村职业教育两大类。[1] 农村职业学校作为农村职业教育的一支重要力量,在中华人民共和国成立以来,为农村地区的扫盲教育和农业生产技术的推广以及新时期新型

---

[1] 于伟.我国欠发达地区农村职业教育问题研究[M].长春:东北师范大学出版社,2015:160.

农民的培养都起到了不可估量的作用。1978年后,家庭联产承包责任制在全国推行,调动了农民生产积极性,同时,由于农业生产力发展水平和管理水平的提高,一部分人从中解放出来,纷纷走入城市开拓新的人生,这就对职业教育提出了全新的要求和挑战,一方面为农业生产提供技术支持,另一方面为城市发展培养第二、三产业的服务型人才。而农村职业学校作为农村职业教育的主要机构,与城市职业学校相比,对于农民而言具有更大的成本优势,除了除低经济上的成本,还可以减少因为长期在外的距离带来的情感牵挂。

进入21世纪后,缩小城乡差别,工业反哺农业、城市支援农村的意识越来越强烈,关注农村、农业、农民问题,成为党和国家优先考虑的发展战略。然而,促进农村的发展,一是依靠农村的内生发展,即转变农业生产经营管理方式,实现农业现代化;二是依靠农民自身的力量。但是,要促进农业现代化和发挥农民智力支持,则必须通过职业教育和培训,为农民提供最先进的农业生产技术和现代农业经营管理理念。因此,在新的历史发展时期,农村职业学校更应该承担起为农村地区培养合格人才的责任,最终实现人的全面发展,这是时代赋予的使命,这也是农村职业学校的本体价值。

2010年7月29日,教育部颁布《国家中长期教育改革和发展规划纲要(2010—2020年)》,提出在适应经济发展方式转变和产业结构调整的基础上,到2020年构建中等职业教育和高等职业教育协调发展、体现终身教育理念的职业教育体系。农村职业学校属于中等职业教育,起着基础性的教育作用,重点是培养技能型人才;高等职业教育则培养高端技能型人才,发挥引领性的作用。农村职业学校在纵向上与高等职业教育相互衔接。中高职衔接是培养经济社会发展需要的高端技能型人才的有效体系,为经济的发展提供高素质技能型人才,其在构建现代职业教育体系和发挥职业教育的产业吸引力上,占据着核心位置。从这点来看,也进一步证明了农村职业学校的重要地位。农村职业学校不仅与农村经济发展有着密切关系,而且它与农村文明和文化建设也有着重要关系。它是农村精神的家园,代表和传承科学、进步和文明的思想,是农村的希望所在和文明的火种。

(三)农村职业学校的功能

农村职业学校在农村职业教育和发展中的重要性地位,是通过它的功能体现出来的。在不同的经济社会发展时期,其功能的侧重点会有所不同。

它的功能包括以下四个方面：

1. 为高等学府输送合格人才

学校教育都具有为高一级教育输送人才的作用。农村职业学校教育作为一种以学历教育为主的教育，它与普通高中教育一样，培养和鼓励有潜质的学生继续深造，进入更高层次的教育机构接受教育，如高等教育院校，尤其是高职院校，使他们成为高级技能型人才，为农村和国家的现代化建设做出更大的贡献。由于我国教育制度的设计，这部分学生的数量还不是很多，占受教育人数的比例非常小。

中等职业教育与高等职业教育的有效衔接成为农村职业学校发展的一个重要影响因素，这也是我国正在建设的现代职业教育体系的内容之一。一方面，农村职业学校要与高职院校在专业设置上有一定的对接，方便职校的学生升学，为他们接受更高层次的教育提供便利；另一方面，农村职业学校要进一步加强学生文化课和理论课的学习，为高职学习打下坚实的基础，满足完成高职学业需要学生具有更高的综合素质的需求，这就对农村职业学校提出了更高的要求。农村职业学校在发展的过程中应该兼顾两种功能，不能忽视任何一个方面，但保持其职业性本质和直接为生产第一线培养合格的技能和技术型人才始终是其最重要的功能，至少在现阶段如此。

2. 培养新型农民的摇篮

建设社会主义新农村的目标是"生产发展、生活宽裕、乡风文明、村容整洁、管理民主"，实现这一目标，农村职业教育需要发挥重要的作用，它为农村职业学校的发展提供了机会，有助于更好地实现培训的功能，改变传统的功能单一的状况。职业培训的主要对象是现实的劳动力，培训时间相对较短，培训内容能根据需求进行变化，在帮助受训人员实现就业目标上具有优越性。这种培训中的功利性特点，并不妨碍在培训中坚持为受训个体的长远发展服务。从我国科技进步和经济快速发展的现实情况以及新农村建设的长远利益考虑，农村职业学校在培训过程中，应该以培养高技能的新型农民为宗旨。通过农村职业学校培养出来的农民，不仅要具备现代农业的生产知识和技术，还要具备农产品的现代营销管理能力。

现代化的农业生产技术是科技进步的产物，也是实现农业现代化的核心。传统经济时代的农业生产技术和方式已经无法适应现代农业发展的要求和市场竞争的需要。在新城镇化背景下，农村职业学校在职业教育和培训的过程中,必须根据农业产业结构调整和经济结构的变化,把农业和第二、三产业技能、技术培训作为重点,尤其把农业新产品、新技术、新标准、新规范的推广应用放在重要的位置,使新型农民掌握现代农业生产技术以及推广能力,养成他们积极创新、勇于竞争、自我突破、讲求效率、善于合作的生产观念。

现代化的农业与传统相比,具有了更多的市场化的成分。农民的劳动成果不仅仅是为了满足自己的需要,更多的是要进入市场流通,创造更大的经济价值和社会价值。所以,农民已不再只是种地、养殖和放牧者的角色,他们也是自己生产的各种作物和产品的经营者,而他们的营销管理能力决定了其创造价值的大小和增值程度。发达国家在现代农业生产中具有比较先进的经验,除了发达的农业生产技术,更在于现代农业营销和管理能力。因此,要实现我国农业现代化,促进农村发展,必须培养农民具备企业管理、市场营销、国际贸易等知识能力,养成参与竞争的市场意识,运用现代信息手段去把握市场供求信息的能力。

当前,我国正处于城乡统筹发展的关键时期,随着高科技在生产生活中的应用,农业机械化、产业化程度不断提高,农民的内在主体性需求越来越突显。特别是近年来,农忙时间越来越短,农民越来越轻松,这在很大程度上归功于生产农具的机械化程度不断提高,例如大型收割机、播种机和打草机的出现在很大程度上把农牧民从繁重和耗时的体力劳动中解放出来。农业机械化和科技水平程度的提高,极大地促进了农民的增产增收,对满足自身需求后的农产品的销售成为重要的问题。因此,农民必须有文化、懂技术、会经营。农村职业学校必须及时反应市场需求的变化,重视对农民生产技术能力和现代农业经营能力的培养。这两种能力是新型农民的核心。农村职业学校应该以质量为核心切实培养更多的新型农民。

3. 职业人素养的启蒙地

与普通高中相比,农村职业学校更突出职业人的基本文明素养和职业道德教育。与城市职业学校面向城市人相比,农村职业学校对那些出生和生活在农村地区的人来说,是养成他们现代基本文明和职业道德意识的重要场所,这些人是促进我国农村城镇化的基本力量。

农村职业学校主要培养的是实用型中初级技能技术型人才,他们未来的就业领域对理论知识要求相对比较低,但对从业者的道德要求较高,因为他们提供的产品和服务与普通民众的基本生活需求关系非常密切,涉及消费者的生命安全、身体健康、生活幸福和生活质量。确保他们能很好地进入社会,很好地胜任自己的工作,除了专业知识和技能的学习,更为重要的是加强职业道德教育。一个人的工作态度和责任感比职业技能更重要。农村职业学校应加强基本文明素养教育,帮助农村学生树立正确的职业理想,确立正确的职业观、择业观、创业观,形成符合社会和个人实际的就业观,提高自我就业能力,做好适应社会、融入社会的准备,为他们的人生发展奠定良好的基础。

4. 人才合理分流的调节器

农村职业学校属于初中后分流,即义务教育后分流。一部分学生升入普通高中,一部分学生进入职业学校,接受职业教育为就业做准备。进入职业学校的学生,通过学习不同的专业,掌握从事不同工作的能力,最后被放置在不同的社会岗位,实现合理的社会分工。社会分工既是社会进步的标志,同时也是对不同人所具有的不同天赋才能的尊重,更是每个人实现自己社会价值的方式。每个人通过职业学校教育,提高自己的劳动技能,适应社会分工的变化,确保社会发展的快速和有效,以最大限度满足人的需要。通过职业学校教育进行社会分工,是教育分流中的第一次分流,也是最早的社会分工形式。通过这次分流,使受教育者的才能和个性得到发展,从而发挥出自己独特的个人和社会价值,满足了自我实现的需要。同时,也促进了人才结构的优化,适应了社会经济产业结构的需要,加快了社会经济的发展。农村职业学校具有人才合理分流的作用,承认人的个体差异,适应了"适合的人接受适合的教育"的教育要义,同时满足了经济建设对各类初、中级人才和劳动者的需求,促进了劳动者素质的提高,极大地缓解了普通高等学校招生的压力,也有利于我国和谐社会的建设。

农村职业学校在我国的职业教育体系中具有如此重要的功能和作用,充分发挥其应有功能和作用,必将加速农村发展之步伐,缩小我国城乡差距,加快实现我国现代化建设与和谐社会建设的步伐。

二、我国农村职业学校的发展历程

中华人民共和国成立之初,我国并没有建立真正的农村职业学校。我国农业职业教育的主要形式是培养农业技术干部和管理干部的农业中专学校,真正的农村职业学校的出现是在农村社会主义改造基本完成后。[①] 从社会主义改造基本完成到现在,我国农村职业学校的发展经历了曲折的过程,通过对其发展历程的梳理,有助于我们在纵向上、从历史的角度认识和理解农村职业学校的定位和功能定向的重要性和问题,从而更好地定位今天农村职业学校的发展和它的功能,以实现其在新的历史时期的价值。我国农村职业学校的发展大致可以分为四个阶段。

（一）初始发展阶段(1956—1978)

社会主义改造完成以后,为了解决农村地区技术人员短缺和升学问题,1958年3月24日,教育部在第四次全国教育行政会议上提出"大力举办农业中学、工业中学和手工业中学"的建议,会后,在我国江苏、浙江、河南、辽宁等省先后办起大批的农业中学。1958年8月1日,江西共产主义劳动大学开学,除总校外,还在全省各垦殖场设有30所分校,实行"半工半读,勤工俭学,学习与劳动相结合,政治与业务相结合"的办学制度。同年9月19日,中共中央、国务院颁布了《关于教育工作的指示》规定,指出半工半读学校与全日制学校、业余学校同为我国三类主要学校。1960年4月10日,第二届全国人大二次会议通过《1956—1967年全国农业发展纲要》,提出大力提倡群众办学、集体办学,在十二年内基本扫除青壮年文盲。在一系列政策的引导下,1958年到1960年间我国农业中学在全国各地迅速扩展,仅在1958年建立的农业中学多达20000所,招生人数高达220万人;1960年又增加到22597所,在校学生达230.2万人。[②] 虽然农业中学数量不断上升,但是发展过程困难重重,教育事业发展过快,规模过大,超过了国民经济的负担能力,导致教育资源不足、农民负担过重、教学质量偏低等问题,使教育部不得不压缩各类教育规模。1961年1月27日,在中共中央发布的《关于1961年和今后一个时期文化教育工作安排的计划》文件中,确立了"调整、巩固、充实、提高"的教育发展方针。经过对条件较差的农业中学进行裁减、

---

① 曹茂甲.职业教育六十年:农村职业学校的发展历程[J].职教通讯,2011(3):24-26.
② 《中国教育年鉴》编辑部.中国教育年鉴1949—1981[M].北京:中国大百科全书出版社,1984:9.

合并,到1963年农业中学减少至3757所,在校学生减少至24.57万人,①农业中学的发展趋于稳定。

1963年以后,随着国家经济形势的好转,农业生产也迎来了转机,对农业技术人员的需求大增,农业中学又迎来了新一轮发展期。为贯彻"两条腿"走路的办学方针,1965年3月,全国再次掀起大办半工(耕)半读学校的热潮。到1965年底,农业中学数量达到54332所,在校学生数增加至316.69万人,师资力量也有所加强,专任教师数量从1962年的1.2万人发展到1965年的12.6万人。②

这一时期,农业中学经历了从创办发展到调整充实的曲折过程,解决了大部分高小毕业生的升学问题,降低了农村地区的文盲率;同时,也提高了农村适龄儿童入小学的积极性,间接地促进了小学教育的普及。但是,此时期的农村职业学校由于忽视客观规律,盲目扩大办学规模,急于求成。

此后,在"文化大革命"中,普通中学因具有"办公的"性质,受到广大农民的欢迎,而农业中学被认为是"不正规"的学校,大量的农业中学和半工半读的技术学校改为普通中学,一度轰轰烈烈的农业中学在这场历史漩涡中销声匿迹十多年。

(二)缓慢恢复阶段(1978—1984)

1978年十一届三中全会后,我国进入一个新的历史发展阶段,职业教育也焕发新生。1978年4月22日,邓小平在全国教育工作会议上明确指出,各部门要特别重视扩大农业中学、各种中等专业学校、技工学校的比例,把教育事业囊括进国民经济计划当中,并不断加强对教育的投入。以此为起点,农村职业教育的发展进入一个新的历史时期。1980年9月27日,国务院批转了《关于中等教育结构改革的报告》,提出改革中等教育方针,确立了各类职业学校发展的整体要求,努力提高职校生的比例。基于此,我国一些有条件的城乡开始筹办农业中学和职业中学的试验,农村职业教育渐渐踏上了恢复发展的道路。1983年5月6日,中共中央、国务院在《关于加强和

---

① 《中国教育年鉴》编辑部.中国教育年鉴 1949—1981[M].北京:中国大百科全书出版社,1984:9.

② 《中国教育年鉴》编辑部.中国教育年鉴 1949—1981[M].北京:中国大百科全书出版社,1984:9.

改革农村学校教育若干问题的通知》中提出,各地要从大局出发,统一安排和计划,分批次地增加农业高中和职业学校,可以将一些普通高中改为农业中学,或者筹办一些新的职业学校。我国农村职业教育的快速恢复和发展,很大程度上得益于国家政策的倾斜。到1984年我国农村职业中学和农业中学一共有6019所,其中职业高中的数量为4285所,学校容纳了近130万人。[①] 这些数据变化表明,我国农村职业学校教育发展呈现出欣欣向荣的趋势,不仅仅是数量方面,在教育质量上也取得了可喜的成绩。农村职业学校办学方向呈现很强的"向农性",为今后农村职业教育的快速发展奠定了扎实的基础。

在此阶段,由于我国农村乡镇企业较少,发展水平也比较落后,农业依然在农村经济中占主导地位,相比较涉农专业而言,非农类专业受到冷落和质疑。因此,农村职业学校办学定位和功能定向紧密围绕农业发展需要,无论专业和课程设置,还是毕业生的就业去向都是以为农村服务为原则,呈现出很强的"向农性"特色,对于农村的发展产生了非常重要的影响。

(三)持续发展阶段(1985—1996)

农村职业教育经过六年的恢复发展期后,无论是办学规模还是标准化程度都达到了一定的发展水平。但是随着我国社会经济的不断发展,社会各行各业对各类技术人才提出了新的要求,所以为了应对现实的需求,我国农村职业教育进入了持续发展的阶段。1985年5月27日,中共中央出台了《关于教育体制改革的决定》,提出通过调整中等教育发展比例,促进职业技术教育的发展。为贯彻《关于教育体制改革的决定》的要求,各部门分别召开专门会议讨论关于职业教育发展的问题,并相继提出了具体的执行办法和建议。例如,《关于进一步贯彻"先教育、后工作"原则的几点意见》、《关于各类职校学制的暂行规定》等。

为全面提高农村文化水平和农业生产技术,1988年9月,我国全面实施"燎原计划",在农村各级各类学校的合作下,通过多种形式的职业教育培训扫除农村文盲。为了指导和推进农村教育改革、使农村教育综合改革实验区的教育改革有所遵循,国家教委于1990年7月9日印发了《1990—2000

---

① 《中国教育年鉴》编辑部.中国教育年鉴2014[M].北京:人民教育出版社,2014:207.

年全国农村教育综合改革实验区工作指导纲要》,对农村教育综合改革的方针和任务作了明确的阐述。指出农村教育要端正办学方向,为当地经济建设和社会发展服务,积极开展职业技术教育。"每个县要先办一所起骨干和示范作用的重大职业技术学校,坚持人才培养、科学试验、技术推广、生产示范、经营服务密切合作,重视办好与发展粮、棉、油生产有关的专业,同时也要办好为发展镇、县企业和第三产业服务的各类专业",结合当地的实际情况开展职业培训,重视小学后的职业技术教育。为了进一步明确今后我国职业教育发展的纲领、策略、宗旨和实施步骤,1991年10月17日,国务院颁布《关于大力发展职业技术教育的决定》,指出全方位地进行农村教育改革,主要通过实施"燎原计划",走产学研相结合的道路,加大学校与企业的合作力度,充分利用社会上各种有效的资源和设施。同时,调控好基础教育、职业技术教育和成人教育的发展比例问题。在农村要重视办好为农村服务的专业,兼顾培养其他各专业人才,专业设置要适应农村经济发展需要和农民生产经营。这一决定为我国农村职业教育的发展指引明了方向。"燎原计划"实施后,我国农村职业教育在数量和生源上都取得了很大的成就,1992年我国农村职业中学数量为6973所(其中职业高中5419所),比1984年增加了954所;在校生数226.4万人,相比八年之前学生人数增加96.7万人。①

1993年3月,中共中央、国务院发布《中国教育改革发展纲要》,明确指出职业学校要在政府的指导下,根据当地经济建设、市场经济发展的需求,走联合办学和校企合作的道路。在此文件精神的指导下,各个地区在不断摸索和实践中形成了几种典型的职业教育办学模式。比较有代表性的是河北省和苏南地区建立的职教中心。河北省从1992年到1996年,在全省139个县分别成立了一所综合性的职教中心,它融合了职业中学、农民中专、技工学校、农业广播电视学校等多种类型的中等职业教育,各取所长,整合了职业教育资源。此后,各地积极推广县级职教中心,对农村职业教育的布局进行结构调整,合并淘汰农村职业学校,整合资源,节省教育投资。苏南地区主要是通过职教中心的辐射带动、组建办学集团等形式发展地区性的职业教育,使得职教模式适应了地区经济模式,这种职教模式主要包括县、片、

---

① 《中国教育年鉴》编辑部. 中国教育年鉴2014[M]. 北京:人民教育出版社,2014:212.

乡三级。①

1996年5月15日,《中华人民共和国职业教育法》颁布,提出县级人民政府通过举办各种类型的职业教育,推动农村职业教育尤其是农村职业学校的发展,从而实现农村经济、教育、科学技术的协调、健康发展。至此,农村职业学校在国家相关政策和法律的支持和指导下,呈现欣欣向荣的发展局面。但是,由于市场经济的不断发展,农村职业学校为了迎合市场的需求,开始加强对"城市型"专业人才的培养。

由以上可以看出,由于改革开放的深入发展和城市化的大规模展开,需要大批的劳动力,而农村劳动力富足的现实,恰好满足了城市化的这一需求。于是农村职业学校的办学定位逐渐朝着"双元"目标迈进,一方面依然设置与农业发展相关的专业,为农村发展服务;另一方面开设与城市建设密切相关的专业,而且这种趋势随着城市的快速发展不断加强。

(四)全面改革阶段(1997—)

到20世纪90年代中后期,由于农民自给自足能力增强,商品经济快速发展,加之第二、三产业的发展,愈来愈多的农村闲置劳动力的问题慢慢突显出来。进入21世纪以后,城乡差距不断扩大,"三农"问题日益受到国家的重视,统筹城乡发展,建设新农村成为新世纪的最强音。1996年,《职业教育法》颁布,职业教育在迎来短暂的三年发展机遇后,又面临着巨大的挑战。为了适应新的经济发展和国家发展政策的要求,我国农村职业教育进入了全面改革的发展阶段。

1999年以后,随着教育资源向城市集中以及高校扩招,我国职业教育的发展出现凋敝的局面,很多农村职业学校面临生源减少或者倒闭的困境。然而,国家加快城镇化建设战略的提出,使得农村劳动力转移等问题突显,农村职业学校所担负的重任和功能被重新认识,在原有的基础上,又被赋予了发展现代农业、促进新农村建设、保证教育公平、促进劳动力转移等功能,因此,全面改革农村职业教育迫在眉睫。

2002年8月24日,国务院颁布的《关于大力推进职业教育改革与发展的决定》,明确了农村职业教育的重要地位,指出农村职业教育,不仅要服务

---

① 汤生玲,曹晔.农村职业教育论[M].北京:高等教育出版社,2006:3.

"三农"问题,而且还要服务于西部大开发的建设,以及经济结构的调整和技术进步,继续推进农科教结合和"三教统筹"。2003年9月17日颁布的《国务院关于进一步加强农村教育工作的决定》中指出,农村职业教育必须坚持为"三农"服务的方向,增强办学的针对性和实用性,满足农民群众多样化的学习需求,有效整合教育资源,充分发挥农村职业学校的综合功能。

为了解决农村职业教育的招生问题,2003年、2004年、2005年各部委分别下发了《关于开展东部对西部、城市对农村中等职业学校联合招生合作办学工作意见》《关于贯彻落实全国职业教育工作会议精神进一步扩大中等职业学校招生规模的意见》《关于加快发展中等职业教育意见》等文件,对城市与农村、东部与西部之间的联合办学及招生问题提出了建设性的意见点,推进了东西部之间的对口招生,城市和农村之间职业院校的合作办学,有效地整合了职业教育资源。

为了解决农村职业教育的生源和办学资金问题,2006年8月27日,财政部和教育部联合出台了《关于对中等职业教育家庭贫困学生开展资助工作的意见》,完善了中等职业教育家庭经济困难学生助学制度,扩大了资助范围,资助数额也得到提高。2008年10月12日,党的十七届三中会议通过《中共中央关于推进农村改革发展若干重大问题的决定》,指出把加快发展农村中等职业教育作为农村教育的重要一部分,逐渐实行免费制度。2009年12月2日,国家最高行政部门决定从2009年秋季学期起,对公办中等职业学校涉农专业的全日制在校生和农村家庭经济困难学生,逐步实行免除学费的优惠政策。由于国家财政的大力扶持,农村职业学校的生源不断增加,资金问题在一定程度上也得到了缓解。

这一阶段,农村职业学校的功能是以升学教育为主,职业培训为辅。随着城市建设人才的饱和与新农村建设的迫切需要,农村职业学校在面对挑战的同时也面临新的发展机遇。在城镇化与新农村建设之间寻找平衡,重新进行定位和功能定向,是当下和以后很长一段时期内,农村职业学校需要解决的关键问题。新的社会形势下,促进农村剩余劳动力的转移和留守农民的职业培训成为农村职业教育两个新的增长点。

通过对我国农村职业学校改革开放以来发展历程的回顾,我们发现,农村职业学校的发展虽然历经波折,但就目前的发展形势来看,由于国家相关政策的支持和国家社会建设大方向的指引,它的规模将继续扩大,发展模式会越来越多样化,办学主体也逐渐多元化,总体上会更加关注农村经济和社会的发展,越来越注意专业的合理设置和体现引领国家政策相一致的人才培养,在市场经济的调解下,逐渐融合于农村社会经济体系。从历史发展来看,农村职业学校发展主要与国家政策导向、经济社会发展需求密切相关,但学校发展的质量却与其自身定位与功能定向有着直接关系。农村职业学校的定位与功能定向只有充分切合和体现党的政策、经济社会发展的新要求,才能确保学校的质量,实现其自身的价值,才有生命力,成为真正意义上受人民喜欢的平民化的教育。

三、现阶段我国农村职业学校的现状及方向定位

在现阶段,农村职业教育的定位和功能主要是为"三农"服务,促进农村人口的就业和城镇化建设。作为农村职业教育主体的农村职业学校,办学目标越来越体现时代的精神和社会的期望,办学内容和形式逐渐多样化,正逐步努力满足不同群体的需求,发展趋势和前景趋于乐观。但从现实情况来看,发展中还存在诸多与新时期要求不相一致的地方。有必要对这种现状进行反思,以更好地明确新时期职业学校的定位和功能定向。

(一)我国农村职业学校发展现状

近年来,为促进农业与农村经济发展,提高农民的综合素质,国家高度关注农村职业教育的发展。我国农村职业学校办学规模渐渐扩大、基本条件建设水平不断提高,形成了以职业学校为重点,不同主体、不同类型职业教育培训机构分工协作的农村职业教育体系。但教育的发展是一个漫长的过程,而且有很强的继承性和惯性。在新的背景下要进行转变,首先要对现存的状况进行充分的了解和分析,了解现在以更好地建设将来。对现实中好的地方继续发扬,有问题的地方进行反思,并找到解决的办法。

1. 农村职业学校总量少

在城镇化进程中,农村成年人口不断向城镇流动,城镇人口逐渐增加,农村人口逐渐减少。至2010年,城乡人口数量开始持平。农村人口的减少,必定改变农村职业学校的数量。以农村职业初中为例:2008年,农村职业初中数量为127所。至2010年,数量减少至37所。2009年与2008年相

比,农村职业初中总量减少41所,下降32.3%。2010年与2009年相比,农村职业初中减少49所,下降57%,[①]农村职业初中数量呈逐年锐减的趋势。农村职业学校与其他各级各类学校相比,总量均非常少。

2. 农村职业学校体系不断完善

县级中职学校和县级职教中心是农村职业教育体系中的重要组成部分和主体,体现了农村职业教育中的学校形态,在办学形式上以全日制为主,在招生对象上主要面向适龄青年,是农村职业教育的"正牌军"。乡镇农校、成人学校、村组级农民文化活动站、农业技术推广服务站、图书馆等在农民的生产生活中发挥重要作用,是农村职业体系的另一重要组成部分。它们共同组成农村职业教育体系,在面向农村人口的职业技术教育与培训,以及农业技术推广中发挥着重要作用。其中,农村职业学校的作用更重要,具有规范和引领和指导扶持作用。

1991年,中央政府提出"县(市)要集中力量办好一两所示范职业学校,办好农业广播函授学校,乡镇要办好农民文化技术学校,村要逐步建立农民业余文化技术学校"。20世纪80年代中央农业广播电视学校成立以来,开展农民科技培训、绿色证书培训、农村劳动力转移培训等项目,截至2007年,"农广校"系统共进行农业实用技术培训1.7亿人次,绿色证书培训1500多万人,农村劳动力转移培训320多万人,培养中专生373万人,职业技能鉴定79万人,中专后继续教育与合作高等教育62万人。[②]

2008年,全国县级和县以下的各类中等职业学校共计4032所,占全国中等职业学校总数14847所的27.2%,县级职教中心有1074所。在职教中心的完善与建设问题上,各个地方在原有模式的基础上,进行了自己的探索。如"135"职业学校及培训机构布局(在全县创建1所国家级示范学校,3所市级示范学校,办好5个县级各类技能培训机构);联合办学扩大优质教育资源的影响;形成以农业技术、服务业为主的县域实训基地、校内实训中心以及外地顶岗实习基地,等等。完善了农村职业学校体系,使农村职业学校的发展与管理更加规范化。20世纪90年代以来,农业职业教育培训工程

---

① 杨润勇.中国农村教育发展报告[M].北京:教育科学出版社,2013:42.
② 孙培东.农业广播电视学校办学三十年的成就、问题及对策[J].职教通讯,2011(5):54-57.

项目不断开展,成为我国农村职业学校教育和培训的有效补充。①

3. 农村职业学校发展途径更加宽广

城镇化和新农村建设背景下,我国农村职业学校的发展走出新的道路,改变过去主要以就业为主的思路,把就业创业教育和升学教育很好结合起来。新农村建设和农村的现代化、农民的市民化,需要农村职业学校提供多方面的智力支持。对于接受中等职业教育的适龄学生,他们更大的期望是进入高等学校接受教育,希望离开农村,融入城市,职业学校应该给他们提供满足愿望的机会,充分发挥农村职业学校的升学功能,这也符合现代理念所提出的所有的教育都应该为每个人的成功和实现愿望提供便利,职业教育也应该如此,结束人们所认为的职业学校教育是"断头教育"的状况。

对于青壮年农民,一方面,他们需要进城就业的能力;另一方面,他们也期望有自主创业的能力,在自己的出生地开拓自己的事业。所以,农村职业学校要通过农科教、产学研相结合的方式,统筹城乡和谐发展,提高他们的技术水平,为他们高质量的就业提供全面服务。新的时代背景下,农村职业学校要适应农村社会转型的时代需要,既能满足适龄学生的升学愿望,又能帮助农村青壮年实现就业和创业的梦想。

4. 农村职业学校发展方向逐渐明确

农村职业学校向何处去?如何发展?怎样才能使农村职业学校更好地发挥作用?国内外学术界进行了很多探讨。形成了多种农村职业学校发展的理论,也提供了一些成功的经验和失败的教训。这些探讨,有助于我们结合我国的实际,为农村职业学校的发展制定一个明确的方向和选择适合的发展道路。

世界著名的职业教育理论家福斯特认为,学校形态的职业教育成本高、收益少,在经济不发达地区办职业教育,应该以与实际发展密切相关的"小规模"的职业培训为主。正规学校形式的职业教育,一般学制在三年左右,学制周期长,不利于学校对劳动力市场变化做出迅速而灵活的反应,而且,农村职业学校设置的课程与受训者未来工作岗位需求不符。尽管职校在人才培养上有规模效益,但是这种规模效益有时导致某种规格人力的供过于求。他还认为,发展企业本位的在职培训计划要比发展正规的职校"更加经

---

① 唐智彬.农村职业教育办学模式改革研究[D].上海:华东师范大学,2012:46-48.

济","更少浪费"。有必要鼓励这些企业来经营自己的培训计划,因为企业比职校更了解培训"产品"的规格和要求。[①] 农村职业学校的发展,把非正规的职业培训作为职业教育的一个主要组成部分来予以重视,发展多种形式的职业培训,逐渐从学校本位过渡到产学合作。由此,我们可以看出,农村职业学校的培训意义要大于全日制学历教育的意义,虽然我国的国情决定了学校形态的职业教育在很长一段时间内仍然是我们主要的发展形式,但培训形式和对象群体上都应该考虑到成年农民。

(二)新时期我国农村职业学校的方向和定位问题

社会主义改造完成至今,农村职业学校面临的主要问题基本上没有太大改变,多是集中在自身办学条件、国家相关政策和有关部门的投入、传统观念这三大方面,但是,问题的解决状况随着我国经济和社会发展水平的提高,越来越好。在我国以计划经济为主,尤其是经济和社会发展没有面临明显转型的时期,农村职业教育的目标定位和功能定向问题并不凸显。农村职业学校的招生对象始终是适龄阶段的学生,其中以初中毕业生为主。在目标定位和功能定向上,除了为当地的农业生产和农业机械化、科技化培养人才外,也为城市输送合格的劳动力。随着我国城市化发展和社会主义市场经济深化,自20世纪90年代以来,农村职业学校的涉农专业渐渐式微,面向城市的第二、三产业的专业越来越占主导。进入21世纪,我国经济和社会面临大的转型,并提出加快新农村建设,解决"三农"问题是国家发展的战略思路,在这一大背景下,农村职业学校必须进行新的定位和功能定向,以配合社会转型和国家新的发展思路。通过充分研究和领会新时期党的农村政策思想,认识农村职业学校的新使命,农村职业学校必须勇敢地承担起为新农村建设、为"三农"服务的重任。

当前我国农村的基本状况是农业中传统的成分还比较多,农民还是比较多地保持传统的观念,新农村建设处于起步阶段。在城镇化建设中,那些失地农民和大量剩余劳动力,他们中的大多数需要在城市谋生,被称作外来务工人员。少部分继续留在农村就业的人,在继续从事传统的农业生产的

---

① 周正.从巴洛夫到福斯特:世界职业教育主导思想转向及其启示[J].湖南师范大学学报,2006(1):84-89.

同时,又力争在有限的土地上创造更大的价值,在农闲时,他们也想增加收入,进行农村建设。农民进入城市,在一定程度上和某些领域,带来了城市的繁荣和建设速度的提升,但他们的受教育程度和职业培训的局限,对他们在城市就业和收入带来不利影响,生活保障程度非常有限,成为城市中的弱势群体。留在农村的人,由于缺乏农业生产科技知识和技能的培训,很难实现增产增收的愿望,农村地区现有的就业岗位非常有限,农民的创业能力和经营能力欠缺。所有的这些情况,都使得农民的自我认同感、归属感和价值感难以落实。

从合理性和可行性的角度来说,农村职业学校应该承担起对农村剩余劳动力的培训和教育职能,提高他们的就业和创业能力。同时,对那些留在农村,继续从事第一产业的人,也进行符合现代农业生产需要的技能和技术培训,让他们成为新型农民。而我国目前农村职业学校并没有这样的定位和功能,从目标定位和专业设置上,都没有凸显为"三农"服务的宗旨和功能,把农民排斥在教育和培训之外。

1. 学校服务对象目标定位片面

农村职业学校从办学的初衷来说,应该把农民的利益放在首位,为农民的生产生活服务,通过教育和培训提高农民的收入水平,改善农民的生活状况,在确保农民的基本生活需要得到保障的基础上,满足农民的社会需要和尊严需要,直至实现自我价值。当一个人的生活难以保障时,其他的一切无从谈起。农村职业学校的定位和功能,首先应该为农民的基本生活保障服务。所以,保证所有农民接受教育和培训,是国家和社会的责任,也是农民的权利。在这里的农民,包括不同年龄阶段的农民,既包括那些传统上农村职业学校视为主要招生对象的适龄青年——新成长农民,也包括那些成年农民。他们中的任何一方在农村职业学校服务对象中的缺失,都使得农村职业学校的功能受损。在终身教育的理念下,成年人的教育和培训越来越成为职业教育和培训的主体。在我国新城镇化建设的时期,成年农民的教育和培训涉及新农村建设的速度和质量,如果他们个人素质和生产创业能力没有得到很好的培养,那么,国家的发展目标就不可能实现,因为他们既是建设者,也是主人。而当前我国农村职业学校在服务对象上存在的片面性,与我国的时代发展极不相适应。

2. 专业方向与"三农"需求背离

职业教育从根本上来说,它的最终目的就是为就业服务,是指向工作体系而不是学术研究。农村职业学校更应该坚持这一宗旨,应该为农村建设培养各种人才。但在实际中,很多农村职业学校在专业设置上,并没有把涉农专业作为自己的主打专业,而是一味热衷于为第二、三产业培养人才,尤其是把在城市就业作为培养方向。在国家提出实现农村城镇化战略之前,这种做法有它的合理性和现实性,但在提出农村城镇化建设目标十多年后,仍然坚持这种思路,这就是学校自身的问题了。同时,学校在专业设置上,并没有完全体现职业性特色,而把"对口升学"和高考作为吸引学生的手段。在城乡二元社会结构对立的背景下,农村人希望通过升学实现自己身份的改变,但作为职业学校,应该坚守自己的办学宗旨,通过提高办学质量,促进学生生存技能的提高。学校不仅要对学生进行职业教育和培训,更要帮助和引领学生与家长,树立正确的人生观和价值观,而不是迁就和迎合家长和学生。当前很多农村职业学校的专业设置,仍然延续过去的做法,不能为农村转移劳动力和新农村建设服务,这一状况必须要改变。

(三)农村职业学校定位与功能定向的调查研究

进入21世纪,我国经济和社会面临大的转型,并提出加快新农村建设,解决"三农"问题是国家发展的战略思路,在这一大背景下,农村职业学校必须进行新的定位和功能定向,以配合社会转型和国家新的发展思路。通过充分研究和领会新时期党的农村政策思想,认识农村职业学校的新使命,主动地承担起为新农村建设、为"三农"服务的重任。在加快新农村建设和推进城镇化发展的新时期,为了更加深入地了解当前我国农村职业学校的目标定位和功能定向,本章依然以陕西省X县为样本,[①]从宏观和微观的双重视角来探究本县在农业经济转型期,职业学校的办学与定位问题。

1. 陕西省X县经济发展概况

X县地处陕西关中平原,总面积为2974平方公里,耕地面积90万亩,其中灌溉面积53万亩,常用耕地50万亩。全县总人口67.2万,农业人口总数为60.8万人。X县从地貌上分为南部山区和北部平原,其中,北部平原是全

---

① 选择X县作为样本研究的原因在第五章已详细说明。

县政治、经济和文化中心,也是农业生产、加工、运输的主要基地。X县内土层深厚,土质肥沃,土壤肥力较好,通透性良好,是粮食、果树、蔬菜生产的优良土壤。近年来,随着农业经济的不断发展,X县依靠独特的自然环境,调整农业结构,大力发展特色现代农业,形成了"一带四基地"的农业产业格局,即沿山旅游观光经济带、猕猴桃基地、蔬菜基地、苗木花卉基地和瘦肉型猪基地。其中,沿山形成了以楼观台文化展示区为主的旅游胜地,并建成了以桃、李、杏、核桃、樱桃等杂果的百里长廊;中部平原为猕猴桃和粮食产区;北部为苗木花卉的主产区;东部为万亩蔬菜基地产区;瘦肉型猪遍布全县。

2. 陕西省X县职业教育发展概况

X县是一个农业大县,自20世纪80年代以来,X县纷纷成立各种类型的职业教育机构,加强农业生产技术的普及教育和推广工作。进入21世纪,随着农业生产水平的提高,农村剩余劳动力逐渐增加,职业教育机构的职能之一是承担农村劳动力转移的就业培训工作。目前,X县全日制职业教育机构有三所,包括X县职业教育中心、X县第一职业中学、X县第二职业中学。非全日制教育为X县农业广播电视大学、X县农技推广站、X县农业机械化学校,以及民办职业教育机构如远东技校、扶贫学校等。X县职业教育机构的教育对象一是适龄学生就业和升学的学历教育,二是以农村劳动力为中心的成人继续教育。教育形式以学校教育为主,多种联合办学为补充,形成了长期、短期实用技术培训的多形式、多层次办学模式。到2013年,X县接受职业教育的学生总人数5000余人,其中职业教育中心学生人数为3045人,占到总人数的61%。

在专业设置方面,X县各职业教育机构各具特色。X县职业教育中心专业设置范围广泛,紧跟时代和市场的需要,包括农业机械使用与维护、农村经济综合管理、焊接技术应用、电子电器应用与维修、学前教育、模具制造技术、电子装置、数控技术、普通车工、电子商务、动漫设计与制作;第一职业中学的专业有电子电工、焊接技术应用、畜牧兽医等;而第二职业中学作为西北地区电子电工的摇篮,专业设置紧密围绕办学特色,主要有农村电气技术、电子技术应用和计算机应用三个专业。全日制职业教育机构的专业设置类型多样,但是涉农专业较少。相比较而言,非全日制的农业广播电视大学和农业机械化学校则是以面向农业科技革命、服务农业生产为主,专业设置紧密与当地的农业产业结构相结合,凸显出为"三农"服务的特点,包括果蔬花卉、果树生产技术、农村推广、畜牧兽医、农村经济管理、农用机动车驾驶、各类农业机械操作和农机修理工培训等。

在师资队伍建设方面,截至2013年,全日制职业教育机构任课教师共287人,其中初、中级教师比例较高,高级教师人数总体而言比较少。例如,在X县第二职业中学,中特级教师1名、高级教师5名、中级职称以上教师23名;第一职业中学高级职称的教师只占到总人数的18%。非全日制教育的职业教育机构教师构成主要以兼职教师为主,一般是高校相关学科的专家教授,或者是农技推广中心的高级农艺师。

X县对农村富余劳动力的技能培训,以尊重农民意愿和农民直接利益为前提,从2004年起,X县农业局开始实施农村劳动力转移职业培训工程,平均每年培训1000人左右。近三年来,各级各类职业教育机构共向社会输送毕业生3358人,其中一部分学生在沿海和内陆发达地区就业上岗,有的劳务输出到日本、新加坡等国家,还有一部分是为当地农村经济的发展培养了一批新型农民。通过上述分析可以看出,X县农村职业教育机构类型多样,办学形式和层次多元,一定程度上解决了适龄学生的就业和青壮年农民自身发展问题,促进了县域社会和经济的发展,促进了X县经济的发展。

然而,尽管X县职业教育在办学规模、办学形式、学生就业等方面取得了一定的成绩,但为了进一步探究X县职业教育在人才培养过程中的具体实践,从表象走向本质,本研究选取两所全日制的职业学校作为调查研究的对象。原因在于职业学校是我国农村职业教育体系的"正牌军",而且具有升学和就业的两种性质,其在新农村建设进程中对于"为农"和"离农"两种人才的培养更加具有代表性和典型性。所采取的调查对象是X县职业教育的相关负责人、职业学校领导、教师、学生和家长。本次调查的方法主要采用访谈法和问卷调查法。采用的调查工具是对相关负责人、职业学校领导、教师、家长的访谈,对学生采用问卷调查。

3.X县职业学校定位与功能定向存在的问题

通过实地调查分析,发现X县职业学校办学定位和功能定向不明确,主要表现在专业特色不突出、学校服务对象不清晰、专业设置时代性不强等问题。

(1) 专业特色模糊

鲜明的办学特色是职业学校发展和立足的根基。职业学校应当根据所在区域社会经济发展特点，办学目标定位和功能定向紧密与经济产业结构相联系，切实地为区域经济的发展服务。专业设置作为职业学校人才培养目标的载体，是展示自我办学理念和时代需求的最好方式。通过对X县两所职业学校的实际调查，发现其专业设置根据市场的变化进行合理地调整，比如开设学前教育专业。这也是两所职业学校办学"趋同"的表现之一，专业设置几近雷同，以实用主义为价值理念工具，无视自身传统办学条件，片面追求与时代接轨，扭曲办学定位。此外，两所职业学校的专业设置也没有体现出为新农村建设服务的功能，专业调整只是为了满足城市建设的需要，与第二、三产业结构吻合，学生未来就业定向也是输送到上海、广东、西安等省会城市。相比较而言，涉农专业只占到总专业数的16%，并不能完全为X县"一带四基地"的农业产业格局提供实用技术人才，在很大程度上缺乏对农村服务的人文关怀。

(2) 办学目标错位

对我国当前农村职业教育而言，最迫切的时代任务是面向就业，培养新农村建设所需的实用技术人才。但是，根据实际调查，我们发现X县职业学校的办学目标定位与农村职业教育的任务背离，与当前国家经济发展战略严重错位，对口升学成为主要或者唯一的办学目标，甚至成了学生接受职业教育的唯一目的。在两所职业学校三个年级共300份问卷调查中，关于"未来毕业后的出路"问题（四个选项：升学；服务新农村建设；到城市工作；其他），其中78%的学生选择继续升学。通过对A职业学校领导的访谈发现，经过三年的学习，大多数学生会考虑参加升学考试，只有少数成绩不合格的学生会选择就业。A职业学校的领导在访谈中说：目前，对口升学是学校发展的主要任务，让一部分学生通过努力学习参加升学考试，进入高等职业教育的阶段，是学校增强吸引力的发展对策。

(3) 培养对象范围窄

根据国家政策规定，农村职业教育的教育对象包括两类群体，一是出生成长在当地的适龄学生，二是成年农民。调查结果显示，两所职业学校的招生对象均主要为初中毕业生，也是学校着重培养的主力军。在对教师的调查问卷中,关于"您认为农村职业学校的培养对象应该是什么?"这一问题的(四个选项:初中毕业生;18—30岁的成年人;30岁以上的成年人;其他)回答中,选择"初中毕业生"的占了最大的比例,达到85%,选择"其他"的比例排在第二位,由此可见,教师作为职业学校教育的主体,他们对该问题的作答反映其所在学校的教育现状。B职业学校的领导提出:目前本校招收对象主要是初中毕业生,占到学校总数的85%,提供的是全日制学历教育,还有一部分是非学历教育,教育对象主要是当地的成年农民,以产教结合的形式对农民开展职业培训,教育目的是传授关于农业生产经营管理的知识。

4. 影响X县职业学校定位与功能定向的因素分析

在X县职业学校人才培养过程中,存在着诸多因素影响其办学定位和功能定向,从外部和内部两个角度研究这些因素,可以找出问题症结所在,继而找到解决问题的有效途径,以便于更好地使农村职业学校为当地社会经济发展服务。

(1)外部因素

X县职业学校办学定位和功能定向受内部因素和外部因素的双重制约,外部因素包括个人发展的需求、就业市场的影响、社会观念的误区和民办职业学校的冲击等四个方面。

一是求学者个人发展的需求。教育的社会需求是受教育者和经济社会发展对教育的期望,是教育发展的源泉和动力,通常包括两个方面:一方面指社会大众接受教育的需求,即受教育者为了更好地实现自我价值,主动接受教育,带有主观需求的意愿;另一方面指社会经济文化发展对教育所培养的各种人才的需求,这是客观需求。

农村职业学校求学者的个人发展需求主要包括以下两个方面:一方面是到城市工作的需求。到城市里去工作是农村地区家长和孩子的共同心愿和追求,许多中考失败的学生只能通过接受职业学校教育获得在城市谋生和发展的技能,实现在城市就业的愿望。虽然我国近现代著名职业教育学家黄炎培先生提出职业教育就是"使无业者有业"及"为个人谋生之准备",但是,生活在农村的人,更希望自己的"业"是在城市,而不是在农村,这符合人通过自我努力获得最优厚回报的本能。因此,农村职业学校必须要考虑农民子弟的本能需求。另一方面是升学的需求。想要获得较好的工作、较高的劳动收入和社会地位,接受高水平和高质量的教育是必不可少的条件。求学者为实现更高的理想目标,不只满足于当前的职业教育,希望通过努力接受更高层次的专科、本科教育。所以,升入专科、本科院校继续深造是农村职业学校学生的另一需求。

"人往高处走,水往低处流",所以学生到城市就业和升学都是明智合理的选择。社会分层理论认为,现代社会实现社会分层和流动的依据是教育,教育是大多数人实现"往高处走"愿望的重要影响因素。在当代社会,一个人成功与否在很大程度上取决于教育资格。教育功能论者帕森斯认为,现代社会有这样一个特征,较高的社会地位和较好的职业主要通过努力和辛苦获得,而不是传统社会中的继承制。这种变化给贫富子弟提供了公平竞争的机会,他们可以通过接受教育,提高自我的能力和素质,以找到更好的职业和获得更好的生活方式。所以,农村职业学校专业设置的"城市化"倾向严重,也是符合农村子弟向上实现社会流动的要求的。义务教育以后接受职业准备教育的他们,可以离乡或离土从事非农业劳动获得较高的收入,职业教育提高了他们在社会中谋生的主动性,而那些没有接受教育的人,由于对就业缺乏一定的了解和准备,多数跟随着父辈或亲戚朋友外出打工,复制着他们的生活方式,缺乏改变个人处境的自主性。

二是社会就业市场的影响。目前,随着第二、三产业在我国国民生产总值中的比例不断提高,社会对科技人员和服务人员的需求量大幅度增加,这为职业教育的发展提出了更多的要求,同时也意味着,职业教育作为"就业教育",能够帮助更多人获得就业的机会。我国的第二、三产业主要集中在城市,所以,农村职业学校自然也把为城市服务的专业放在了重要地位,便于学生就业,通过就业率这一指标不断提高办学的社会影响力。在我们的调查中,两所职业学校为了迎合就业市场变化的需要,积极调整专业设置,增设一些与市场需求一致的专业,例如电子自动控制、汽车维修、幼儿教育等。改革开放以来,我国职业结构划分越来越多元化,同时也不断走向高级化,最主要的表现就是非农行业的就业人数增加、从事农业生产经营的人数减少。我国职业结构转变受两种重要力量的驱使:第一,由于工业化、城市化进程的加快,促使服务业快速发展,诸如流通业、信息咨询、餐饮等为更多的农村剩余劳动力提供了就业机会;第二,在经济体制市场化推动下,非公有制经济迅速发展,使第二、三产业就业空间随之扩大,也为个体工商户和私营企业主的产生创造了良好的机会。① 这些都为农村职业教育的发展带来了契机,也导致农村职业学校在市场经济体制下,过度地以市场为导向,过多设置与城市发展和建设相关的专业内容,选择性地忘记自己是"农村"职业学校的身份,也忽略了对农民负有的责任。

三是社会观念的误区。观念是行动的先导,对于职业教育的不同认识可以直接影响职业教育的认可程度。我们在实际调查中发现,75%的职业学校学生对于职业教育的认可度比较低,认为在学校难以学到实践技能知识,实习时间也比较短,而且班上的同学基本都是来自农村地区,文化课基础差,学习兴趣低,学习氛围不足,普遍认为专业学习无法胜任实际的工作需要。在访谈的30名家长中,有一半以上的家长认为自己孩子就读当地的职业学校是一种无奈的选择,选择职业教育只是由于文化课分数低,没有机会就读普通教育。甚至还有家长提出,相比较而言,初高中毕业后直接工作,在工作中学习一门实用的技术,先从学徒做起,再逐步掌握精通熟练也是比较好的发展道路。调查表明,由于受中国传统文化"学而优则仕"的官本位思想等综合因素的影响,导致县域以下的职业学校在当地认可度低,吸引力不强,成为影响X县职业学校发展的外部因素之一。

四是民办职业学校的冲击。民办职业学校作为公办性质职业教育的补充,打破了公办职业学校一统天下的格局。近年来,X县成立了各种民办性质的职业教育机构,诸如扶贫学校、技能学校、电脑学校等,通过教育产业化来扩大职业教育供给和满足社会的多样需求。X县的民办职业学校主要通过企业办学和个人办学两种方式进行,提供多种形式的全日制教育和职业培训,开辟了实用技术人才培养的另一种途径,实现了教育的多元化。通过实际调查发现,X县民办职业学校具有高度的市场导向性,办学方式灵活,可以在短时间内帮助学生掌握基础的职业技能。因此,民办职业学校在无形中造成了公办职业学校发展面临一定的局限。

(2)内部因素

内部因素是影响一所职业学校办学发展的主要因素,主要是指农村职

---

① 李延平.职业教育公平问题研究[M].北京:教育科学出版社,2009:107.

业学校自身的各种条件和情况,包括硬件和软件两个方面。硬件条件主要指学校发展的客观物质基础,诸如教学设备等;软件条件包括有关学校发展的各种规章制度和教师队伍。

在师资队伍建设方面,两所职业学校共有专任教师237人,"双师型"教师39人。在这些专任教师中,大部分专业理论课老师是由原来的文化课老师转岗而来,专业性不强。

笔者:您目前带的什么课?

教师E:礼仪与形体,学校主要针对计算机平面设计专业的女生开设的,因为这个专业女生居多。

笔者:您以前学的什么专业?

教师E:我以前学的是中文。

笔者:目前学校的技能课老师是专业型的吗?

教师E:因为这所职业学校的前身是普通高中,所以有一部分老师是直接由普通教育的老师转型而来,像我就是,很多人都是;还有一种是本身就是学这种专业的,例如电子、计算机等专业;还有一种本身不是学这种专业的,但是老师有天赋和能力,可以通过进修学习转型为技能课老师。实习指导老师主要是外聘的。

通过深度访谈可以发现,有些教师"双肩挑",同时担任行政工作和教学任务。在对两所职业学校的问卷调查中,本科学历的教师占53%以上,多数担任文化课与专业理论课。相反,实践技能教师的数量很少。师资队伍建设中存在的这些问题,使职业学校轻视实践技能课程,扭曲了职业学校"职业性"的办学定位。

在教学基础设施方面,教学设施是职业学校教育教学的物质保障,不仅包括校内的机房、教学仪器等主要专业硬件设备,而且包括校外实习和实践场所。在对X县两所职业学校实际调查的过程中,发现两所职业学校基本没有专门的教学实践基地,大多是在校内设置的实验室。而且,由于学校"对口升学"办学理念的影响,很少考察学生的实践技能,导致两所职业学校不重视实践基地的建设。此外,学生的校外实习只是临近毕业时在企业进行短暂的实践,不能及时把课堂理论知识的学习应用于实践。加之信息闭塞,两所职业学校与外界的交流、合作较少,难以充分利用社会资源弥补校内教学条件的不足。

在专业教学方面,该县职业学校的教学与普通高中的教学形式基本相同,老师在讲台上讲,学生在台下听。重视文化教学,基本沿袭了传统的应试教育的模式,较少地开展实践技能教学,而仅有的技能课也只是在实验室进行一些基础的操作。

这些内外因素共同制约着农村职业学校的发展,因此,在综合考虑内外影响因素的基础上,应该基于城镇化发展和新农村建设的要求,合理建构我国农村职业学校的办学定位和功能定向。

四、农村职业学校定位与功能定向的构建

农村职业学校的定位与功能定向是当前农村职业学校发展走出困境迈向新的发展阶段的关键。要进行科学合理的定位与定向必须首先了解什么是定位、定向,然后充分了解和分析影响学校发展定位与定向的相关因素,在此基础上进行价值判断和选择。

(一)探讨农村职业学校定位和功能定向的应然性

"定位"最先在营销学中应用,准确的市场定位是许多知名品牌公司发展规划中第一个要考虑的因素。随着时代的发展,定位的内涵逐渐影响到政治、文化、教育、科学等领域,在新的领域它被赋予了新的意义。农村职业学校的办学定位是指办学者从现实条件与情况出发,在客观分析政治、经济、文化发展需要的基础上,确定学校的培养目标、发展核心、办学类型和特色,主要涵盖以下六个方面的内容:服务面向定位、办学规模定位、办学特色定位、办学类型定位、办学目标定位、人才培养规格定位。服务对象是农村职业学校定位的核心。而功能定向主要是指事物所起的作用朝向哪一方面,即影响的指向性。所谓的功能定向是指农村职业学校办学时设定的农村职业学校的影响力和作用。我国当前农村职业教育的功能定向是为当地经济与社会发展服务,这一功能实现的过程是通过职业教育对当地人进行有效培养,使他们发展成为劳动力资本,将这些资本以恰当的方式转化成现实社会价值。

新时期我国实现农村职业学校更好地为"三农"服务的目标和功能,首要的问题就是有一个正确的办学方向。农村职业学校的目标定位与功能定

向是相辅相成的关系。在学校的运转过程中,二者共同决定了职业教育的服务对象,专业、课程设置与教育培训方式。学校的运转实施情况最终决定了培养人才的质量和实现服务当地经济社会发展功能的程度。

1. 为"三农"服务的农村职业教育的对象定位

农村职业学校教育对象的定位主要有两类人:一类是出生成长在当地的青年学生;另一类是已经成年的农民,他们中有一部分人就在当地从事与农业和土地有关的各种工作,也有一部分人属于农村剩余劳动力,要转向城镇或就地进行第二、三产业工作。和过去相比,成年农民用来种植庄稼的时间和为之付出的劳动量越来越少,农产品商品化的份额在加大。农民有了更多剩余时间从事第二、三产业,通过对传统农产品的进一步加工和交易获得更大的利益,逐渐成为当地农民新的生产和经营方式。他们通过更充分地利用土地资源,依靠科学技术进行种植和养殖,并对农业资料适当加工和改造,在有限的土地上获得更多的经济价值,实现利益的最大化。然而,农村职业学校基本上是为青年人服务的,很少或根本就没有对成年农民开放,没有为他们提供接受职业教育和培训的机会。适龄青年接受职业教育,一部分是为将来就业学习一技之长,另一部分是为了升学。但这一个群体留在农村或从事农业生产的可能性很小。而真正能够安心扎根于农村,进行农村建设的人,应该是那些成年农民。所以,农村职业学校在服务对象上,应改变传统的把成年农民排除在外的做法,确立为不同年龄阶段的人服务的目标,把教育对象定位为适龄青年和生活在农村的成年农民。

农村职业学校的功能定向应该突出其为"三农"服务的目的和功能。从长远来看,农村职业学校的最终目标是让当地农民过上美好幸福的生活;从眼下来看,主要为农村剩余劳动力的转移和新成长劳动力服务。2002 年,《国务院关于大力发展职业教育的决定》指出:"职业教育要为农村劳动力转移服务。实施国家农村劳动力转移培训工程,促进农村劳动力合理有序转移和农民脱贫致富,提高进城农民工的职业技能,帮助他们在城镇稳定就业。"农村职业学校培养的劳动力主要有农村和城市两个去向,农村职业学校不仅要着眼农村的劳动力需求,还要顾及城市对劳动力的要求,既满足扎根农村的人就业的需要,又要切实满足农民走出农村、走向城市生活的需要。① 农村职业学校为农民服务的实质是为农业和农村建设服务。同时,农民子弟也可以通过受教育实现其向城市的社会流动或实现就地市民化。

2. 为"三农"服务的专业和课程设置

专业设置是影响农村职业学校教育质量的核心因素,它既能反映人才培养的内在需求,又能反映就业市场的需求。农村职业学校的专业设置只有结合当地经济结构和农业生产的特点,为农业生产和加工以及当下农村地区经济和社会发展服务,农村职业学校才可能走得更远。目前农村职业学校专业设置普遍出现"跟风走"的现象,这说明职业学校没有充分研究领会国家政策导向和当地经济社会发展的特点。农村职业学校在专业设置上简单模仿城市,或过多考虑为城市服务,而没有根据新的农村发展背景适当调整,使得专业设置偏向于满足当地发展的需求,既包括涉农专业,也包括体现经济特色的专业。农村职业学校的发展应当创造出自己的特点,专业设置应该紧跟当地需求,不应当片面地以经济发达地区发展工业化、商业化为参照,盲目跟风。② 在课程设置上,全日制学生要很好地协调基础知识、专业理论知识与实践知识和能力之间的关系,使所学既能为当下就业服务,又能为他们的长远发展奠定基础。对于成年农民,应更多地提供与农业生产相关的培训,强调实用性知识和技能的培养。

3. 采用多样化的教育培养制度

由于农村职业学校服务对象的复杂性,因此,在招生制度和培养方式上应该体现灵活多样的特点。对于全日制学生而言,在招生过程中,应该进行比较严格地把关,确保他们的学习能力和未来的发展潜力;在培养过程中实行严格的管理,对基础知识的要求相对较高。而对成年农民来说,一个是招生方式上应以农民意愿为主,不要设置门槛;再一个是培训教育时间尽量考虑受训者的便利,多利用农闲或晚上的时间,不影响他们正常的工作和谋生。只有这样才能真正贯彻为农民服务的思想和宗旨。

(二)认识当前办学定位与功能定向的实然存在

了解当前农村职业学校因为目标定位和功能定向不当而产生的一系列

---

① 马建富.农村职业教育定位探析[J].河北师范大学学报,2009(11):79-83.
② 于伟.我国欠发达地区农村职业教育问题研究[M].长春:东北师范大学出版社,2015:194.

的问题,是进行合理定位和定向的前提和基础。近年来,农村职业学校发展举步维艰,招生越来越难,从上级教育部门到基层教育部门,从领导到学校教职员工,都面临着很大的压力。在教育者的眼里,职业学校的学生学习积极性不高,对待专业和课程的态度较为消极。许多学者也都进行了有关的反思与研究。有学者认为,当前我国农村职业学校的主要职责是:对欲离开农村到城市工作的农民和农民子弟,按照城市有关工作技术和知识的要求对其进行教育;针对欲留在农村的农民,按照现代农业的发展需求对其进行新的经营技能和有关致富技术的教育。然而,近几年农村职业学校有三个问题愈加凸显:一是"城市化"倾向严重,专业多是面向城市而设,而忽视农村尤其是现代农业的发展需求;二是职业教育的教学方式与普通教育相似,注重书本理论知识,技能的学习与实践太少;三是农村职业学校重视对学生的学历教育,而忽视对农民的培训。[①] 这些问题都严重地影响了农业现代化、农村城镇化的发展,也影响到了农村职业学校社会服务功能的发挥。在目前我国仍有大量剩余劳动力需要快速转移的情形下,农村职业学校教育在很长的一段时期内,要兼顾培养"离农"人才和"留守"人才,并坚持二者兼顾,这是农村职业学校应始终坚持的办学目标定位,只有如此,才能更快、更好地推进社会主义新农村的建设。

目前农村职业学校发展中的问题使得我们更加清楚地意识到构建合理的农村职业学校定位与功能定向的重要性。只有学校的定位明确,功能指向清楚,才能确保职业学校有一个良好的发展。

(三)实现农村职业学校定位与功能定向的合理构建

要合理地建构职业学校的办学目标定位与功能定向,必须要考虑和权衡政府政策与行政力量、当地社会需求和学校本身的因素关系。在构建定位与功能定向的过程中,首先要把握的因素是与政府政策导向和行政支持相关的力量,即政府的政治意愿。因为农村职业学校的办学是在政府的管理和指导下进行,政府处于上位的力量。政府主要通过计划、行政、经济等手段对农村职业学校进行管理。因此,农村职业学校的办学定位与功能定向考虑的首要因素是政府的发展思想。

---

① 石伟平. 比较职业技术教育[M]. 上海:华东师范大学出版社,2010:378-380.

其次，定位与功能定向要适应社会需求。社会需求主要包括求学者个人成长的需求和就业市场对人才的需求。两个需求与社会经济的发展紧密相连，是农村职业学校办学定位与功能定向的指南针。只有当需求与经济发展达到完美的契合，社会才能和谐快速的进步，才能促进农村的发展。同时，农村如何发展和发展的目标，也与政府的政策和行政力量有直接关系。

最后，定位与功能定向要考虑自身条件。确定办学定位与功能定向离不开自身发展的条件基础。政府的发展战略是宏观的，社会的需求是多元的，而每一所农村职业学校的发展是具体的。不同的职业学校都有自己的长处或短处，因此，确定合理的办学定位应该要清楚自己的优势与不足，从而才能扬长避短，以最少的投资获得最大的效益。

政府、社会和学校这三个要素不是孤立的，而是相互影响的。第一，政府的意愿是国家发展战略的表达，同时，也是对社会意愿和需求的反映，对于农村职业学校而言，主要是发展城镇化，缩小城乡差别，让农民过上好日子，促进社会公平与和谐，而这些目标都是通过农民高质量的就业实现的。求学者的个人发展需求是社会需求的一个组成部分，独立于就业市场需求而存在，同时，它又受到就业需求的影响，因为就业的需求是农村职业学校学生的第一需求。第二，政府对国家第一、二、三产业的政策调整和农村职业学校发展的调整，对社会需求的两个组成部分产生着重要作用，影响着市场人才需求的类型和层次，影响着个人需求的选择方向。第三，三个要素相比而言，政府意愿是上位因素，但是它对办学定位的影响与其他两个因素相比虽然没有那么直接，但并不影响它的导向作用。学校自身的办学条件与办学定位、功能定向的确定有着直接的关系，是确定办学定位与功能定向的基础，但是在三个要素中，处于被动和适应的状态，属于下位条件。

通过以上分析，我们可以构建出确定农村职业学校定位与功能定向的简单的操作流程模型。

首先，办学者深思熟虑以后提出一个办学定位。至于这个定位是否合理，需要不断地检验与调整。第一，需要检验其是否符合政府的发展战略部署。因为一个不符合政府发展意愿的办学定位与功能定向必将是失败的定位。正确把握政府的发展思想是确定科学的办学定位与功能定向的根本。通过检验，改正办学定位中存在的与政府发展意愿不相符合的成分。第二，检验办学定位是否符合社会需求。通过这一过程，进一步纠正办学定位与功能定向,最大限度地满足社会需求。因为农村职业学校能否实现科学发展的关键就是是否适应社会需求。第三,审视学校自身的硬件和软件设施,确定办学定位与功能定向和它们之间的差距是否适中。因为办学定位与功能定向不是海市蜃楼,它的实现必须有一定的物质基础和条件支撑。所以,要结合学校本身的硬、软件设施基础,对办学定位与功能定向进行调整(图6.1)。

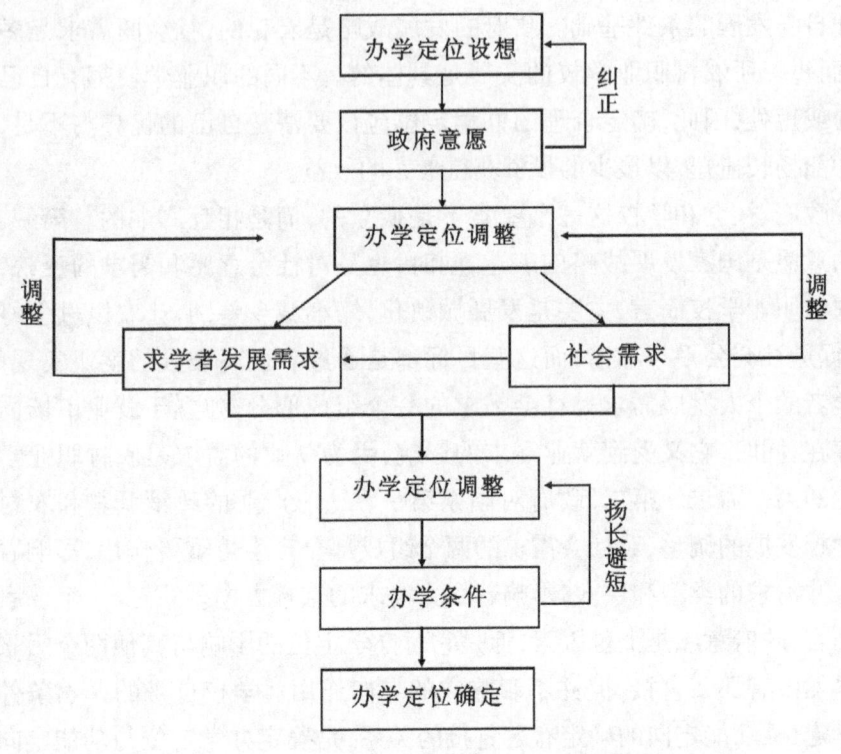

图6.1 农村职业学校办学定位构建流程图

(四)农村职业学校的合理定位与功能定向坚持的原则

基于 X 县的实地调研,根据办学定位的构建流程,借鉴国内外农村职业学校办学的先进经验,笔者认为,农村职业学校在考虑办学定位与功能定向中应坚持做到以下几个方面。

1. 办学目标多元化

办学目标是一所学校的指路明灯,只有树立了正确的办学目标,农村职业学校才能进步发展。近十年的中央一号文件都涉及"三农"问题。农村已经成为影响我国全面建设小康社会的主要因素,只有发展农村,不断解放出越来越多的劳动力,并对他们进行合理的安置,才能实现我国现代化建设的目标。推进农业科技创新,发展现代种植业和农业机械化,是我们当前及今后的发展重点。新农村的建设需要大批有文化、懂技术、会经营的新型农民,而这些新型农民的培养,需要教育来承担,农村职业学校责无旁贷。当前,农村职业学校主要有两个方面的任务:一是为新农村建设服务,培养新型农民;二是为城镇化建设服务,促进劳动力的有效转移。因此,农村职业学校的办学目标应该在这两个方面有所体现。这两个方面可以并行不悖。不同的任务目标可以针对不同的对象进行教育,新型农民的培养可以针对十八岁以上的成年人,对于在校生的培养主要是满足他们向城市转移的自我需求。

2. 扩大培养对象范围

农村职业学校只招收初中毕业生,向城市输送劳动力的时代环境逐渐丧失,取而代之的则是我国新农村建设和就地城镇化。因此,农村职业学校的面向全体应该在原来的招生基础上,不断扩大对象,把农村的青壮年和中年人也吸收进来,考虑他们的需求,合理设置专业和培训课程,把他们培养成为新时代的新型农民和高素质的劳动力,这也是实现我国就地城镇化发展的根本保证。目前我国城市化发展中出现的问题,诸如外来人口过多,使城市的交通、环境、经济、文化等承受着巨大的压力等的情况,与农村人口大量涌入城市有着密切关系。农村人口向城市迁移,一方面,增加了城市的负担;另一方面,这些"外来人"自身生活、工作也不能保障,生活地非常艰难甚至不幸,不能享受到与当地人同等的待遇而沦为城市中的底层。通过就地城市化,则可以在一定程度上避免这些问题。

国外的情况虽不似中国这样,因为户籍制度导致城乡发展水平的巨大差距,但无一例外的是,国外农业的发展始终以农民为主体,农村职业学校的培养主体也是农民。我国属于人多地少的国家,许多与我国有着相似国情的亚洲国家,例如日本、韩国,它们的发展实践证明,在国家城市化过程中,农村会出现兼业化和老龄化的现象,许多农民边打工边务农。如在20世纪80年代中期,日本兼业农户占总农户的比例到达80%以上,而在20世纪40年代的时候,这一比例仅在30%左右。其中,以非农收入为主的农户发展最快,从1941年的21.2%上升到1984年的71.1%。从日本的农村人口年龄构成来看,从1965年到1998年三十多年间,年龄在65岁的老人由13%提高到50%。同时,韩国也出现了类似问题。韩国农村50岁以上人口占农村总人口的比例1970年为15.6%,1995年的时候这一比例达到43.8%。由此可见,在城市化发展中出现人口老龄化是一种正常现象。针对农村职业教育发展落后,农业后继无人的问题,各国开始加大培养农村后备劳动力,特别注重对核心农户的培养,兼顾职前教育和职后教育。[①] 我国的农村目前已经开始出现了兼业化、老龄化和妇女化的现象,农村职业学校应当针对此现象,适当扩大服务对象的范围,培养一些优秀的核心农户,引领农村经济朝着正确的方向发展,保障农村和农业的可持续性,从目前"送出去"的职业教育向培养"留和送"优秀人才相结合的教育路径发展。

根据农村职业学校"培养在城镇中能够顺利就业生存的新型产业工人和适应农村现代化建设的新型农民"的总体培养目标,农村职业学校的潜在培养对象应该包括农村地区的初中毕业生、农村向城镇转移的剩余劳动力和农村留守劳动力。对于初中毕业生生源,要注意以就业能力培养为核心,避免把考试升学作为主要思路,帮助他们今后能够在城镇顺利就业或者在农村找到发展空间;对于外出务工生源,要帮助他们做好进城务工的各项准备,尽可能减少他们在城镇盲目摸索的时间,以使其顺利地适应城镇的工作和生活。对于农村劳动力留守生源,则要努力提高他们的现代农业生产技术和农业营销管理能力,更好地参与到农村现代化的建设中去。

我国著名职业教育家黄炎培认为,办职业教育三大决心之首要目标是"为平民谋幸福",职业教育产生的目的就是为了解决平民生计问题,农村人的生计问题是最值得关心的,农村职业教育更应该走平民化的路线。[②] 由此可知,职业教育是大众的教育,它不分年龄、阶段,人人都可以接受职业教育。

福斯特认为农业教育也应当立足农民,从农民的立场出发。农村职业教育的主要职责是教育农民掌握有关农业经营的新知识和新技术。他认为,农村职业教育想要获得成功,必须与区域经济的发展和农民的利益直接

[①] 金茂霞,赵肖燕.对日本农业劳动力结构变化的分析与思考[J].现代日本经济,2007(4):41-44.

[②] 吴永胜.新形势下农村职业学校的培养目标定位[J].乐山师范学院学报,2009(4):133-136.

联系,同时注意农民的学习倾向,把重点聚焦于农业教育。

3. 增加涉农专业,采取多种方式

农村职业学校与县域经济的发展紧密相连。人力资本理论认为,增加对人力资本的投资可以带来很大的经济效益。而教育是提高劳动力素质的主要途径。因此要发展农村,就必须在职业学校中增加有关发展现代农业的专业。在课程设置方面,学校提供与地方农业发展紧密相关的课程与内容,如一个县的经济作物有水果和蔬菜,那么开设水果种植、大棚蔬菜等与地域环境相符合的课程或培训项目是必要的。在培训方式方面,加拿大开展的绿色证书培训工作可以给我们带来些有益的启发。加拿大在培训环节中,不注重培训过程,不关心在什么地点学习,也不关注在什么时间学习,只注重培训的结果是否达到要求;培训方式上没有固定的培训场所和时间,以现场学习和实际操作为主,强调"在做中学会做",采取"师傅带徒弟"与自学结合的方式,只注重考核结果;考核方式上,以考核实际操作的方式为主,考核方法严格,达不到要求者不予通过,但允许重新培训后再考,直到通过。[①] 加拿大农民培训的目的是,让农民通过培训真正获得相应方面的提升,因此在培训中特别重视培训的效果,这对我国农民培训效果不明显有一定的借鉴价值。

4. 服务功能多样化

农村职业学校,不仅要为农民子弟即青少年学生提供社会流动的机会,也要服务于农村本地人的发展。马斯洛认为,人的需求由低到高主要分为五类,即生理需求、安全需求、爱和归属感即社交需求、尊重的需求和自我实现的需求。不仅青年学生有着远大的抱负,农民亦有他们心中的目标。他们也希望有学习的机会,农村职业学校应该满足他们的需求。所以,农村职业学校不仅要发展青年人的能力,更要立足本土,吸收成年人士,培养当下迫切需要的新型农民。应该说,后者是农村职业学校一直以来肩负的使命,这也是众多研究学者的共同看法。相关研究认为,农村职业学校的定位要具有多元性的特征。[②] 所谓多元性是指农村职业学校既要为农民子弟提供

[①] 李水山,赵方印. 中外农民教育研究[M]. 南宁:广西教育出版社,2006:56.
[②] 马建富. 农村职业教育定位探析[J]. 河北师范大学学报(教育科学版),2009(11):79-84.

服务,更要服务于扎根农村的成年农民。因此,培养"离农"人才和"守土"人才,都是社会主义新农村建设所必需的,农村职业学校目标定位和功能定向中应该同时兼顾。但也应该根据实际情况进行主次区分,即在不同的发展时期只能以其中一个目标为主,另一目标为辅;另一个目标虽然是次要的,但是也不能忽略。在目前我国仍有大量农村剩余人口需要转移的情况下,农村职业学校作为重要的路径,以"离农"教育虽然有其合理性和实效性,但"守土"教育在当下显得更加迫切和必要。而现实中的农村职业学校却完全忽视了"守土教育",导致农村职业学校陷入发展的死胡同。扩大招生对象,培养"守土"人才,是当下农村职业学校的出路,也是新农村建设的迫切需要。

农村职业学校承担起新型农民的培养,招收留守农民,进行现代农业经营与管理的教育,使他们服务新农村的建设,益处颇多。不仅缓解了学校招生难的问题,而且解决了一部分农民的就业问题,助推了新农村的建设工作,也减轻了城市问题的加剧。总之,农村职业学校要在不久的将来发挥出以下两大功能:一是提供职业准备教育,因为中考失败,不能继续接受普通高中教育的学生,由于年龄尚小,尚未形成正确的世界观、人生观,在社会上独立谋生的技能也尚未完全形成,农村职业学校应该为他们提供职业准备教育,从而确保他们在新的历史发展时期,掌握生存和生活的技能,能够在社会上谋得一席之地。二是提高具有劳动能力的农村成年人的文化素质和技能水平。他们因为生活和教育条件的约束,不能接受更多的教育,早早地开始成家、养家,成为一个社会人。在新的发展时期,随着社会的发展和进步,他们必须面对新的时代和生活环境。对于那些离开自己土地的农民,农村职业学校应该提供给他们从事非农业生产劳动的有关培训,从而保证他们在新的发展环境下,能够继续谋生,使他们走进城市后成为一名合格的工作者。对于仍然留在农村的人,农村职业学校应该教给他们经营管理现代农业的技能和知识,使他们既能独立发展商品农业,增加收入,又懂得科学高效种田的技术,进而帮助他们改变传统的农业经营方式。[①]

近年来,美国中等职业学校教育的变化可以给我们带来一些职业学校改革的思考。美国的中等职业学校教育呈现出终身化和大众化的发展趋

[①] 李延平.职业教育公平问题研究[M].北京:教育科学出版社,2009:142.

势,这种趋势使得美国出现了大量不同层次的职业培训和教育机构。出人意料的是,中等职业学校教育在这些教育机构中占了最大的比例。在美国,绝大多数人从小学阶段就已经开始接受职业技术教育,这种教育一直持续到大学毕业参加工作以后。美国的中等职业学校教育除了承担初中后的职业教育外,还担负起了职工的转岗培训、社会青年求职前的教育培训、下岗职工再就业培训等方面的工作。之所以担负起后者的工作,主要是因为科学技术带来社会不断发展变化的需要。美国中等职业学校多样化的功能保证了学校的持续良好发展。所以,扩大服务面向是我国农村职业学校走上可持续发展道路的必然选择。

5. 引进优质师资,提高办学质量

师资力量是一个学校实现良好发展的重要保障。农村职业学校想要保证办学定位落到实处,就必须引进高技能人才和有经验的种地能手,确保学校各个专业的教学质量。通过访谈,我们了解到大多数农村职业学校的教师是转岗而来,即由普通高中的教师直接转到职业学校,还有一部分是大学毕业以后直接到职业学校担任专业理论课老师,而技能课教师很少,所以农村职业学校的教学基本上与普通高中相似,导致学生的学习兴趣较低。农村职业学校走出这种恶循环的最佳方式就是提高师资力量,尤其是引进技能课教师,体现职业学校的本质属性。在美国,与它完善的职业技术教育体系相匹配的就是拥有一支高素质、稳定的职教师资队伍。

美国拥有着一支结构完整、师资雄厚的职教师资队伍,这是很多国家的中等职业学校无法与之相比的。这支队伍,不仅包括高等师范院校专门培养的师资,而且还有企事业单位的在职人员、在职的专家、教授等。在职教师资的培训上,学校通过广泛开展各种各样的灵活性强的培训,诸如竞岗、转岗、交流等,造就了许许多多的"双师型"、"一专多能型"的职业教育教师。在激励教师制度方面,实行按劳分配,多劳多得,少劳少得,岗位工资和绩效工资相结合;在管理考核教师方面,提倡教师充分发挥个性特长,营造一种充满活力、人人敬业乐业的工作氛围。我国的农村职业学校也可以与高等师范院校合作,引进师资,聘请企事业单位的高技能人才。涉农专业邀请一些农业院校的专家、有经验的种植专业户等进行讲座、实地指导,把理论与实践紧密地结合起来,以此丰富职教师资来源。

德国职业学校的教师有着更为严格的要求。在德国,国家的统一考试有两次,想要成为实习老师,要通过两次考试和一定的试用期,合格后才会发放教师资格证书。这些教师不仅要完成规范的基础教育,经过双元制培训获得专业资格证书,而且还要懂得专业的理论知识和技术实践知识,同时还要具有几年从事相关专业的工作经验。[①]

我国农村职业学校,长期存在师资不足问题,在新的目标定位和功能定向下,师资问题将变得更加突出,所以借鉴发达国家的经验,很好地建设自己的师资队伍,打造一支相对稳定的专职和兼职相结合的师资队伍,以确保职业学校目标和功能的良好实现。

[①] 吉靖.农村职业教育目标定位及其办学模式研究[D].武汉:湖北工业大学,2011:17-19.

后　　记

　　我国当代农村职业教育是一个具有很强时代感的议题,它承载着促进国家城镇化建设、社会转型、农村巨变、农业现代化、农民职业化等各种使命,尤其在我国当前进行的精准扶贫中,更是具有不可替代的作用。农村职业教育的定位和功能定向问题是实现这些使命的关键。这本书作为国家社会科学基金教育学一般课题"面向农村的职业教育定位与功能定向——基于陕西县域农村职业教育发展模式的反思"的代表性成果,它是课题组成员,尤其是职业技术教育专业硕士研究生导师与学生共同研究、探讨的结晶。农村职业教育从中华人民共和国成立以来就一直得到党和国家的高度重视。在不同的历史时期,它都很好地完成了时代赋予它的重任。它的政治价值、社会文化价值和经济价值,在我国不同的发展时期,以时代要求的方式实现着自己的功能。在我国新型城镇化背景和社会转型的关键期,农村职业教育追求多元价值共存和平衡,尤其是体现对农民具有的本体价值成为新的时代特色。以回归农村职业教育为"三农"服务的本质作为新时期农村职业教育定位与功能定向的理论依据,是实现农村职业教育的本体价值与工具价值的根本保证。新时期的农村职业教育,既面临着更好的发展机遇,更面临着巨大的挑战。农村职业教育的发展,需要国家强有力的政策支持和明确的导向,需要社会、企业和相关院校的鼎力支持,需要利益相关者的积极参与,也需要关心农村职业教育的学者与实践者一起研究问题、提出解决思路。农村职业教育是我们共同的事业,因为"三农"在根本上就是我们每个人相关的事情。农村职业教育事业的发展,需要有战略远见和智慧,也需要无私奉献和执着。值得分享的是,在我们课题组的调查研究过程中,深切地感受到:那些身处一线的农村职业教育工作者们,用自己的真诚、责任感和奉献精神书写着我国农村职业教育的壮丽篇章;职业教育的对象群体们,以自己的渴望和信念撑起农村职业教育的大业。令人欣慰的是,职业技术教育专业的研究生正在努力使自己成为继任者,刻苦学习专业知识,与老师一起研究、讨论现实问题。这不仅让我们看到了事业的延续,更让我们看到了他们身上所体现出来的责任感和奉献精神。他们中有些人的名字在前言中已经提及,但还有更多的人没法一一列举。

感谢那些以不同方式为此书出版贡献智慧和时间、辛勤付出的人们,没有他们,就不可能有这本书的面世。感谢陕西师范大学出版总社的编辑,是他们的努力,让这本书呈现在了读者的面前。感谢全国教育科学规划领导小组批准对该课题的立项,使研究工作的开展和成果的出版有了强大的动力和经费上的保障。

我国农村职业教育是一个需要长期关注的议题,这本书里的各种探讨,只是对相关议题进行的一种尝试,希望得到同行们的批评指正。我们也会继续自己的研究,努力探索新时期我国农村职业教育发展的新模式,为我国农村职业教育的发展尽自己的力量。

李延平　陈　鹏　祁占勇
2018 年 03 月